신학은 삶이다

Theology is Life

서창원 목사

신학은 삶이다
Theology is Life

초판 1쇄 2023년 2월 20일
개정판 1쇄 2024년 11월 4일

저자 서창원
발행처 크리스천르네상스
발행인 정영오
표지디자인 디자인집(02-521-1474)

크리스천르네상스
주소 경기도 안산시 단원구 와동로 5길 301호(와동, 대명하이빌)
등록번호 2019-000004(2019년 1월 31일)

※ 신저작권법에 의하여 한국 내에서 보호받는 저작물이므로 무단 전재와 무단 복제를 금합니다.
※ 잘못된 책은 구입처에서 교환하여 드립니다.

ISBN 979-11-94012-05-4(03230)

값 16,000원

신학은
삶이다

Theology is Life

서창원 목사

크리스천
르네상스

Theology is Life

추천사

서창원 교수님의 신간 『신학은 삶이다』의 출간을 축하드립니다. 본서의 제목은 본문에 인용하셨듯이 청교도 윌리엄 퍼킨스[1558~1602]가 신학을 '영원히 복되게 사는 것에 관한 예술' The science of living blessedly forever이라고 정의 내렸던 전통에 따른 것입니다. 비단 퍼킨스뿐 아니라 윌리엄 에임스, 리차드 십스, 존 오웬 등 청교도들과 그 영향을 받았던 네덜란드의 제2차 화란 종교개혁Nader Reformatie의 신학자들인 푸치우스, 빌헬무스 아 브라컬, 페트루스 판 마스트리흐트 역시도 그와 같은 방향성에서 신학 작업과 실제적인 사역을 수행했었습니다. 경건과 학식pietas et scientia의 조화를 이루어내었던 전통이 바로 이 전통이었습니다. 서 교수님은 지난 30여 년의 세월 동안 바로 이 전통에 굳게 서서 국내에 청교도 양서들을 보급하는 일이나 한국개혁주의설교연구원 사역을 통하여 성경적이고 개혁주의적인 설교와 목회 활성화에 기여를 해왔습니다. 추천인이 처음으로 서 교수님을 알게 된 것도 번역하신 여러 청교도 관련 저술들을 통해서였습니다. 특히 피터 루이스의 청교도 입문서나 로이드 존스의 『십자가』는 읽고 또 읽어 내용이 의식화될 정도가 되었습니다. 최근 십여 년 사이 교수님과 모교의 강단에서 함께 가르치면서 교제할 기회가 있었고, 설교를 들을 기회도 있었습니다.

본서는 신학이 단순히 이론적인 학문이 아니라 송영의 신학이 되어야 하며, 실질적인 삶의 영역에서 영향을 미쳐야 한다는 서 교수님의 지론이 펼쳐져 있습니다. 서론에서 특히 신론과 인간론이 가지는 실천적인 의미를 잘 서술해 주고 있고, 제1부에서는 신학이 실질적인 삶의 영역들인 목회 영역, 가정생활 그리고 구제와 봉사 활동에 어떻게 바르게 작용하고 기능해야 하는지 실천적 지침들을 제시해 주고 있습니다. 또한, 제2부에서는 교리 개혁과 요리문답 교육, 믿음이란 무엇인가, 십자가에 못 박힌 그리스도 등의 글들과 릴랜드 라이큰이 쓴 청교도와 경제관에 대한 번역문이 포함되어 있습니다.

본서는 신학생들과 목회자들뿐만 아니라 신자들도 즐거이 읽을 수 있는 유익한 내용을 담고 있습니다. 메마른 지적 정통주의 경향이 한쪽에는 지배하고, 다른 한쪽에는 실용주의적인 목회론이 지배하고 있는 조국 교회의 현실을 생각할 때, 성경적이고 개혁주의적인 신학 위에 굳게 서되 그러한 신학이나 교리를 주신 실천적인 의미를 제대로 간파하여 적용하고 살고, 신학이 곧 삼위일체 하나님에 대한 송영$_{doxology}$이 되기를 소망하는 견실한 그리스도인들과 사역자들에게 본서의 일독을 권하는 바입니다.

이상웅 총신대학교 신학대학원 조직신학 교수

―

먼저 이 귀한 책을 내도록 인도하신 주님께 영광을 돌립니다. 아울러 이 책을 내어 여러 사람들과 주님께 받은 바를 공유하게 하는 데 힘을 쓰신 저자 서창원 목사님의 노고를 크게 높이고 싶습니다.

이 책이 '신학과 우리 삶'의 연관성에 집중하고 있으므로 귀하다 사료됩니다. 우리가 '삶'이라 말 할 때는 단순하게 '생활'을 말하기 보다는 '그 사람의 내면의 가치관과 그 가치관의 실제 구현'을 염두에 둔 개념입니다. 우리 주님께서 마태복음 6:19~34의 대목에서 그리스도를 믿음으로 구원받아 천국 백성이 된 자들의 지상 생애의 '삶'을 조명하셨습니다. 그래서

"너희 보물을 땅에 쌓아두지 말고 하늘에 쌓아 두라"고 하심으로 그리스도인의 가치관을 말씀하셨고, 결론으로 예수 그리스도 밖에 있는 이방인들과 구원받은 천국 백성의 '삶'의 의미와 목적을 지정하여 주셨습니다.

그러므로 염려하여 이르기를 무엇을 먹을까 무엇을 마실까 무엇을 입을까 하지 말라 이는 다 이방인들이 구하는 것이라 너희 하늘 아버지께서 이 모든 것이 너희에게 있어야 할 줄을 아시느니라 그런즉 너희는 먼저 그의 나라와 그의 의를 구하라 그리하면 이 모든 것을 너희에게 더하시리라 마 6:31-33.

사실 인문학의 영역인 철학의 목적도 궁극적으로 '인간의 삶'의 의미와 가치를 설정하고 그에 따른 '실천적인 삶의 발견'이라고 할 수 있습니다. 그래서 철학자들도 삶의 동기와 목적과 동력을 제공하는 데 있습니다. 그 예로 스토아학파는 '숙명적인 인고忍苦'를 인생의 미덕으로, 에피쿠로스학파는 '생의 즐거움의 극대화'를 인생의 모토로 여기고 사람들에게 영향을 미쳤습니다. 그리고 근대에 들어와서 인문학의 철학의 그런 궁극적이 목적을 단도직입적으로 적시한 중국의 임어당林語堂, 1895 - 1976의 철학적 수필, 『생활의 발견』은 주목할 만합니다.

그와 같이, 인생들 중에 제시된 모든 각종 교훈들은 결국 인간의 존재의 의미와 가치와 목적, 즉 '삶'의 문제를 겨냥하고 있습니다.

그러나 성경대로 성삼위 하나님을 경외하고 그를 아는 지식신학을 따라 믿고 사는 삶의 영광에 비할 다른 교훈이 없습니다. 하나님 없이 인간성을 스스로 계발하여 존재의 의미를 부여하고 삶의 가치를 발견하려는 실존주의 철학적 -모든 철학은 궁극적으로 '나'를 만유의 중심으로 놓는 실존주의로 기울어지기 마련- 교훈들과 하나님을 아는 지식 사이의 차이를 늘 구분해야 합니다. 그걸 제대로 모르면, '교회가 현대인을 얻으려면 복음에 모자라 보이는 것을 인문학으로 보충해야 한다'는 허구적인 기만의 덫에 빠집니다. 그 실상 앞에 한국의 교회들이 서 있습니다.

그러면 창조주시오 구속주이신 하나님과 예수님을 경외하는 믿음에 관한 교훈, 곧 신학은 '인간의 삶'과 이격(離隔)된 것일 수 없습니다. 참된 '신학'이 하나님께서 우리를 구원하시어 의도하신 삶의 실제를 낳습니다. 그래서 산상설교에서 하나님을 알고 자신을 아는 거듭난 자의 영적 의식의 세계인 팔복을 말씀하신 주 예수님께서 '세상의 소금과 빛'으로서의 그리스도인의 삶의 실천을 말씀하신 것입니다.

교회사가 증거하는 영적인 각성과 참된 교회와 진정한 의미의 교회성장 시대는 교회 강단의 교리적(신학적) 메시지와 회중의 삶의 실천이 하나로 연결되어 있었습니다. 우리는 가장 큰 본을 종교개혁자들과 그 후 영국의 청교도들에게서 발견합니다. 그 시대의 하나님의 사람들은 하나님의 말씀인 성경의 권위에 복종하고 그 성경이 말하는 대로 '무엇을 믿어야 하는가, 그리고 어떻게 사느냐'를 물었고 그 은혜를 하나님께 간구하였습니다.

이 책은 성경과 교회사를 통하여 체계화된 개혁주의 신학이 창출하는 삶의 영광을 잘 드러내고 있습니다. 주님의 구속적인 사랑에 감격하는 이들의 영적인 분별력과 삶의 실제를 위한 좋은 길잡이가 될 것입니다. 이 책을 추천하는 기쁨과 함께, 이 책이 많은 독자들에게 자기의 믿음의 터와 삶의 실제를 돌아보게 하는 주님의 도구로 쓰이기를 간절하게 바랍니다.

서문 강 중심교회 원로목사

본서의 저자 서창원 목사님은 개혁주의 신학자와 목회자답게 그리스도인의 삶의 개혁을 굳게 확신합니다. 저자의 이러한 확신의 근거는 인간 철학이나 인류 역사의 교훈에서 받은 것이 아니라 초자연적인 계시의 말씀인 성경에 든든하게 기초합니다. 무엇보다도 본서의 제목이 보여주듯이 신학은 결코 학문의 상아탑에 갇힌 이론적 말놀이가 아니라 성도 개개인의 삶에 영향을 끼치며 변화를 이끌어내는 실천적 능력임을 선언합니다. 저자는 성경에 명확하게 계시된 창조주와 구속주 하나님의 절대 주권 사상의 인도를 따라 기독교인의 삶의 영역인 교회생활, 가정생활, 그리고 사회생활에서 하나님께 영광을 돌리는 삶의 변화를 추구합니다. 한국교회 성도들의 삶의 현실을 염두에 두고 삶의 개혁을 외치는 예언자적 음성이 가슴을 크게 울립니다. 한국교회와 국가와 사회의 개혁은 바로 성경 말씀의 안내를 받는 나로부터 시작됨을 일깨우고 있습니다. 오늘 한국사회에서 살아가는 나의 모습은 나의 믿음, 나의 소망, 나의 사랑을 벌거벗은 듯이 드러냅니다. '나는 천국을 향해 걸어가는 천국의 순례자인가?' 본서는 이 땅에서 길을 잃은 나그네에게 진리의 등불을 밝혀 다시 한 번 천국으로 향하는 순례길을 담대하게, 감사함으로, 겸손히 한 걸음을 내딛게 합니다. 그리하여 오늘 우리의 신학과 신앙이 16세기 종교개혁과 청교도의 역사적 뿌리에 닿아 있으며, 결국 성경 66권의 계시 말씀에 있음을 확신케 합니다. 이 책은 우리의 착한 행실을 통해 하나님께 영광 돌리기를 원하는 모든 성도들이 되새김질을 해야 할 좋은 책입니다. 신학은 삶이며, 삶은 신학의 열매입니다!

박태현 총신대학교 목회실천대학원 교수

저자 서창원 교수님은 청교도적 신학과 지성을 가진 뜨거운 열정의 소유자입니다. 평소 그의 설교를 듣고 있노라면, 아마도 광야에서 외친 세례 요한이 저러했을 것이라고 상상할 수밖에 없습니다. 그러한 그가 그의 성품과 기질과 신학에 딱 맞는 책을 썼습니다. 저자는 신학은 강단에 머물러서는 안 되고 실제 삶의 모든 영역에 실현되어야 한다고 외칩니다. 신학은 상아탑 전용이 아니라 예배에 적용되어야 하고, 가정생활에 드러나야 하고, 세상 가운데서 구제와 봉사로 실천되어야 한다고 외치고 있습니다. 신학은 세속으로부터 분리되는 것이 아니라 그리스도인의 직업과 노동을 통해 선포되어야 한다고 합니다. 그렇습니다. 이 책은 무슨 심오한 수준의 신학을 다룬 전문 서적이 아닙니다. 그렇다고 감성적인 수필이나 설교집은 더더욱 아닙니다. 평생 목양하고 설교한 목사로서, 그리고 지금까지 신학교 강단에서 가르친 교수로서, 저자는 이 책에서 그가 생명처럼 소중하게 갈고 닦고 성숙시킨 신학적 주제를 다루고 있습니다. 이 책을 접한 독자들은 분명 그리스도인들이 일상에서 놓쳐버린 본질이 무엇인지를 확연하게 볼 수 있을 것입니다. 독자들은 저자가 표현한 "하나님이 하나님이심을 선언하는" 삶이 어떤 것인지를 이 책을 통해 발견할 수 있을 것입니다.

양현표 총신대 신학대학원 실천신학 교수

저자 서문

'신학은 삶이다'라는 주제를 생각할 때 번득 평생 하나님과 동행한 에녹이 생각났다. 그는 300년을 함께했다. 그가 깨달은 하나님은 어떤 분이었을까? 그 하나님과 동행한다는 것이 그에게는 무슨 의미였을까? 우리가 존경하는 선생님과 함께 길을 간다고 할 때 선생님이 좋아하실 것, 선생님과 나누고 싶은 것 그리고 선생님과 함께하고 싶은 것들이 대화의 소재가 될 것이다. 단순히 대화만이 아니라 몸가짐이나 품행, 모든 것을 다 선생님의 선호도에 맞추려고 노력할 것이다. 이것은 존경하는 마음가짐에서 나오는 것이다. 함께 오래 걸어도 피곤하지 않을 것이며, 지치거나 무료할 겨를도 없을 것이다. 선생님의 입에서 나오는 소리 하나하나도 놓치지 않고자 귀를 기울이거나 마음에 새길 것이다.

신학은 도서관이나 서재에 쌓아두고 필요할 때만 꺼내 보는 참고서 용이 아니다. 실질적으로 학문으로서 신학은 전문인들의 영역에 갇혀있음이 사실이다. 그러나 삶으로 구현되어야 하고 실행되는 신학은 치열한 삶의 현장에서 펼쳐져야 한다. 그것이 하나님과 동행한다는 의미일 것이다. 하나님의 인격과 성품과 의향과 뜻이 그와 함께하는 자의 인격으로, 성품으로, 의향으로, 의지로 표출되는 것이다. 그리스도 예수의 마음을 품는 것만이 아니라 알을 까는 것이다. 다시 말하면 신학적 지식은 경험적 지식이어야 하고 경험적 지식은 그리스도의 장성한 분량에 이르기까지 성숙한 삶을 추구하는 동력이다. 창조물이 하나님의 신성과 권능을 반영하고 있듯이 그리스도 예수의 피로 값 주고 산 그리스도인이 그리스도의 인격과 지혜와 능력을 반사하는 삶이어야 한다. 이것이 없는 교인들의 모임은 진리의 빛을 흐리게 하고 그리스도의 이름을 모독당하게 한다.

목사는 성도들에게 신학자여야 하고 성도는 불신자에게 신학자여야 한다. 그리스도인의 교제는 성삼위 하나님과 함께하는 교제이기에 생명이 풍성하다. 우리가 믿는 소망에 관한 이유를 묻는 자들에게 능히 대답할 수 있는 신앙인이 되려면 하나님을 모르면 불가능하다. 이것은 단순히 성경 공부하는 것으로 다 해결할 수 있는 것이 아니다. 성경 공부하지 않는 것보다 하는 것이 월등하게 낫지만, 과정을 수료하여 수료증을 받았다고 해서 영적 진보와 성숙이 완만하게 이루어졌음을 보증하는 것은 아니다. 순종이 제사보다 낫듯이 배운 바를 교회 안에서 그리고 가정과 사회생활 속에서 실천할 수 없는 것이 된다면 신학교를 나오고 신학박사 학위를 받아도 아무 소용이 없다.

성경대로 순종하느냐 아니냐는 죽느냐 사느냐를 가름하는 잣대이다. 그렇다면 생명의 주를 모시는 교회는 살기 위하여서라도 생명의 말씀에 충실해야 한다. 기록된 말씀에 충실한 교회는 건전한 삶을 사는 성도들을 낳게 된다. 구제와 섬김과 봉사를 통해서 그리스도의 의향을 드러내는 것이다. 이것이 이 책의 모든 것이다. 그렇게 살고자 사력을 다했던 종교개혁자들과 청교도들, 언약도들의 삶은 오늘날 우리 모두에게, 특히 개혁교회 성도에게 동일하게 요구된다. 나는 개혁교회 성도들이 하나님과 함께하는 작은 신학자들이어야 한다고 믿는다. 에녹보다 ⅓의 인생을 살지 못하는 백세 인생인 우리의 남은 삶이 더 강렬한 신학적 삶이여야 하지 않을까 생각하며 겸손히 자신을 채찍질한다.

끝으로 본 책을 기꺼이 출판해 주신 크리스천르네상스 정영오 장로님께 감사드린다. 그리고 미국에 사는 두 딸 가족과 손주들에게 감사한 마음을 전한다. 손주들과 놀아주려고 미국에 왔다가 책을 쓰게 된 할아버지를 용납해 준 아이들이 고맙다. 허물 많은 남편을 언제나 곁에서 칭찬과 격려를 아끼지 않으며 손뼉 쳐주는 사랑하는 아내에게도 감사하다. 혹 책에서 발견하는 모든 결점은 전적으로 저자의 책임임을 밝힌다.

오직 하나님께만 영광을!

하나님의 한 작은 종

서창원 목사

목차

신학은 삶이다
Theology is Life

추천사 … 5
저자 서문 … 11

서론
신학은 삶이다 … 19

제1부. 인간의 삶을 형성하는 신학: 신론과 인간론을 중심으로
1장. 교회생활에 투영된 신학(목회와 예배) … 53
2장. 가정생활에 투영된 신학(결혼과 자녀 양육) … 117
3장. 사회생활에 투영된 신학(구제와 봉사) … 165

제2부. 교리와 삶
1장. 교리 교육의 중요성 … 185
2장. 믿음으로 사는 삶 … 213
3장. 십자가에 못 박힌 그리스도 … 231
4장. 청교도의 경제관 … 243

부록
가정예배 지침서 … 263

신학은 삶이다
Theology is Life

서론

신학은 삶이다

Theology is Life

서론
신학은 삶이다

평범한 사람에게 '학'學은 뭐든 배운다는 의미이지만 이 용어가 특정 전문 지식을 요구하는 영역으로 한정되면 보편적인 것이 아니라 특별한 것이 된다. 다양한 영역을 섭렵하는 뛰어난 사람도 있지만 대게는 한두 영역에서 일평생을 보낸다. 예술 분야에 대한 조예가 깊지 않아도 사는데 아무 지장이 없다. 기계공학에 대한 식견이 부족하다고 해서 인생의 맛을 모르는 이라고 단정할 수 없다. 농업 분야나 우주공학 분야도 마찬가지이고 언어학 분야도 마찬가지이다. 인생의 다양한 영역에서 일하는 전문인들이 있기에 사회는 나름의 질서를 유지하며 발전적인 모습으로 변화하며 나아간다. 학문의 영역이 사회과학 분야이든 인문학 분야이든 예술 영역이든 자연 철학 분야이든 배우고 묻는다는 의미의 학문 영역에 존재하는 한 보편적 가치 구현으로서의 영향력은 극히 제한적이다.

오직 진리만을 탐구한다는 대학의 존재도 이제는 더 이상 지적 욕구 실현에만 머물러 있지 않다. 인간 사고의 질적 향상, 삶의 질적 향상, 성취도成就道 향상에 이바지할 수 없다면 학문 자체는 무의미한 것이다. 모든 분야에 깊이 종사하는 이들에게는 자신의 영역도 삶의 전부이다. 물론 직업적으로 혹은 생활에 필요한 물질적 욕구 충족을 위한 수단으로 여기는 자들이 대다수일 수 있지만 나름대로 심오한 자부심으로 자기 일에 몰두

한다. 그렇다고 그것이 인류의 보편적 가치 추구에 이바지하는 필수적 요소는 아니다. 특정 직업에 평생 종사한 사람이 은퇴 이후에는 전혀 다른 일에 빠져 사는 것 자체는 자기만족을 위한 걸음이 대부분이었을 것이다. 그들이 다 인류의 보편적 가치구현에 헌신해 왔다고 말할 수는 없을 것이다. 학문과 실제 삶이 같은 부류의 사람도 있지만 대게는 따로 논다. 음악을 천직으로 알고 사는 자나 그림 그리기를 평생 직업으로 삼고 사는 이도 삶은 예술 영역과 전혀 다른 모습일 수 있다. 실제 유효기간이 길지 않은 업무에 종사하는 이들에게는 더더욱 사람들이 예상치 못한 길을 가기도 한다. 이전의 전문성이 현재의 삶에 공헌도가 전혀 없을 수 있는 것이다.

그렇다면 종교는 어떠한가? 대학에서 종교학이라는 과목도 존재한다. 종교 영역도 학문의 세계로 진입한 지는 꽤 오래되었다. 중세시대에 철학적 지성으로 기독교를 설명하려는 시도에 앞장선 자는 『신학대전』으로 유명한 토마스 아퀴나스이다. 그는 내가 제목으로 삼은 "신학은 삶이다"라는 담론과는 정반대로 "신학은 학문이다"라고 했다. 그 이유는 신학이 '확실한 원리들로부터 흘러나온 이론 체계일 뿐 아니라 신에 의해서 계시되었기 때문이며 또한 확실한 원리들로부터 출발하기 때문'이라는 것이다. 기하학이 그러하듯이 신학도 부정될 수 없는 확고한 원리에 기초한 학문이라는 것이다. 아마도 신학에 대한 일반적인 생각은 이 범주를 벗어나지 않을 것이다. 그러나 인간의 지성은 한계가 있기에 초자연적인 영역을 풀어내는 데는 역부족이다. 따라서 신학을 학문의 영역에 가둬둔다면 실천적인 요소는 배제되고 사변적인 것으로 변질할 것이다. 어쩌면 현대 신학 연구의 흐름이 그런 오류를 그대로 증명하고 있는 것일 수 있다. 신학을 전공하여 학위를 받은 이들이 무수하게 많은데도 사회에서 교회의 영향력은 급속도로 퇴보하고 있는 이유가 여기에 있을 것이다. 학문적 성취도는 크게 향상되었는지는 몰라도 아는 지식을 살아내는 실천적 영역은 너무나도 취약한 것이다. 신학은 계시에 대한 확고한 믿음으로부터 출발해야 한다. 학문은 지성의 논술 방식을 선호한다. 이 둘이 융화된다는 것은 기본 전제가 틀리기 때문에 엇박자만 만들 뿐이다. 오늘날 신학의 학문적 성과가 교회를 살리는 것보다 퇴보와 소멸 쪽으로 이끄는 경향에 대한 설명은 실천성에 대한 무시 혹은 분리에 있다. 실질적으로 종교만큼 인간의 삶에 밀접한 관계를 가진 영역은 없다. 미신적인 것도 그러한데 하물며 고등 종교를 수용하고 있는 지역의 인간 생활방식은 더욱 그러한 것이다. 불교권이든 힌두교권이든 이슬람교권이든, 기독교권 못지않게 그들 나름의 독특한 삶의 방식이 존재하는 것이다. 따라서 실천적 요소를 배제하면 할수록 종교의 위치는 박물관이나 도서관에서만 남아 있게 될 것이다. 내가 신학은 삶이라는 전제를 가지고 글을 구상한 이유는 한 가지이다. 기독교 신앙의 전부인 성경이 하나의 이론서가 아니라 실천적 지침서라는 확고한 믿음 때문이다. 인간을 창조하신 하나님께서 인간의 행복을 위하여 주신 하나님의 규례와 법도가 이상 세계의 헌장이 아니라 현실 세계의 규범임을 믿는다. 이는 기독교의 전성기라고 할 수 있는 시대에만이 아니라 기독교가 전래된 초기부터 지금까지 교회의 역사가 증명한다. 특히 개신교의 신학적 토대를 확고하게 다져준 칼빈의 주 사상도 인간이 직면하고 있는 모든 문제를 하나님의 영역주권 사상 아래에서 설명하고자 힘썼음을 인정한다면 신학이 삶이어야 한다는 명제는 옳다고 본다.

인간의 생활 철학이 있다면 계시된 말씀 범주를 벗어날 수 없다. 인간이 만든 찬란한 문화적 업적들도 종교적 계율이 없었다면 불가능한 일이다.

세계 7대 불가사의 유적들인 이집트의 피라미드나 인도의 타지마할이나 캄보디아의 앙코르와트나 잉카제국의 유적들은 하나같이 다 종교의 실천적 영역으로부터 파생된 산물이다. 근현대사를 주도한 밑바탕은 헬라 철학이 그 바탕이라고는 하나 기독교 경전인 성경의 가르침이 강력한 지류이었음을 부정할 수 없을 것이다. 따라서 나는 단순히 학문 세계에서의 신학이 아니라 인간 삶의 실존적 영역에서 문화와 예술과 정치와 산업 전반에 걸쳐 가장 지대한 영향을 끼치며 주도해야 할 분야가 신학이어야 함을 새삼 강조하고자 한다. 기독교가 타종교와 다른 점은 인간이 스스로 고안해 낸 종교가 아니라 신으로부터 받은 계시로부터 출발한다는 점이다. 인간이 요구한 것도 아니고 인간적 사고의 혜안으로 만들어낸 것이 아니라 인간을 지으신 창조주 하나님으로부터 받은 계시에 근간을 둔 종교이다. 교회의 회복과 부흥은 인간의 학문적 노력의 산물이 아니라 계시의 재발견과 그에 대한 절대 순종에 있다.

본 책은 크게 두 가지 측면에서 서술할 것이다. 하나는 계시에 근거한 신학에 대한 정의와 내용을 소개하는 것이다. 그리고 삶으로의 구현을 구체적으로 진술해 갈 것이다. 이를 위하여 교회 영역, 가정생활 및 삶의 현장 영역에서 신학이 실천적으로 어떻게 적용되는지를 나열하고자 한다. 그리고 교리 교육의 중요성과 그 실제를 소개하고자 한다.

1 신학은 강단용? 아니면 상아탑용?

신학은 강단용인가? 아니면 상아탑용에 불과한 것인가? 오늘날 신학은 대부분 강의실 영역에서 다룬다. 전통적으로 삶의 모든 영역에 빠질 수 없는 보편적 가치로서의 신학 연구와 적용은 찾아보기 힘들다. 신학에 대한 일반인들의 생각은 전문인들의 영역이다. 신학을 공부하는 이들에게 석사 혹은 박사라는 호칭이 주어지면서 더욱 그런 경향이 농후해졌다. 모든 학문 영역에서 하나님의 주권을 배제할 수는 없다. 인간이 그렇게 한다고 해서 하나님의 주권적 통치가 미치지 않는 것은 아니다. 하나님이 역사의 주인임을 부정할 수 없는 한 그렇다. 인간의 삶은 종교의 영역에 깊이 물들어 있다. 불교이든 이슬람교이든 혹은 무속 종교이든 그 안에 있는 한, 인간의 언어와 행동, 및 관습은 종교적 색채가 그대로 반영된다. 그중 가장 강력한 종교는 기독교이다. 불교 냄새, 이슬람교 냄새와 기독교 냄새를 비교하면 그 풍기는 강도는 기독교를 능가할 것이 없다. 인류 역사가 이를 증명한다. 실제로 기독교의 신인 야웨 하나님을 경외하는 자들이 세계사에 이바지한 공로는 그 어떤 종교인들과 비교할 수 없는 것이다. 그 이유를 굳이 꼽자면 야웨 하나님은 우주 만물을 창조하신 유일한 신이기 때문이다. 인간을 지은 이도 하나님이시다. 이것이 하나님께 속한 인간만큼 기독교 신앙에 강력하게 부착된 삶을 사는 종교인이 없는 이유이다. 순교의 역사를 보면 더욱 확연하게 드러난다. 불교의 순교자, 이슬람교의 순교자가 얼마나 되는지는 모른다. 그러나 세상에서 가장 가혹한 탄압과 핍박과 순교는 절대다수가 기독교에 속해 있다. 지구촌에 남아 있는 순교역사가 증명한다. 기독교는 출범 그 자체가 순교자의 피로 이루어졌다. 예수 그리스도의 십자가 죽음만이 아니다. 스데반의 순교에 이어서 기독교가 전파되는 곳마다 유혈이 낭자하지 않은 곳이 없을 정도이다. 오죽하면 '순교자의 피가 교회의 씨앗'이라고 말하기까지 했겠는가?

전 세계에 가장 많이 분포된 종교는 기독교이다. 물론 무신론자들이 가장 많지만 종교인들만 따지면 기독교 인구가 세계 인구의 ⅓이 된다는 통계이다. 우리나라도 최근 통계에 의하면 국민의 20%가 기독교 인구라고 한다.[1] 그만큼 인간의 전통과 관습과 문화가 어떠하든 기독교의 향기는 모든 이에게 입맛을 다시게 할 요소가 풍성하다는 것이다. 그러나 지금 한국의 교회는 그 맛을 잃어버렸다는 한탄의 소리가 여기저기에서 터져 나오고 있다. 사실 예수께서 소금이 맛을 잃으면 밖에 버려져 사람들에게 짓밟힐 것을 이미 지적하셨다마 5:13. 그 이유가 무엇인가? 한때 전 세계 인구의 절반을 차지했던 기독교가 퇴보의 길을 가고 있고 한때 기독교 국가로 알려진 나라들이 더 이상 기독교 국가라고 주장할 수 없는 상황까지 이르게 된 가장 큰 원인은 신학이 학문 세계의 영역에 갇혀버린 데 있다. 다시 말하면 신학의 실천적 요소를 배제하고 전문인의 전유물로 남겨두어 인간의 삶의 현장으로 연결되지 않고 신학교 강의실 안에 가둬둔 종교인들의 실책이 제일 크다. 기독교 진리의 가르침은 종교인의 직무 수행에 필요한 도구가 될 뿐 기독교인들의 삶을 변화시키며 삶의 질을 향상시켜 기독교 밖에 있는 사람들의 시선을 사로잡거나 입맛을 돋우는 일이 일어나지 못함에 있다. 한 사람의 기독교인이요 종교인으로서 신학의 실천적 특성을 회복하는 데 주력해야 함을 강조하지 않을 수 없다. 다행히도 교리에 무관심했던 교회가 교리 교육의 필요성을 되찾고 강조하는 고무적인 현상이 일어나고 있다. 다만 이것이 지적 욕구 충족으로 머물지 않고 삶으로 연결되어 생명에 이르게 하는 그리스도의 향기를 물씬 풍기는 새 역사로 이어지게 되기를 간절히 소망한다.

---

1   한국리서치의 여론 속의 여론이라는 설문 조사에서 발표한 2022년도 종교분포도에 의하면 기독교 20%, 불교 17% 천주교가 11%라고 했다. 기독교와 천주교인을 합하면 무려 31%가 기독교 영향권에 있는 것이다.

신학은 삶이어야 한다

청교도 초기 지도자였던 윌리엄 퍼킨스 1558-1602는 신학을 '영원히 복되게 사는 것에 관한 예술'The science of living blessedly forever이라고 하였다.[2] 이 자체가 보여주듯이 단순한 학문의 한 영역으로서의 신학이 아니라 실생활과 밀접한 것임을 퍼킨스의 정의는 보여준다.[3] 청교도들에게 있어서 신학을 한 번도 아카데미 영역으로 분류한 적이 없다. 목사는 신학자였고 신학자는 목사였다. 그들의 신학적 입장은 전적으로 강단에서 선포되었고 선포된 신학은 청중들의 삶으로 이어졌다. 따라서 신학이 강단용이어야 한다는 말은 교회 강단에서 선포되어야 진정한 신학이라는 의미이다. 솔직히 한국의 교회 강단에서 신학적 가르침이 제대로 가르쳐지거나 선포되는 일은 거의 없었다. 한국의 교회를 진단하는 외국인들의 평가에서 빠지지 않는 것 하나가 교회에 신학이 없다는 것이다. 물론 이것은 한국만의 문제가 아니다. 미국의 교회도 마찬가지이다. 그래서 우리말로 『신학실종』이라는 제목으로 번역된 데이빗 웰스의 *No Place for the Truth*라는 책까지 출판된 것이다. 진리의 기둥과 터인 교회 안에 진리가 있을 곳이 없게 된 현상을 열거한 이 책은 신학교육의 진수가 무엇인지를 돌아보게 한다. 한편 영국의 『진리의 깃발』지에서 오래전에 이안 머레이 목사는 현대 신학교가 학위 수여에 급급해함으로써 학문의 영역에 가둬둔 폐해가 교회 쇠퇴로 이어짐을 간파했

---

2   퍼킨스의 원제에 나오는 science를 학문으로 번역함이 타당하나 필자는 '예술'로 번역하였다. 삶이 종합예술이기 때문이다. 퍼킨스의 주장도 여기에서 크게 벗어난다고 생각하지 않는다.
3   일반적으로 '신학'에 대한 정의는 기독교 신앙과 실천 및 경험에 관한 학문으로 특별히 하나님에 관한 연구 및 하나님과 세상과의 관계에 관한 연구를 말한다. 그러나 그 정의 자체가 사람들의 삶과 무관한 것은 아니다. 그런 의미에서 퍼킨스의 정의는 가장 탁월한 정의라고 생각한다.

었다. 학문적 업적을 다퉈 학위 수여로 보상받는 현실은 수많은 신학박사 혹은 철학박사를 양산했지만, 학위를 받은 개인이나 그런 자를 많이 보유한 교회가 영적으로 더 깊어졌고 사회적 영향력이 더 지대해졌다는 보고는 전혀 없는 이유가 무엇일까? 신학을 살아내지 못한다면 신학 공부는 무의미하다. 실천되지 않는 지식을 누가 배우고자 애를 쓰겠는가? 개인의 명성이나 이력서에 채우는 도구는 될지언정 그것이 하나님의 계시에 대한 이해의 폭이 광활해졌다거나 신적 존재와의 교통이 풍성해져서 세상에서 볼 수 없는 광채를 발휘하고 있다는 이야기는 거의 들을 수 없는 것이다. 지성적 논리에 매몰되어서 실천적 무신론주의자가 되는 우를 무의식중에 수용하고 만 것이다.

성경은 이렇게 지적한다. "내 형제들아, 너희는 선생된 우리가 더 큰 심판 받을 줄을 알고 많이 선생이 되지 말라"약 3:1. 심판의 이유가 무엇인가? 가르치면서 가르치는 대로 살지 않는 것에 대한 심판이다. 교회 안에 선생이 없을 수는 없다. 목사는 하나님의 계시를 전달하는 자이다. 그 계시 전달을 위해서는 계시를 받은 자들이 올바로 이해하고 올바로 적용하여 말씀의 사람으로 자기를 단련해야 하는 것이다. 물론 온전한 사람은 아무도 없다. 그렇다고 해서 말씀에 어긋나는 길을 가도 된다는 변명을 가능케 하는 것은 아니다. 바리새인들과 서기관들의 이율배반적인 모습을 보신 예수는 저들의 가르침은 본을 받고 그들의 행위는 본받지 말라고 엄히 명하셨다마 23:3. 여기에서도 하나님의 계시는 실천용이지 이론용이 아님이 분명해진다. 하나님의 말씀은 오직 선생들을 위한 책이 아니라 하나님을 경외하는 모든 이들의 책이다. 올바른 해석과 전달의 책임이 선생에게 있어도 말씀에 순종하고 삶의 현장에서 맛을 풍겨야 하는 의무는 모든 성도에게 있는 것이다.

신론이 주는 실천성

신학의 실천성 회복을 논하기 전에 왜 신학이 신학자들의 전유물이 아닌지를 생각해 보자. 먼저 신론적 입장에서 보면 기독교의 하나님이 유일무이한 전능자요 창조주요 구속주라는 의미에서 그렇다. 인간 사회가 형성된 것은 인간을 만드신 창조주 하나님의 뜻에 의한 것이다. 인간이 하나님의 규정하신 뜻에 반하는 길을 가므로 인간 사회에 의도하지 않았던 흑암과 고통과 사망의 쇠사슬에 매이는 쓰라림을 피할 수 없게 되었지만, 그런 인간의 속성을 가장 잘 아시는 분은 여전히 하나님이시다. 인간은 자유의지가 없는 기계는 아니나, 설명을 위해서 기계로 묘사한다면 어떤 특정한 기계 제작자는 자신이 만든 그 기계에 대해서 가장 잘 아는 존재이다. 이것을 부정할 사람이 있는가? 마찬가지로 자신의 형상과 모양을 따라 손수 빚어서 만드신 인간을 가장 잘 아는 분은 창조주 하나님이시다. 인간을 지으신 모습을 보면 신묘막측하다고 말하지 않을 수 없다. 인간 신체 기능 분야를 연구하는 의학자들의 고백을 빌리지 않아도 신체 구조 하나하나가 기능 면에서나 존재 면에서 지음을 받은 피조물 능력 밖의 일이다. 인간이 인간으로서 사는 데 가장 필요한 것이 무엇인지를 아시는 분도 창조주 하나님이시다. 그가 아담과 하와를 만드시고 그들이 살아가기 위해서 있어야 할 모든 것이 존재하는 에덴동산에 두신 것이다.

  비록 타락하여 에덴동산에서 쫓겨난 인간이지만 인간의 삶은 창조주 하나님을 피하여 도망칠 수 없다. 하늘에 오를 수 있는 능력이 있다고 하더라도 하나님이 계시지 않은 외딴곳은 하늘에 없다. 땅속 깊은 곳에 숨을 곳을 찾을지라도 하나님의 전능한 손길이 미치지 아니하는 곳이 없다. 수심 깊은 물 속에 들어갈 보호막을 갖춘 인간이라고 하더라도 물속 깊은 곳까지 미치지 못할 시력과 청력을 가지신 하나님이 아니시다. 그의 보좌는 하늘에 있고 땅은 그의 발등상이다. 기계 제작자의 말을 듣지 않는 기계는 폐기 처분될 뿐이다. 창조주 하나님의 뜻을 거역하고 살 수 있는 인간은 아무도 없다. 인간의 파멸은 지존자의 뜻을 멸시하기 때문이다시 107:11.

그렇다면 인간의 최우선 의무는 무엇일까? 창조주 하나님을 아는 것이다. 그것이 인간의 영생과 직결되기 때문이다. 창조주 하나님을 아는 지식과 인간이 누구인지를 아는 지식이 인간이 지녀야 할 최고의 학문이다. **창조주 하나님이 주권자**라는 사실을 생각해 보자. 통치권은 창조주 하나님의 절대 주권이다. 지음을 받은 피조물이 하나님의 주권적 역사를 훼방하거나 무용한 것이 되게 만들 수 없다. 이 세상에서 인간이 어떤 길을 가든, 무슨 일을 하든, 하나님의 선하시고 기뻐하시는 뜻을 꺾거나 돌이키게 하거나 변경케 할 수 없다. 그는 인간이 아니기 때문에 식언치 아니하시고 후회하심도 없으시다민 23:19. 그의 뜻은 일정하시다. 인간이 타락했다고 해서 인간을 잘못 만드신 것이 아니다. 하나님의 은사와 부르심에는 후회하심이 없으시다롬 11:29.

물론 인간이 역사 속에서 저지르는 흉포한 짓들은 이루 말할 수 없이 많다. 내가 낳은 자식이 사회의 암적 존재로 산다면 자식을 낳은 부모로서 한탄하며 그런 자식을 낳은 자신을 저주할 수 있다. 그러나 인간을 지으신 하나님은 악인도 적당한 때를 위하여 지으신 것이기에 하나님의 주권적 역사하심에는 후회가 없으시다. 인간이 타락했다고 해서 하나님께서 실수하신 것이라고 비난할 자는 아무도 없다. 이렇게 하나님의 절대주권이란 하나님이 최고의 권위자the supreme authority이시며, 모든 일들이 하나님의 통치권 밑에 있다는 것을 성경적으로 가르치는 교리를 말한다. 하나님만이 절대적 권위와 절대적 권리를 가지시는 분이시다. 그는 하늘과 땅의 모든 권세를 가지고 하늘과 땅에 있는 모든 것을 주관하신다. 만물이 주에게서 나왔고 주에게로 돌아가기 때문이다롬 11:36. 다윗은 이렇게 고백한다.

> 여호와여 광대하심과 권능과 영광과 이김과 위엄이 다 주께 속하였사오니 천지에 있는 것이 다 주의 것이로소이다 여호와여 주권도 주께 속하였사오니 주는 높으사 만유의 머리심이니이다 부와 귀가 주께로 말미암고 또 주는 만유의 주재가 되사 손에 권세와 능력이 있사오니 모든 자를 크게 하심과 강하게 하심이 주의 손에 있나이다대상 29:11-12.

시편 기자는 천지에 있는 것이 다 주님의 것임을 이렇게 노래한다.

> 산의 새들도 나의 아는 것이며 들의 짐승도 내 것임이로다 내가 가령 주려도 네게 이르지 않을 것은 세계와 거기 충만한 것이 내 것임이로다시 50:11-12.

하나님의 주권 사상이란 무엇을 말하는가? 그것은 아더 핑크의 지적처럼 '역사의 열쇠가 되고 섭리의 해석자가 되며 성경의 기본 요소이고 기독교 신학의 근본이다.'[4] 그런 차원에서 하나님의 주권적 통치권에 대한 이해는 인간의 삶에 지대한 영향을 끼치는 교리이다. 핑크는 계속해서 하나님의 주권을 '하나님의 최고 권위, 하나님의 왕권 및 하나님의 신권'을 의미한다고 했다. 이것은 하나님이 하나님이심을 선언하는 가장 중요한 교리이다. 만일 하나님이 주권자가 아니라고 한다면 피조물은 다 자기 멋대로 행동할 수 있고 스스로 왕이 되고자 치열한 살육 전쟁을 벌일 것이다. 하나님의 통치권이 있음에도 인간은 스스로 열방의 통치권자가 되고

---

4   아더 핑크, *하나님의 주권*, https://www.monergism.com > pink > sov 2015, p. 5.

자 처절한 다툼을 벌이는데 최고의 권위를 가지신 하나님이 계시지 않으신다면 인간 권력자에 의한 독재와 탄압과 권력의 횡포에서 벗어날 수 없을 것이다. 인간의 생각과 의도와 계획이 결코 뛰어넘을 수 없는 하나님의 도모와 목적과 뜻이 있기에 인간의 무책임한 처신으로 발생하는 혼란과 어둠의 역사에서도 빛과 질서를 바라볼 수 있는 것이다. 그래서 성경은 이 하나님을 열방의 주재자로 말하고 있고 나라들을 세우기도 하고 멸하기도 하며 제국들을 일으키기도 하고 넘어뜨리기도 하며 왕조의 흥망성쇠를 주관하시는 분이라고 가르치는 것이다 시 22:28. 이 하나님은 왕 중의 왕이시며 만주의 주이시다 딤전 6:15.

불행하게도 이러한 신관이 퇴색 변조된 현대 교회의 강단은 경외감의 대상이 되지 못하고 연민의 대상으로 전락했다. 이러한 교회가 세상에 보여주는 하나님은 인간 감성의 피조물에 불과하여 인간이 얼마든지 조정이 가능한 무기력한 존재이며 오로지 인간을 통제할 힘도 지혜도 없는 존재일 뿐이다. 그래서 인간을 구원하시려는 하나님의 의도와 그 의도를 실현하고자 그리스도께서 죽으셨다가 사흘 만에 다시 살아나셨으며 허물과 죄로 죽은 자들을 살리어 그리스도의 나라로 이끌고자 하는 모든 계획은 이제 수포가 된 것처럼 말하고 있다. 실제 우리 주변에 있는 대다수는 죄로 인하여 죽어가고 있으며 전혀 소망이 없는 영원한 세계로 빨려 들어가는 상황이다. 성경이 묘사하고 있는 하나님은 이런 인간의 모습으로 실망의 한숨을 푹푹 내쉬고 있고 십자가에서 죄와 사망의 권세를 이기신 그리스도께서는 엄청난 불만족의 늪에 빠지셨고 인간의 모든 이론과 사상을 사로잡아 그리스도의 발 앞에 복종케 하시려는 성령은 패배의 멍에를 쓰고 있을 뿐이라는 그림이 더 실감 되는 상황이다.

이런 묘사가 일정 부분 사실이라 하더라도 그러나 이것은 피조물에 불과한 인간의 교만한 생각이 빚어낸 망상일 뿐이다. 하나님은 절대적 존재요 누구도 제어할 수 없는 전능자이시며 무한한 분이시다. 그는 자신의 영광을 위해서 만드신 우주 만물을 주관하시는 주권자이시다. 인간의 의도대로 역사가 흘러가는 것 같이 보여도 그런 의향이 성공한 사례가 얼마나 될까? 설혹 있다고 하더라도 그것은 모든 것이 합력하여 결국은 하나님이 정하신 뜻을 이루어갈 뿐이다. 이집트의 바로왕은 이 주권자 하나님과 맞섰다. 처음엔 자신의 의도대로 흘러가는 것 같았다. 그러나 하나님의 뜻을 꺾을 수 없었고 도리어 바로 자신의 꿈이 산산조각이 났으며 그의 나라를 망하게 하는 결말을 초래하였다. 히틀러가 의도한 대로 유럽의 역사가 흘러간 것이 아니었다. 세상에 등장한 수많은 독재자의 권력은 무기력한 것으로 마무리되었을 뿐이다. 하나님은 전능자이시다. 그의 능력이 그러하다. 하나님은 원하실 때 원하시는 곳에서 원하시는 일을 언제든지 행하실 수 있으시다. 그래서 인간 측면에서 그의 권능은 불가항력적이다.

그의 지혜는 어떤가? 성경은 우리에게 말씀하신다. "하나님의 미련한 것이 사람보다 지혜 있고 하나님의 약한 것이 사람보다 강하니라"^{고전 1:25}. 예수 그리스도에게는 지식과 지혜의 모든 보고가 다 들어 있다^{골 2:3}. 인간 중 가장 지혜롭다고 하는 솔로몬의 지혜도 지혜의 하나님이 주신 것에서 비롯된 것이다. 소위 천재라고 불리는 자들을 다 모아놓아도 하나님이 지으시고 운행하시는 일의 억만 분의 일도 감당할 수 없는 어리석음뿐이다. 의학적으로 신체 기관의 일부라도 만드는 일에 인간이 성공한다는 것은 현대에 와서 이루어놓은 지극히 작은 것에 불과하다. 하나님은 태초부터 무에서 유를 만드셨는데 말이다. 인간의 불합리는 하나님에게 합리적이다. 인간의 불가능은 하나님에게는 가능하지 않은 것이 하나도 없다. 세상의 관원들이나 철인들이 결코 깨닫지 못하는 하늘에 있는 신비의 세계

신학은 삶이다 *31*

는 측량이 불가능하다. 하나님이 그의 지혜로 조성하신 만물의 오묘함도 일일이 형언할 수 없는 영역이 무수하다. 그런 하나님에게 훈수를 둘 수 있는 지혜 자가 어디에 있겠는가? 하나님께서 하신 일들에 오류가 있다고 지적하며 시정을 촉구할 자가 어디에 있겠는가?

하나님의 자비하심은 어떠한가? 인간은 자비를 받을 자격이 없는 존재이다. 왜냐하면 인간의 비참함은 다 죄로 말미암은 것이기 때문에 죄의 대가는 형벌이다. 그러므로 인간이 자비를 받을 만한 존재라고 말하는 것은 그 용어 자체가 모순이다. 사랑받을 존재가 아니라 심판을 피할 수 없는 존재로 태어났다. 그런 비참한 죄인들을 긍휼히 여기시고 불쌍히 여기시는 것은 하나님의 흠모할만한 속성에서 나오는 하나님의 주권적 의지이다. 누구의 기도는 들으시고 누구의 기도를 거절하는 것은 하나님의 흠이 없는 선하신 의지의 결과에 의한 것이다. 그러므로 성경은 이렇게 말씀한다. "내가 긍휼히 여길 자를 긍휼히 여기고 불쌍히 여길 자를 불쌍히 여기리라" 롬 9:15. 전적으로 하나님의 주권적 행사이다. 죽이든 살리든 그것은 토기장이가 원하는 토기를 만들 듯 토기 자체의 의향이나 희망사항이 아니라 토기장이이신 하나님의 의지대로 되는 것이다.

하나님의 주권을 누가 무슨 권리로 침해할 수 있겠는가? 하나님의 주권적 선택에 대해 누가 무슨 자격으로 찬반을 논할 수 있겠는가? 하나님께서 에서를 미워하고 야곱은 사랑하시는 것은 하나님의 마음이다. 에서가 하나님이 불공평하시다고 항의할 권리가 있는가? 야곱이 사랑받을 자격이 있어서 하나님이 사랑하신 것인가? 있다면 하나님이 주권은 대상의 조건에 따라 규정된다. 그것을 주권적 의지라고 말할 수 없다. 선택과 유기와 보존과 파멸은 전적으로 하나님의 기뻐하시는 뜻을 따른 주권적 행함에 의한 결과이다. 이러한 교리적 가르침 자체가 하나님을 경외하는 자들의 삶에 어떤 영향도 미칠 수 없다고 누가 말하겠는가? 그러므로 신학은 삶이요 실천적 학문이라는 전제는 옳은 것이다. 하나님의 사랑도 하나님의 은혜도 하나님의 기뻐하시는 뜻에 따라서 비참한 지경에 처한 자들에게 주권적으로 주어지는 것이다. 하나님의 은혜와 사랑을 획득할 수 있는 그 어떤 것도 인간에게는 없다. 이런 교리적 가르침이 하나님을 경외하는 자들에게 미치는 산물은 감사함과 찬송함이다. 범사에 감사하고 하루에 일곱 번씩 찬양하는 삶을 추구하는 것이다. 이러한 주권자 하나님에 대한 올바른 지식은 인간의 삶을 겸손하고 덕을 세우고 사랑과 자비를 베푸는 선한 행실을 낳는 것이다. 그러므로 신학은 삶이다.

하나님의 주권과 관련하여 인간의 삶을 규명해 보자. 창조와 인간의 구속과 선악 간의 심판에 있어서 하나님의 주권은 명백히 행사되고 드러난다. 창조의 목적, 그리고 타락한 인간의 구속 목적 더 나아가서 인간의 행실에 대한 하나님의 심판이 있음을 믿는 자의 삶에는 어떤 영향력을 끼치겠는가? 당연히 인간의 삶은 통제되지 않을 수 없다. 말과 행실과 사랑과 믿음과 정절 등 인생의 모든 영역에 하나님의 통치권이 개입된다. 어떻게 개입되는가? 한 가지 방식이다. 즉 기록된 말씀으로 우리에게 주신 성경을 통해서이다. 우리의 말과 행실이 성경에 의해서 통제되고 정제된다. 막말, 거친 말, 부정적인 말, 더러운 말 및 거짓말 등에 영향력을 발휘하여 덕스럽고 부드럽고 온화하고 사랑스럽고 깨끗한 말을 선택한다. 하나님이 말씀하시는 것 같이 말하고자 하나님의 기록된 말씀을 입안에 가득 채워 넣는다. 사랑과 믿음과 정절 역시 기록된 말씀으로 선을 그으며 제약한다. 따라서 성경은 우리가 어떻게 살아야 할지를 규정해 주는 유일한 규범이다. 즉 성경은 우리의 삶을 풍성케 하는 정보요 동시에 영감이다. 따라서 하나님의 주권은 하나님에 대한 우리의 경건한 두려움을 가지게 하며, 의로운 삶을 촉진하게 도와주는 것이다. 왜냐하면 선악 간의 분명한 주권적 심판이 따르기 때문이다. 이것은 우리의 죄성에 의한 반항과 반역과 어긋남을 방지하여 하나님의 선하신 뜻에 복종케 만든다. 더 나아가서 하나님의 주권에 대한 참된 인식은 교만을 넘어 겸손하게 하여 하나님의 은총을 더 누리는 자리에 이르게 한다. 이것은 결국 우리의 의지와 생각과 뜻은 포기하게 되고 하나님의 뜻을 자각하고 순종하는 자리에 나아가게 한다.

그러나 하나님을 인식하지 못하거나 두려워함이 없는 자들에게 나타나는 삶의 현상들은 정반대이다. 성경은 이렇게 표현한다.

그러므로 하나님께서 저희를 마음의 정욕대로 더러움에 내어 버려두사 저희 몸을 서로 욕되게 하셨으니 이는 저희가 하나님의 진리를 거짓 것으로 바꾸어 피조물을 조물주보다 더 경배하고 섬김이라 주는 곧 영원히 찬송할 이시로다 아멘 이를 인하여 하나님께서 저희를 부끄러운 욕심에 내어 버려 두셨으니 곧 저희 여인들도 순리대로 쓸 것을 바꾸어 역리로 쓰며 이와 같이 남자들도 순리대로 여인 쓰기를 버리고 서로 향하여 음욕이 불 일듯 하매 남자가 남자로 더불어 부끄러운 일을 행하여 저희의 그릇됨에 상당한 보응을 그 자신에 받았느니라 또한 저희가 마음에 하나님 두기를 싫어하매 하나님께서 저희를 그 상실한 마음대로 내어 버려두사 합당치 못한 일을 하게 하셨으니 곧 모든 불의, 추악, 탐욕, 악의가 가득한 자요 시기, 살인, 분쟁, 사기, 악독이 가득한 자요 수군수군하는 자요 비방하는 자요 하나님의 미워하시는 자요 능욕하는 자요 교만한 자요 자랑하는 자요 악을 도모하는 자요 부모를 거역하는 자요 우매한 자요 배약하는 자요 무정한 자요 무자비한 자라 저희가 이같은 일을 행하는 자는 사형에 해당하다고 하나님의 정하심을 알고도 자기들만 행할 뿐 아니라 또한 그 일을 행하는 자를 옳다 하느니라 롬 1:24-32.

탄식밖에 나오지 않는 이런 모습과 하나님에 대한 참지식을 가진 자의 삶과는 극명하게 대조되는 것이다. 그런데도 신학이 삶이 아니라고 말할 것인가? 하나님을 경외하는 것이 지식의 근본이다 잠 1:7.

또한 하나님의 주권을 인정하기 때문에 하나님의 계시된 뜻에 복종하는 길을 간다. 주님을 사랑하는 자에게서 나타나는 현상은 그의 계명을 주야로 묵상하며 지켜 행하는 자가 된다. 이것은 사실 선택사항이 아니라 절대복종을 의미한다. 하나님의 계획이나 의도가 어딘가에 허점이 있고 구멍이 있다면 이야기는 달라진다. 그러나 완전한 지혜와 완전한 지식을 가지고 계신 하나님의 뜻을 거역하는 것은 인간의 교만함과 불순종에 대한 엄중한 심판 외엔 다른 길을 없게 하는 것이다. 이집트 땅 종 되었던 곳에서 430년을 살다가 해방을 맞은 이스라엘 백성에게 하나님은 자신이 전능한 팔로 그들을 건져낸 만군의 주 여호와임을 선언하고서 그들에게 강력하게 요구하신 것이 있다.

너희는 그 거하던 애굽 땅의 풍속을 좇지 말며 내가 너희를 인도할 가나안 땅의 풍속과 규례도 행하지 말고 너희는 나의 법도를 좇으며 나의 규례를 지켜 그대로 행하라 나는 너희의 하나님 여호와니라 너희는 나의 규례와 법도를 지키라 사람이 이를 행하면 그로 인하여 살리라 나는 여호와니라 레 18:3-5.

물론 굴종적인 복종으로 받아들일 수 있다. 그러나 이스라엘이 이집트 땅에서 살았던 처지를 생각해 보라. 그들의 힘으로 지혜로 조직으로 종살이에서 해방할 수 없었다. 수백 년 동안 심한 통곡과 눈물의 골짜기를 건너야 했다. 끝도 보이지 않았다. 극심한 좌절과 절망만 난무했었다. 그런데 하나님이 조상 아브라함과 이삭과 야곱과 맺은 언약을 기억하시고 그들의 신음과 탄식 소리를 들으시며 건지시고자 친히 찾아오셨다. 궁지에 몰려서 꼼짝없이 죽어야 했던 자를 살리면 살려준 사람에게 생명의 은인이라 하며 남은 생애 동안 자발적인 순종과 헌신을 보이는 것이 인간적인 도리이다. 하나님께서는 자신의 주권적 사랑의 선택으로 그들이 평생 살 수 있는 길을 제시하셨다. 출애굽한 이스라엘은 주님이 손수 돌판에 새겨주신 율례와 법도를 들고 지켜 행하기만 하면 되었다. 그 계명에 굴종적인 복종이 있을 이유가 없다. 자발적이고 자의적인 순종이요 베푸신 은혜에 대한 존경과 감사의 보답인 것이다.

마찬가지로 허물과 죄로 죽은 인생들이 값없이 베풀어주신 주님의 무궁한 사랑으로 죄에서 건짐을 받아 새로운 피조물이 되었음을 알게 되었을 때 주님이 말씀하신 것은 무엇이든지 아멘으로 받고 순종하게 되는 것이다. 이것이 은혜받은 자에게서 나타나는 통상적인 모습이다. 사실 인간은 본능적으로 자기애가 강하고 자기중심으로 생각하고 판단하고 행동한다. 만물의 영장이라는 말을 곡해하여 인간만큼 위대한 존재가 없는 것처럼 착각한다. 스스로 모든 것을 할 수 있는 것처럼 행하면서 자만심으로 가득한 존재이다. 그러나 하나님의 위대하심과 주권적 통치를 자각하는 인간은 마음 중심에 더는 자기를 두지 않고 주권자 하나님을 두는 것이다. 자기 의지를 앞세우지 않고 하나님의 뜻을 앞세운다. 자족하는 자만심을 표방하지 않고 전적인 하나님 의존적인 존재로 살아간다. 이것이 자연스럽게 주님의 도움을 구하는 기도하는 자리로 나아가게 한다. 이것이 신학을 삶이라고 말하는 이유이다. 참 그리스도인은 기도하는 사람이다.

타 종교에도 기도하는 관습이 있다. 불당에 가고 사원에 출입한다. 그들의 기도는 세상에서 부귀영화와 관련된 것들이 대부분이다. 그러나 그리스도인의 기도는 그 이상이다. 세상에서 사람들이 추구하는 부귀영화를 배제하지 않는다. 그러나 그것이 기도의 참 목적은 아니다. 기도는 우리를 향하여 가지신 하나님의 주권적 뜻이 이루어지기를 간구하는 것이다. 우리 안에서 살든지 죽든지 그리스도만 존귀케 되기를 갈망하는 기도이다. 내 뜻을 아뢰지 않는 것이 아니다. 그러나 결론은 내 뜻대로 하지 마옵시고 아버지의 뜻대로 하옵소서라고 한다. 타 종교인들은 그들이 섬기는 신적 존재와의 소통을 중시하지 않는다. 사실은 그들의 신은 눈이 있어도 보지 못하고 귀가 있어도 듣지 못한다. 손과 발이 있어도 전혀 움직일 수 없는 사람들의 수공물에 불과한 것이기 때문이다. 그러나 그리스도인의 기도는 이와는 차원이 다르다. 기도응답이 있느냐 아니냐에 대한 관심보다 기도하는 자신을 하나님이 받으신다는 사실, 절대 주권자이신 하나님과 소통의 복락을 누리고 있다는 사실에 감사한다. 타 종교에서 기도는 기도하는 자신의 공로가 돋보이게 하는 열매를 찾으나 그리스도인의 기도는 기도를 들으시며 우리의 소리에 귀를 기울이시는 주님이 높임을 받으심에 초점을 둔다. 기도 응답에 대한 감사도 있지만 응답하시는 하나님을 지극히 높이며 찬양하는 것이 기도의 목적이다.

하나님의 주권을 인정하기 때문에 원망과 불평을 내뱉지 않는다. 참 그리스도인과 그렇지 않은 사람의 행동에서 나타나는 두드러진 차이는 감사하는 자인가? 아니면 원망과 불평하는 일이 잦은 사람인가? 로 구분할 수 있다. 성경은 범사에 감사하라고 가르친다. 모든 염려와 근심을 다 주께 맡기라고 명령한다. 감사함으로 아뢰다 보면 모든 지각에 가장 뛰어나신 하나님의 평강이 우리 마음과 생각을 지키신다. 그래서 성경은 이렇게까지 말씀한다. "하나님을 사랑하는 자 곧 그의 뜻대로 부르심을 입은 자들에게는 모든 것이 합력하여 선을 이루느니라"롬 8:28. 하나님의 선하신 뜻이 이루어지는 것을 믿기에 원망할 만한 일이 있고 억울한 일이 있고 예기치 않은 고난을 겪는 때도 있지만 그 상황에서 감사할 이유를 찾는 것이다. 인생은 어떤 측면에서 보면 실망의 연속이고 파산의 두려움과 좌절 및 죽음의 공포에 둘러싸인 삶이다. 그러나 악인이 잘되고 교만한 자가 형통하며 하나님을 시험하는 자가 아무런 해도 당하지 않는 것 같이 보여도 잠잠히 주님을 앙망한다. 주님의 뜻이 이루어지기를 기도한다. 그러므로 욥도 하루아침에 모든 것을 잃었을 때 "주신 자도 여호와시여 취하신 자도 여호와시니 여호와께서 찬양을 받으실지로다"욥 1:21라고 고백할 수 있었다. 이것이 신론에 대한 지식이 낳은 삶이 아니고 무엇인가? 신학은 삶이다.

신학이 삶이라고 말할 수 있는 결정적인 요소는 하나님의 주권을 진심으로 인정하는 자에게서 자연스럽게 나타나는 주님을 기뻐함과 동시에 주님을 경배하는 일이다. 하나님의 통치권을 인정하며 그의 능력과 지혜와 은혜와 사랑을 생각하면 기뻐하는 것과 그를 경배하는 것이 삶의 모든 것이다. 신학은 인간을 하나님을 예배하는 자리로 나아가게 한다. 그렇지 않으면 참 신학이 아니다. 진정한 예배는 하나님의 위대하심을 인정하는데 기반으로 한다. 그 위대하심은 하나님의 주권에서 최상으로 드러나는 것이다. 주와 같은 신이 하늘과 땅에 없기 때문이다. 우리를 애굽 땅 종 되었던 집에서 인도해 내신 분도 만군의 주 여호와 하나님이시다. 이처럼 하나님의 주권이란 포학한 독재자의 주권이 아니다. 도리어 무한히 지혜롭고 무한히 선하신 하나님의 기뻐하시는 뜻의 구현이다. 하나님은 완전히 지혜롭고 무한히 지혜로우시기에 실수하심이나 오류를 범하실 수 없으시며 무한히 의로우시기에 어떤 거짓이나 악을 행하실 수 없으신 분이시다. 하나님의 뜻은 거스를 수 없고 돌이킬 수 없다는 사실 자체가 내 심령에 두려움이 가득하게 되지만, 그러나 하나님이 하시는 일은 내게 항상 유익한 것을 행하시는 주권자임을 깨닫게 되면 내 마음은 주님을 기뻐하는 즐거움으로 넘치게 되는 것이다. 이것이 신자의 삶이다. 신자의 삶은 예배하는 삶이다. 예배 자체는 하나님의 은덕을 얻기 위한 수단이 아니다. 타 종교에서 진행되는 예배 의식은 하나같이 다 인간의 공로를 쌓는 일이다. 그러므로 도움이 필요로 할 때만 법당이나 신전을 찾는다. 그들이 섬기는 신을 기쁘게 하고자 공을 들일만큼 최선을 다한다. 그들이 바치는 공물供物과 공적功績에 따라서 신으로부터 축복받는다고 생각한다. 그러나 기독교의 예배는 전능하신 하나님으로부터 뭔가를 얻어내고자 드리는 공적이 아니다. 예배는 죄 사함을 받기 위한 수단도 아니고 세상에서 필요한 것들을 얻어내는 방편이 아니다. 이미 죄 사함을 받아 어둠에서 빛의 나라로 들어가게 하신 하나님의 은혜에 감사하여 하나님께서 아들 예수 그리스도를 통하여 이루어주신 놀라운 구원의 은총에 가장 합당한 경배의 자리에 나아가는 것이다. 예배자로서의 소원을 아뢰는 것이 없는 것은 아니지만 참 신자의 가장 큰 소원은 주님으로 만족하는 것이다. 이러한 신관에 대한 깊은 인식은 자연스럽게 살아도 주를 위하여 살고 죽어도 주를 위하여 죽는다고 고백한다. 먹든지 마시든지 무엇을 하든지 다 하나님의 영광을 위해서 살아간다. 이것이 삶이다. 신학이 형성하는 그리스도인의 삶이요, 나의 인생이다. 하나님을 아는 지식이 나의 나 됨을 형성한다.

2 인간론이 주는 실천적 삶

신학은 단순히 하나님에 관한 학문이 아니라 그 하나님이 만드신 인간학에 대한 것도 포함하고 있다. 왜냐하면 인간은 하나님의 형상으로 지음을 받은 피조물이기 때문이다. 하나님을 아는 것이 곧 인간에 대한 이해도 올바르게 가질 수 있다. 그런 의미에서 칼빈은 신적 지식이 없이는 인간을 알 수 없다고 말하는 것이다. 인간 스스로가 인간 자체를 규명할 수 없기 때문이다. 인간을 만드신 하나님의 설명을 빼면 정확한 정의는 찾을 수 없다. 그래서 위키백과에 실린 인간론에 대한 정의는 옳다고 본다. '기독교 인간론Christian anthropology은 기독교 신학의 영역에서 하나님과 관련된 인간을 연구하는 학문이다. 기독교 인간론은 시간과 공간을 넘어서 인간의 물리적 사회적 특성을 비교 연구하는 인류학의 사회적 학문과는 구별된다. 기독교 신학의 인간론은 하나님으로부터 창조된 인간 즉 하나님의 형상과 범죄로 인해 타락한 인간을 다루는 영역, 그리고 그리스도로 회복된 의인을 다룬다.'

철학적으로 인간에 대한 이해를 어떻게 설명하든 인간을 만드신 하나님의 계시에 따른 인간론을 다루는 것이 정답이다. 따라서 인간이란 어떤 존재인가? 이 질문에 대한 답이 인간을 겸손한 자가 되게 하기도 하고 교만 덩어리가 되게 한다. 인간은 만물의 영장이다. 모든 피조물 중 으뜸이다. 그러나 인간 자체는 신적 존재가 아니다. 인간도 지음을 받은 피조물이다. 창조주 하나님이 지으신 세상을 정복하고 다스리라고 해서 인간이 주권자의 지위에 올라설 수 있는 것은 아니다. 세상의 주권자가 정해놓은 규범에 순응할 때만이 피조물 중 으뜸의 지위를 유지할 수 있다. 하나님을 떠나서는 살 수 없는 존재로 지음을 받았다. 그것이 에덴동산 중앙에 있는 선악을 알게 하는 나무의 열매를 먹지 말라는 명령을 주신 이유이다.

인간이 가진 자유는 하나님이 정하신 테두리 안에서만 가치가 있다. 그것을 벗어나는 순간 그 가치는 무용지물이다.

이처럼 지음을 받았다는 사실 자체가 하나님의 뜻에 따라 사는 존재임을 암시하는 것이다. 스스로 존재하지도 않았고 스스로 존재할 수 있는 독립적인 존재가 아님에도 불구하고 스스로 존재하겠다고 스스로 선택했다. 그러나 결국은 범죄의 길을 간 인간이었다. 이로 말미암아 에덴동산에서 추방되고 영생을 얻을 소망을 스스로 폐기해버린 존재가 되었다. 영원하신 하나님과 영원히 교통하며 살 기회를 스스로 하나님이 된다는 욕심이 스스로를 파괴하였다. 하나님을 알 수도 없는 비참한 상태로 추락했다. 전적으로 타락한 존재가 되어서 스스로의 힘으로는 구제받을 길을 찾을 수도 없고 만들 수도 없게 되었다. 고생과 파멸이 인간의 운명이 되었다. 죽지 않을 수 있는 존재로 지음을 받았지만, 사망이 왕 노릇하는 처지가 되었다. 이에 대한 웨스트민스터 신앙고백서의 설명은 이렇다.

> 이 죄 때문에 그들은 그들의 본래 의로움과 하나님과의 교통함에서 끊어졌으며 그리하여 죄 가운데 죽은 자가 되었다. 그리고 영혼과 몸의 모든 기능과 지체가 전적으로 더럽혀졌다. … 이 원 부패로 말미암아 우리는 선을 행하고자 하는 마음을 전혀 가질 수 없으며 선을 행할 수도 없고 모든 선을 대항하며 전적으로 모든 악에 기울어져 있고 실제로 모든 허물을 행하게 된다 WCF 6:2,4.

이렇게 원죄로 타락한 인간이었지만 하나님의 주권적 은혜의 역사로 말미암아 죄와 사망의 권세에서 해방되어 하나님의 자녀가 된 것이 구속함을 받은 인간의 모습이다. 우리의 시민권이 하늘에 있는 하늘나라 백성이 되었다. 어둠의 옷을 벗고 빛의 갑옷을 입은 빛의 자녀가 되었다. 이러한 인간에 대한 신학적 이해가 세상에서 벌어지는 모든 악한 현상을 설명할 수 있는 열쇠이다. 그리고 기독교인의 존재는 타락한 세상에서 하나님의 선하시고 기뻐하시고 온전하신 뜻을 이루는 데 이바지한다. 모든 착함과 의로움과 진실함의 열매를 맺는 빛의 자녀들이 있기 때문이다.

이처럼 전적 타락 교리가 타락한 인간의 삶을 설명할 수 있게 된다. 동시에 허물과 죄로 죽은 인생을 구원하시는 하나님의 전적인 은혜를 힘입은 기독 신자는 우리를 진리 가운데로 인도하시는 성령의 열매를 맺으며 살아간다. 앞에서 하나님의 주권을 설명하면서도 지적한 것이 있지만 인간이 가진 자유의지로만 모든 문제가 다 설명될 수 없다. 이 자유의지는 '무죄한 상태에서 인간은 선하고 하나님을 기쁘시게 할 것을 뜻하고 행할 수 있는 자유와 능력'을 말한다WCF 9.2. 그렇지만 '타락으로 인해 죄의 상태에서 인간은 구원을 수반하는 어떤 영적 선한 일을 할 의지와 능력을 전적으로 상실하였다.' 자신의 힘으로 회개할 수도 없고 회개를 준비할 수도 없는 존재가 오직 하나님의 주권적 은혜의 부어주심에 의하여 영적인 선을 행할 의지를 자유롭게 가지는 것이요 선을 행할 수 있는 자가 된 것이다. 그러나 은혜로 새로운 피조물이 된 인간이라도 남아 있는 죄성 때문에 선한 것을 온전히 행하지 못할 뿐 아니라 악한 것을 행하기도 한다WCF 9:3, 4 참조.

인간사에서 실질적으로 일어난 일들은 다 인간의 자유로운 선택으로 말미암아 발생한 것들이지만 그 결과를 선한 목적을 달성하는 도구로 삼는 분은 가장 지혜로우시고 가장 선하시고 의로우신 하나님이시다. 따라서 인간은 하나님을 바로 알고 하나님을 섬기며 하나님을 영화롭게 할 때, 궁극적인 인간 존재의 진정한 가치가 드러난다. 인간은 하나님의 형상대로 지은 받은 존재라는 사실을 아는 자들은 아담에게 준 창조의 목적을 바로 이해하게 되고 그 목적 달성을 위하여 달려가게 되는 것이다. 사람의 제일되는 목적이 하나님을 영화롭게 하고 그를 영원토록 즐거워하는 것이라는 웨스트민스터 소요리문답 1번을 인간이 어떻게 실현할 수 있는가?

자신이 어떤 존재라는 것을 알 때 비로소 그 모든 비결이 펼쳐져 있는 하나님의 계시를 붙들게 되는 것이다. 하나님을 영화롭게 하고 그를 영원토록 즐거워하는 모든 비책을 알게 하는 유일한 규범이 이 성경이기 때문이다 소요리문답 2번. 이처럼 지음 받은 피조물이라는 자신의 한계와 타락으로 인하여 죄 가운데서 잉태되고 죄 가운데서 태어나 죄 가운데서 살다가 죄로 인해 죽을 죄인이라는 정체성이 분명한 인간은 다시는 정죄 받음이 없는 그리스도 안에 있다는 사실로 인하여 오직 마음을 다하고 뜻을 다하고 힘을 다하여 주 하나님을 사랑하고 또한 이웃을 내 몸과 같이 사랑하는 자리에 나아간다. 이처럼 인간론 역시 하나님 중심으로 돌이킴과 그 계명을 즐겁게 받아 순종하는 일, 이것도 우리 힘으로 되지 않으니 주님의 도우심을 구하는 기도의 자리에 나아가는 것, 그리고 날마다 필요한 하늘에 속한 신령한 은혜를 얻기 위하여 매일 예배의 자리에 나아가는 일을 중단하지 아니하는 것이다. 신학이 삶이어야 하는 이유가 여기에서도 명확한 것이다.

인간은 통제가 필요한 존재이다. 맘대로 생각하고 맘대로 행동하는 것은 개인의 자유이다. 그러나 그 자유가 속박되지 않으면 피를 부르는 전쟁만 남는다. 종교의 역할은 그것을 방지하는 효과가 있다. 그런데도 삼강오륜이 강하게 작동하던 조선시대에나 교회법이 하늘을 찌르는 권세를 휘두른 중세시대나 기독교 가치가 최고의 덕목으로 여겨지던 시대에도 인간의 범죄는 중단된 적이 없다. 도리어 드러나지 않은 더 많은 죄악이 파다했을 것이다. 그렇다면 이런 세속적 성향이 더욱 짙어지고 있는 현대 사회에서 신학이 어떤 역할을 해야 하는가? 거울을 일생에서 단 한 번만 사용하는 사람은 아무도 없다. 거울은 수시로 들여다본다. 물론 안 보고 사는 자들도 많다. 그러나 옷매무새를 살피거나 얼굴에 화장하거나 머리 손질을 하거나 거울은 항상 곁에 있다. 마찬가지로 수시로 죄의 때가 끼는 삶의 현장이기에 거울과 같은 기능을 가진 하나님의 계시인 성경을 수시로 사용해야 한다. 성경의 교훈은 예배당 안에서만 통용되고 예배당 밖에서는 전혀 효력이 없는 것이라면 성경에 대한 우리의 이해가 전적으로 잘못된 것이다. 우리 믿음의 출처와 삶의 모든 근거가 다 성경으로부터 나오는 것이어야 한다. 그렇지 않으면 사이비가 될 가능성이 크다. 거짓 신자 노릇할 가능성이 농후하다. 오죽하면 사도 바울은 날마다 나를 쳐서 복종시킨다고 했겠는가?고전 9:27

진짜 인간은 의와 진리의 거룩함으로 지음을 받은 새 사람이다. 허물과 죄로 죽은 인간은 참 인간이라고 말하기 어렵다. 그리스도 예수 안에서 새로운 피조물이 된 자이기에 전에는 육체를 위하여 살았어도 이제는 우리를 위하여 죽으셨다가 다시 살아나신 주님을 위해서 사는 것이 인생의 목적이 된 것이다. 그 일은 인간이 세운 특정한 기준으로는 불가능하다. 오직 우리의 생명과 행복을 위하여 주신 하나님의 규범이어야 한다. 그 규칙에 맞게 운전하고 활보하면 두려움이 없지만, 그에 반하는 길은 늘 두려움에 떨 뿐이다. 언제 잡혀가나 걱정이 앞서게 된다. 우리는 침륜에 빠져 뒤로 물러설 자가 아니라 오직 영혼을 구원하는 믿음을 가진 자이기에 기록된 약속의 말씀을 믿고 앞으로 나아가는 자이다. 져야 할 십자가를 회피하지 않는다. 그것은 구속받은 은혜 입은 자로서 마땅히 해야 할 일이다. 비록 발은 땅을 딛고 있어도 머리는 하늘을 향해 들고 달린다. 그 순례자의 길의 규범은 대중의 의지와 세속적 흐름이 아니라 어제나 오늘이나 영원토록 동일하신 주님 진리의 말씀이다. 이 진리 안에 뿌리를 내리고 그 안에서 행하며 오직 진리를 위하는 복된 길을 가는 것이다. 이 일에 걸림돌이 있고 방해꾼이 존재하고 핍박하는 자들이 있을지라도 두려워하지 않고 담대하게 진리의 깃발을 높이 드는 것이다.

인간의 실존 자체는 하나님과 관계를 떠나서는 설명이 안 되는 것이기에 이처럼 신학적 인간론 자체가 실천적 과제를 듬뿍 안고 있다. 천사보다 조금은 못한 존재이지만 히 2:6-9 하나님의 형상으로 지음을 받은 존재이기에 다른 동물과는 구별된다. 자유의지를 가진 존재로서 앞에서 설명했듯이 타락으로 구원에는 무능력하지만 여전히 지, 정, 의를 가진 자이다. 하나님이 말씀하시는 인격적 존재이기에 하나님의 형상으로 지음을 받은 인간은 다른 동물에 비해 말을 하고 문자를 가진다. 이것을 가지고 인류의 문명을 이루어 나간다. 그 문명은 하나님의 명령을 받듦으로서 하나님의 의도가 반영된다.

그러나 인간의 타락으로 세상은 하나님과 원수가 되는 지경에까지 이르렀다. 하나님의 명령에 순종해야 할 존재로 지음 받았으나 거역함이 어려서부터 습관이 되었다. 그런 인간이 처한 영원한 지옥 형벌을 피하도록 하나님은 예수 그리스도의 십자가 구속을 통하여 의와 진리로 지음을 받은 새 사람이 되게 한 것이다. 그리스도의 의의 옷을 입은 자가 되었다. 그러나 여전히 남아 있는 죄성으로 인하여 진리 가운데로 인도하시는 성령의 도우심이 절대적으로 필요하다. 그의 인도하심으로 세속에 물들지 아니하고 하나님의 구별된 자녀로 성결케 된 자리에 나아가며 성도를 위하여 예비해 두신 처소에 들어가기를 힘쓰며 사는 것이다.

물론 성도는 이 세상을 유토피아로 생각하지 않는다. 그렇다고 낙원으로 만들고자 목적하지도 않는다. 다만 세상이 하나님의 복음의 빛을 더 많이 쬐도록 수고를 아끼지 않을 뿐이다. 그 방식은 세상의 유행과 흐름을 따르는 것이 아니라 기록된 말씀을 좇아 사는 것이다. 그리고 다시 오실 주 예수 그리스도를 앙망하며 산 자와 죽은 자의 심판을 기대하며 새 하늘과 새 땅을 사모하며 살면서 영과 육이 완전하게 될 종말론적 인간임을 드러낸다. 이러한 인간론은 크게 두가지 실천적 과제가 있다. 첫째는 새 사람이 되게 한 복음의 빛을 찬란히 비추는 것이다. 그 빛으로 어둠의 세력을 물리치며 단순히 잘 먹고 마시는 데 있는 것이 아닌 성령 안에서 의와 평강과 희락의 나라인 그리스도의 나라를 이루어가는 것이다. 이 일은 철저하게 하나님의 말씀을 신앙과 행위의 유일한 규범으로 간주하고 순종하지 않으면 불가능한 것이다. 둘째는 거듭난 그리스도인을 보고 사람들이 우리 구주 예수 그리스도를 알게 하는 사명이 있다. 그리스도를 통한 구속의 은혜가 얼마나 크고 놀라운 것인지, 성령의 인도하심과 보호하심, 및 함께하심이 얼마나 감격스러운 것인지, 눈에 보이지 아니하지만 믿음의 눈으로 보는 하나님의 지으시고 직접 경영하시는 보다 나은 도성에 들어가기를 힘쓰는 존재임을 사람들로 알게 하는 임무가 있는 것이다. 이것이 신학적 인간론이 단순히 종교적인 학문적 이론으로 머무는 것이 아니라 인간 삶을 변화시키는 실천적 지침이 되는 것임을 나타내는 것이다. 성도가 사용하는 말의 근본이 여기에 있고, 선한 행실의 뿌리가 여기에 있으며, 생활 관습으로 드러나는 인격적 근원이 여기에 있음을 스스로 증명할 책임이 있다.

그래서 자신에게 묻는다. 우리의 삶은 하나님의 주권적 뜻을 반영하고 있는가? 의와 진리의 거룩함으로 지음을 받은 새 사람의 옷을 입고 그리스도의 생명의 향기를 발하며 사는가? 오직 성령 안에서 의와 평강과 희락의 나라를 구현하며 그 나라의 영광과 권세를 드러내고 있는가? 상천하지에 한 분뿐이신 전지전능하신 하나님의 영광과 그 이름의 존귀함을 드러내고자 그의 말씀에 절대복종하며 살아가고 있는가? 물질적 가치보다 영적 가치를 더 소중하게 여기는가? 자신의 명예와 영광보다 주님의 영광과 그 이름의 존귀함을 최고의 가치로 간주하는가? 우리는 닳아 없어지고 오로지 주님만 흥왕케 되기를 갈망하는가? 무병장수와 부귀영화보다 우리의 반석이요 기업이며 힘이요 나의 요새시요 날 건지시는 자요 피할 바위요 방패시며 피난처이시고 나의 산성이요 구원의 뿔이신 주님으로 만족하는가? 사람에게 인정받고 칭찬 듣는 것보다 하나님이 칭찬하시고 옳다고 여기심을 선호하는가? 땅에서 썩어 없어질 면류관보다 착하고 충성된 종에게 수여해 주실 의의 면류관, 생명의 면류관을 더 사모하는가? 썩을 양식을 위하여 수고함보다 썩지 않을 양식을 위하여 수고의 땀 흘림을 영광스럽게 여기는가? 내가 가진 신학적 지식이 하나님의 임재를 깊이 경험하고 성령의 위로로 진행되어가는 교회를 세워가는 일에 큰 재산이 되고 있는가? 내게서 풍기는 향기가 이방인들 가운데서 하나님의 이름이 모독당하게 하는 것인가? 원수들의 조롱과 조소와 비난의 원인이 내가 선포하는 참 복음이요 참 진리 때문인가? 아니면 나의 신행 불일치 때문인가? 나의 삶은 평신도의 복음인가? 불신자의 가십인가? 하나님과 인간을 사랑함이 더욱 고조되는 산지식을 가진 자인가? 아니면 괴리가 커지는 것인가? 나의 삶은 주변의 어둠은 물리치고 빛을 확산시키는 것인가? 아니면 그 반대인가? 세상이 감당치 못할 믿음을 가진 자인가? 아니면 세상이 조롱하는 거짓 믿음인가? 참 목자의 길을 가는가? 삯꾼의 길을 가고 있는가? 신학은 삶임을 잊지 말자.

마지막으로 신학이 삶이라면 실천신학과는 어떻게 다른가? 실천신학은 조직신학, 주경신학 및 역사신학과는 달리 성경적 근거를 통하여 기독교 공동체의 실재적인 현장의 모든 분야를 다루는 신학의 한 분야이다. 최근에는 여기에 목회신학, 예배학, 설교학, 상담학, 선교학전도학, 교회 성장학, 교회 정치 및 기독교 교육학 등 실천적 학문의 영역을 포함하고 있다. 교회의 실제적인 여러 가지 문제나 실천적 방법을 취급하고 있다. 앞에서 신학은 삶이라고 했듯이 기독교 신학의 모든 종점은 실천적인 영역으로 이어질 수밖에 없다. 이처럼 실천신학은 교회 세움과 유지, 발전을 위한 방법론적 이론을 다루는 것이다.

실천신학이라는 용어는 그 내용에 대한 교훈을 성경에서 찾을 수 있으나 신학적 용어로 처음 등장한 것은 1837년에 독일의 P. 마헤네커가 『실천신학 개요』라는 책을 출판하면서부터이다. 그 이후 1850년에 슐라이어막허가 쓴 『복음주의 교회의 원칙에 따른 실천신학』이라는 책을 출판하면서 그 이후로 신학의 분류에 정식으로 포함되어 소개되었다. 이론에 치중한 신학의 모든 내용을 교회에서 구체적으로 실천되어야 할 부분으로 강조하면서 매우 중요한 분야로 자리잡았다. 교회가 교회 자체로서의 존재하기만을 바라지 않고 세상 안에서 교회의 머리이신 예수 그리스도의 임재하심을 느끼게 하는 교회관을 피력하는 중요한 수단으로 삼는다는 차원에서 실천신학의 중요성은 매우 크다고 말하지 않을 수 없다. 그러나 역사와 시대 속에서 사회 변혁의 소용돌이에 휘말리는 성도들에게 그리스도인의 정체성을 잃지 않고 그리스도의 나라 가치를 구현케 하는 일에는 여전히 기록된 말씀인 성경에 충실한 길을 가는 것이다. 그런 의미에서 실천신학과 신학이 삶이어야 한다는 것은 같은 선상에 있는 것은 아니다. 앞에서 지적한 것과 같이 교회 세움과 유지 발전에 필요한 방법론에 치중하는 실천적 이론에 국한하지만, 신학이 성도 개개인의 삶으로 우러나오지 않는 것은 신학이라고 할 수 없다는 것을 강조하는 것이다.

신학은 삶이다
Theology is Life

제 1 부

인간의 삶을 형성하는 신학

신론과 인간론을 중심으로

Theology is Life

1장

교회생활에 투영된 신학
- 목회와 예배 -

1 목회 영역에서 실현되어야 할 실천적 신학

목회는 신학이 규정한다. 신학은 일반적으로 자유주의 신학, 복음주의 신학, 개혁주의 신학 그리고 오순절 신학으로 구분할 수 있다. 여기서 각각의 신학적 장르에 속한 교회들이 어떤 특성을 가지는지 세세하게 나열하지는 않겠다. 다만 특징적인 면을 한 가지씩 언급하고 지나간다. 자유주의 신학을 신봉하는 교회는 인권과 복지 및 사회개혁에 중점을 두고 있다. 복음주의 신학을 추구하는 교회는 성경 해석과 적용에 있어서 인본주의를 폭넓게 수용한다. 오순절 신학을 따르는 교회는 성령의 은사와 표적에 중점을 둔다. 반면에 개혁주의 신학을 따르는 교회는 성경의 최고 권위를 내세우는 성경제일주의, 하나님 중심 및 교회 중심을 강조하고 있다. 나는 개혁주의 신학을 붙들고 있는 사람으로서 개혁주의 신학이 교회 목회에 실천적으로 미치는 영향이 어떤 것인지를 다루고자 한다.

교회는 믿는 자들의 모임을 의미한다. 신학은 이 교회를 위한 것이다. 유형 교회에는 알곡과 가라지가 함께 섞여 있다. 따라서 교회를 목회하는 목사는 이 점을 염두에 두고 교훈과 책망과 바르게 함과 의로 교육하는 일에 전념해야 한다. 그러한 목양의 재원은 하나님께서 계시해 주신 기록된 말씀뿐이다. 따라서 개혁주의 목회의 모든 것은 '신앙과 행위의 유일한 규범'인 성경을 축소하거나 덧붙이는 일을 하지 않는다. 성경에 근거가 없는 인간이 고안해 낸 것들이나 상상에 의한 일은 어떤 것이든 수용하지 않는다. 성경에 명시되어 있지 않은 것은 성경에서 금하고 있는 것만큼이나 금지의 법이라는 칼빈의 교훈을 옳다고 간주하기 때문이다. 심지어 교회의 전통이나 관습도 성경에 명시되어 있지 않으면 구속력이 없다는 점을 분명히 천명하였다. 이점은 훗날 17세기 청교도와 스코틀랜드 언약도가 만든 웨스트민스터 신앙고백서에서 분명히 하고 있다. 특히 교회의 기능 중 가장 중요한 예배에서 이 점을 명료하게 강조하고 있다.

교회 성장학이 제시하는 모든 방식을 기록된 말씀으로 점검하고 살펴서 성경에서 가르치고 있지 않은 것은 교회 성장학적 효과나 교육학적 효과가 크다고 할지라도 수용하지 않는다. 워십댄스가 그러하고 세속적 악기 사용이나 일명 복음송이나 CCM 노래들도 그러하다. 찬양대 운영하는 것과 성경에 없는 교회의 다양한 직분도, 교회 권징도 그러하다. 교회에서 실행하는 모든 것이 성경에서 교훈하며 허락하고 있는 것이 아니면 수용하지 않는 것이다.

교회의 기능 중 가장 중요한 예배도 개혁주의는 "예배의 규정적 원리"를 따른다. 공예배 지침서가 강조하고 있는 것은 하나님께서 하나님께 나아가는 방식으로 규정해 주신 원리를 바탕으로 한 것이다. 그에 비해 복음주의 진영에 속한 교회들은 예배자의 정성과 실질적 예배순서를 맡는 일을 강조하여서 예배를 은혜의 방편에 근거하여 오직 하나님만이 높임을 받게 하는 것보다 예배자들의 흥미와 만족과 감흥에 더 역점을 두고 있다. 개혁주의 예배는 전통적으로 엄숙하나 감흥이 부족하고 복음주의 예배는 감흥은 높으나 하나님 마음을 헤아리는 일은 부족하다는 세간의 평가는 일리가 있다. 그러나 하나님이 받으시는 예배는 하나님이 규정해 주신 원리에 따르는 것임을 강조하는 개혁주의와는 달리 복음주의는 예배자의 정성과 헌신을 강조하여 예배자 스스로의 자기 확신 위에서 자기만족을 말한다. 하나님이 우리의 예배를 받으실 것이라는 우리 자신의 믿음과 확신은 하나님이 우리의 예배를 기쁘게 받으신다는 것을 보증하는 것이 아니다. 가인의 제사도 나답과 아비후도 다 나름의 믿음과 확신으로 하나님께 나아갔다. 그러나 그들의 제사나 분향은 단호하게 거부되었다.

하나님이 찾으시는 참 예배는 영과 진리로 예배하는 자들이다. 그것은 하나님이 거룩한 분임을 드러내는 것과 하나님이 온 백성들 앞에서 영광을 얻게 하는 것이다레 10:3. 그런 효과를 낳는 것은 내 믿음이 아니라 주님이 규정해 주신 원리에 순복하는 것에 있다. 엄밀히 말해서 믿음의 근거는 하나님의 약속이다. 예배자의 신념이나 확신이나 느낌이 아니다. 그러기에 사람들의 감흥을 조성하는 흥밋거리 사용하는 것에 대해서는 교회가 신중하게 주의해야 하는 것이다. 구약에서 광야교회도 여호와의 구름이 성막 위에서 올라가면 진행하였고 성막 위에 머물러 있으면 하루고 이틀이고 일주일이든 한 달이든 꼼짝하지 않고 머물러 있었다. 낮에는 구름 기둥으로 밤에는 불기둥으로 인도하신 하나님은 모세에게 명하신 대로 행하는 것을 기뻐하시는 분임을 확증하신 것이다. 인간의 몸을 입고 오신 보이지 아니하시는 하나님의 형상이신 예수 그리스도께서도 임의대로 행하거나 가르치신 것이 하나도 없고 다 아버지께서 말씀하신 것을 말씀하셨고 아버지의 뜻을 준행하는 일에 죽기까지 순종하셨다.

예배관은 철저하게 하나님 중심이요 성경 중심이어야 한다. 그것이 참된 기독교 문화를 낳는 비결이다. 이방 종교의 문화적 특성은 그들이 섬기는 신관에 의한 것이듯이 기독교 문화의 특성도 예배관에 의하여 규정되는 것이다. 인본주의에 기반한 기독교 문화는 성삼위 하나님의 이름으로 하더라도 사회 관습을 바꾸고 삶의 질을 높이는 일은 일어나지 않는다. 기독교 역사 속에서 가장 성경제일주의를 강조했던 잉글랜드의 청교도들은 영국의 사회질서와 도덕적 수준을 향상시킨 주역들이었다. 말씀 중심인 예배의 힘이었다. 어떤 형상도 주물도 만들지 아니하고 오직 영과 진리로 하나님을 예배하는 것이어야 한다. 성령의 주된 사역은 예수 그리스도를 통한 구속 사역을 밝히 드러내어 허물과 죄로 죽은 자들을 살리어 그리스도의 몸에 붙은 지체가 되게 하는 것이다. 그리스도의 몸을 온전히 세워가도록 필요한 모든 양분을 공급하며 은사를 제공한다. 이 모든 것은 기록된 말씀과 배치되는 일이 하나도 없다. 나는 여기서 개혁주의 예배신학을 조금 자세하게 다루고자 한다. 예배관이 불분명하기에 신학이 삶이어야 한다는 명제 자체가 공허한 입김으로 끝나고 만다.

"이 백성이 입술로는 나를 공경하나 그들의 마음은 내게서 멀리 떠나 있다. 그들이 나를 헛되이 예배하며 사람의 계명들을 교훈으로 가르치는구나"막 7:6-7, 바른 성경. 지금의 예배나 선지자 이사야 시대나 예수님 당시나 인간은 인간의 종교적 욕구 충족에 더 관심을 기울인다. 하나님이 규정해 주신 것을 교묘하게 변경해서 사람의 계명으로 교훈하는 일이 역사 속에 항상 잔존해 왔다. 교회 개혁은 예배 개혁이라는 말로도 대체되는데 시대마다 모든 교회마다 예배의 대상이신 성삼위 하나님께서 규정한 원리를 바탕으로 예배 개혁에 앞장서야 할 것이다. 사실 올바른 예배관을 소개하려는 가장 큰 이유는 복음주의 교회들의 예배 변형이 너무 심각하기 때문이다. 구약에서의 가르침보다 신약에서의 가르침, 율법보다 은혜를, 의보다 긍휼을 더 중시하는 경향, 형식을 타파하고 예배자의 임의로운 선택에 맞추는 자유분방함이 예배 의식에 영향을 주어 신학적 및 실천적 혼란을 가중하고 있다. 특히 교회 성장이라는 괴물의 출현으로 인하여 종교 장사에 열을 올리는 자들에게는 형식타파야말로 우선적 고려의 대상이 되는 것이다. 교리적 손상이라든지 영적 교훈의 훼손은 전혀 개의치 아니하고 오로지 눈에 보이는 현상적 가치만 높이 평가하고 있다. 자신을 광명한 천사로 가장하는 일에 능숙한 사단의 교활함이 하나님의 영광스러운 복음의 광채가 비추지 못하도록 막고 있음에도 교회는 세속적 성공 가치에 눈멀어 하나님의 입에서 나오는 교훈보다 사람들의 교훈으로 하나님을 헛되이 경배하는 잘못을 저지르고 있다. 개혁주의 신학을 표방하고 있는 교단조차도 경제적 가치 혹은 물리적 가치 창출에 눈이 멀어 그런 자들을 경고하거나 일깨우고 순수하게 성경에서 제시하고 있는 올바른 예배를 회복하여 힘쓰지 않고 있다. 성삼위 하나님께서 우리와 함께 거처하시기에 전혀 불편함이 없는 영광스러운 교회의 예배 회복이 속히 일어나기를 소망한다.

그렇다면 정확무오한 성경에 근거한 개혁주의 신학적 입장의 바른 예배란 무엇을 말하는 것인가? 구약에서의 하나님과 신약에서의 하나님이 다른 것이 아님을 분명하게 믿는다고 한다면 신구약 성경의 주인이신 하나님께서 규정하신 그 예배 원리를 정확하게 이해해야 한다. 인간이 창조된 가장 큰 이유는 하나님의 영광이다. 하나님의 영광을 가장 높이 드러낼 수 있는 방편은 하나님과의 관계에서 표출되는 예배와 지음을 받은 피조물과의 관계에서 요구되는 노동이다. 땅에서 생육하고 번성하여 땅에 충만하고 땅을 정복하고 다스리는 일이야말로 하나님이 인간에게 주신 노동의 모든 것이다. 그것은 곧 하나님께 영광을 돌리는 수단이다. 그러나 그 노동의 신비는 하나님과의 교통에서만 성취된다. 즉 예배를 통한 신비로운 창조주와의 교통이 노동의 신성함을 유지하게 하고 그 뜻하신 바를 달성케 한다.

가인의 제사가 열납되지 아니한 것은 그가 부여받은 노동의 경시가 있었기 때문이 아니었다. 도리어 그는 자신이 가진 재능을 최상으로 발휘하였다. 그는 농사짓는 자로서 땅의 소산을 가지고 제물을 삼아 여호와께 드렸다 창 4:2-3. 그런데도 그의 제사는 거절되었다. 그의 노동의 충실함이 제사의 열납 문제의 열쇠가 되지 못한 것이다. 결과적으로 그의 노동은 헛수고가 되고 말았다. 그의 노동의 대가는 자신의 육적인 필요를 능히 채우고도 남았다. 먹고 사는 일에 부족함이 없었다. 그러나 그것이 하나님과 올바른 관계 형성을 보장하는 것이 되지 못하였다. 그 원인이 무엇인가?

성경에서 인간의 수고와 땀 흘림이 헛된 것으로 전락되는 경우는 한 가지뿐이다. 창세기 자체에서는 확실히 찾기가 어렵지만, 하나님께서 전혀 가르쳐주지도 않고서 제사를 요구하신 것이 아님은 충분히 추정할 수 있다. 제임스 몽고메리 보이스는 이렇게 말했다. '우리는 하나님께 예배하기 위해서 하나님이 누구이신지 알아야만 한다. 그러나 하나님이 먼저 자신을 우리에게 계시해 주시는 것을 선택하지 않는다면 우리는 하나님이 누구인지를 알 수 없다.'[5] 이것은 개혁주의 신학에서 기본이다. 즉 하나님께서 계

---

5   *개혁주의 예배학*, 필립 라이큰, 데렉 토마스, 리건 던칸 편집, 개혁주의 신학사, 2012, 9.

시해 주신 것이 없이 타락한 인간 스스로 하나님을 찾는다는 것은 불가능하다. 타락한 인간은 철저하게 그의 계시에 의존될 수밖에 없다. 그러므로 가인은 분명 제사 방식에 대한 내용을 직간접적으로 듣고 알고 있었다고 결론을 내릴 수밖에 없다. 그렇다면 그의 제사가 거절된 이유는 무엇인가?

앞에서 언급한 이사야 선지자를 통하여 밝혀주신 것을 보면 이렇다. "주께서 가라사대 이 백성이 입으로는 나를 가까이하며 입술로는 나를 존경하나 그 마음은 내게서 멀리 떠났나니 그들이 나를 경외함은 사람의 계명으로 가르침을 받았을 뿐이라"사 29:13. 이 말씀은 예수님 당시 유대인들의 종교 행태를 지적하시며 인용하신 말씀인데 마태복음에서는 "나를 헛되이 경배한다"라고 분명하게 지적하였다마 15:9. 즉 안식일마다 제사를 드리지만 그들의 경배는 가인의 제사와 다르지 않았다는 것이다. 왜냐하면 하나님이 계시하신 것에 순종하지 않고 사람의 계명으로 교훈을 삼아 경배하였기 때문이다. 가인의 제사가 거절된 이유는 여기에 있다고 본다.

이것은 매우 심각한 도전이다. 과연 우리의 예배가 하나님이 받으시는 예배인가? 우리의 정성과 수고가 헛된 것은 아닌가? 성경의 교훈, 혹은 하나님의 뜻은 예배의 형식과 내용이 반드시 사람들이 고안해 낸 무엇이 아니라 하나님이 계시하신 것에 근거한 것임을 명확하게 해야 한다. 그렇지 않으면 우리들의 예배 역시 사람들이 얼마나 모이든, 또 경제 규모가 어떠하든 헛된 인간들의 종교적 욕구 충족 외엔 아무것도 아니라는 결론이 되기 때문이다. 자신들의 의로운 종교적 행위를 과시하고자 애써 하나님의 의를 부정한 유대인들이었던 것은 그들이 올바른 지식을 좇아서 섬긴 것이 아니라 사람의 교훈을 따라 행하였기 때문이다롬 10:2. 한마디로 말하면 예배에 관한 규정은 성경으로 충분하다는 **성경의 충족성**을 적시하고 있는 것이다. 웨스트민스터 신앙고백서 21장에서도 이 점을 분명히 명시하고 있다. '참되신 하나님을 예배하는 방식은 하나님 자신에 의해서 제정하신 것이라야 하며 그리하여 그의 계시된 뜻에 의하여 한정된다. 그러므로 사람들의 상상이나 고안 또는 사단의 제안에 따라 어떤 가시적인 현상들을 사용하거나 성경에 명시되어 있지 않은 방식으로 예배할 수 없다.'[6] 이것을 예배의 규정적 원리라고 말한다. 그렇다면 예배에 관한 하나님의 계시는 무엇인가? 하나님이 말씀하시는 것을 들어보자.

첫째, 예배의 대상자

교파를 초월하여 대다수 한국의 교회 예배에서 심각하게 논의되어야 할 것이 이것이다. 물론 대다수의 고백은 성삼위 하나님만이 유일한 예배 대상자임을 부정하지 않는다. 입술로는 존경하듯이 대부분이 그렇게 말한다. 그러나 행위로는 이를 부정하고 있다. 결코 아니라고 반론할 자들이 그리 많지 않을 것이다. 예배의 주체가 분명 성경에 계시된 하나님임이 분명하나 상황은 회중 혹은 예배자들이 그 자리를 점령하고 있는 것이 대다

---

[6] 웨스트민스터 신앙고백서 21장 1항, 1장 6항에서 성경의 충족성을 언급하는 내용은 다음과 같다. '하나님 자신의 영광과 인간의 구원, 믿음과 생활을 위하여 필요한 모든 것과 관련한 하나님의 전 경륜은 성경에 명백하게 표현되어 있거나 선하고 필연적인 결과에 의하여 성경에서 추론할 수 있다. 이 성경에는 어느 때를 막론하고 성령의 새로운 계시에 의해서이든 인간의 전통에 의해서든 아무것도 추가될 수 없다. 그러나 우리는 말씀에 계시된 것과 같은 것들에 대하여 구원받는 것들에 대한 것으로 이해하기 위해서 하나님의 성령의 내적 조명하심이 필요하다는 것을 인정한다. 하나님을 예배하는 것, 교회의 정치, 인간의 행위들과 사회에서 흔히 일어나는 특별한 상황들이 있음도 인정한다. 그러나 그 상황들은 언제나 순종해야 할 말씀의 일반적인 규범에 따라 본성의 빛과 그리스도인의 분별에 의해서 규정되어져야 할 것이다.'

수 교회의 현실이다. 이 부분에 대해서 성경이 가르쳐주고 있는 내용으로 되돌아가지 않으면 우리의 예배는 제아무리 감동적인 물결이 넘쳐도 하나님과는 아무런 관계가 없다. "주 너의 하나님께 경배하고 다만 그를 섬기라"마 4:10. 왜냐하면 하나님 한 분 외에는 다른 신이 없기 때문이다. 십계명은 인간이 누구를 경배해야 하는지, 어떻게 경배해야 하는지, 그리고 언제 경배할 것인지를 규정하고 있다. 예배의 대상자, 혹은 주체가 분명 우리를 이집트 땅 종 되었던 집에서 크고 강한 팔로 건져내 주신 만군의 주 여호와이다.

신약적인 용어로 말하면 죄와 허물로 죽은 인생들을 독생자 예수 그리스도의 십자가 대속의 죽음을 통하여 구원의 큰 은총을 입혀주신 하나님이다. 이집트에서 스스로 구원할 수 없었던 이스라엘처럼 우리도 스스로의 힘이나 지혜로 죄로부터 구원을 얻을 방법이 없었다. 하나님께서 마침내 인간 세상에 육신을 입고 오셔서 우리 죄를 담당하시고 우리를 의롭다하기 위하여 우리가 받아야 할 정죄를 스스로 당하시어 죽으신 예수님의 은혜로 구원받게 된 것이다. 우리를 죄악대로 처치하지 않으시는 가장 큰 이유는 죄 없으신 하나님 아들의 십자가 죽음 때문이요 동시에 그 아들로 말미암아 우리가 하나님을 아바 아버지라 부르며 경외하는 자가 된 것 때문이다. 그러므로 지음을 받은 존재요 무엇보다 죄와 사망의 권세에서 해방을 받은 자들은 누구든지 이 하나님만을 경외함이 마땅한 것이다. 그것은 무거운 짐이 아니라 인간이 누리는 최고의 영예요 특권이다. 이런 사상이 삶에서 그대로 나타나는 것이다. 종교적 독선이라든지 배타주의자라든지 그런 비난을 받는 것을 감수하고 오직 내게는 하나님 아버지와 주 예수 그리스도뿐이라고 말하는 이유가 여기에 있는 것이다. 부처가 우리를 위해서 죽은 것도 아니고 마호메트가 십자가에 달린 것도 아니다. 하나님이 세상을 사랑하사 보내준 분은 독생자 예수 그리스도뿐인 것이다. 그가 우리에게 하나님만 경배하라고 가르치셨다. 그 은혜를 입은 우리가 하나님 한 분 외에 다른 신을 섬긴다는 것은 있을 수 없는 일이다.

인간은 예배하는 동물로 지음을 받았다. 하나님이 모든 만물을 다 지으셨지만 그 모든 피조물이 다 하나님을 경배한다고 난리를 벌이는 법이 없다. 물론 하늘도 하나님의 영광을 선포하고 궁창이 그 손으로 하신 일을 나타낸다시 19:1. 그러나 들짐승들이 하나님을 예배한다고 모이는 법이 없다. 공중의 새들이 그 아름다운 소리로 하나님을 찬양한다고 함께 모여 경건한 시간을 가지는 일이 없다. 예수께서 죽으심은 천사들을 위함도 아니요, 동식물을 위함이 아니었다. 그들 역시 다 죄로 인하여 함께 탄식하며 함께 고통하기에 썩어짐의 종 노릇하는 데서 해방되어 하나님 자녀들의 영광에 이르게 되기를 사모하고 있다롬 8:21-22. 이처럼 예배는 예수 그리스도의 십자가로 말미암아 죄 가운데서 건짐을 받은 인간들에게만 요구된다. 구원자가 하나님이듯이 예배의 대상자도 반드시 하나님이어야 한다. 예배 가운데서 주목받으셔야 할 분은 인간의 구원을 계획하시고 성취하시고 적용하시는 성삼위 하나님뿐이어야 한다. 예배는 이 하나님이 어떤 분인지를 드러내는 최고의 방편이다. 그러므로 지음을 받았고 구속함을 받은 인간 누구도 높임을 받는 말이나 행위는 용납되지 아니하는 것이다. 심지어 천사들이라 할지라도 경배의 대상자가 아니다. 왜냐하면 인간과 하나님 사이의 중보자는 천사들이 아니라 오직 사람이시오, 하나님이신 예수 그리스도뿐이기 때문이다. 그러므로 우리는 중보자이신 예수님을 통하여 하나님 아버지께로 나아간다. 그만이 그 길이요 그 진리요 그 생명이다요 14:6.

둘째, 예배 방식에 대한 성경적 가르침

십계명은 하나님을 어떤 형상으로도 만들어 섬기는 것을 금하고 있다. 그런 의미에서 개혁교회에서는 예배당에 보이는 어떤 형상을 조각하여 세워두는 일을 하지 않는다. 성상聖像이든 성화聖畵이든 보이지 아니하는 하나님을 보이는 무엇으로 대신 할 수 없다. 왜냐하면 하나님은 영이시기 때문이다. 그래서 성도들의 집 안에도 그 어떤 형상을 걸어놓거나 그림을 부착하지 않는다. 인간의 몸을 입고 이 세상에 오신 예수님께서 이렇게 말씀하신다. "하나님은 영이시니 예배하는 자가 신령과 진리로 예배할지니라"요 4:24. 사실 이 명령은 예배의 내용과 동기 및 목적이 다 하나님이 정하신 것이어야 함을 강조하고 있다. 인간은 지음을 받은 피조물로서 천지의 주재자이신 하나님과 교통할 수 있는 영광을 부여받았다. 그러나 그 영광의 자리에 나아감은 구원받은 인간의 의지적 결단과 상상에 의한 것으로는 불가능하다. 하나님께 나아가는 자가 기억할 것은 레위기 10장 3절이다. **"나는 나를 가까이 하는 자 중에 내가 거룩하다 함을 얻겠고 온 백성 앞에 내가 영광을 얻으리라!"** 이것은 만고불변의 진리이다. 하나님께 나아가는 자는 그 하나님이 어떤 분인지를 알지 아니하면 나답과 아비후처럼 비록 여호와께 분향하는 행위라 할지라도 하늘에서 불이 내려와 살라버림 당하는 최후를 피할 길이 없다.

　　나답과 아비후의 최후는 오직 하나님이 명하시지 않은 다른 불로 분향을 했기 때문이었다. 그렇다면 영이신 하나님, 그리고 만유의 주재자이시오 삼중으로 거룩하신 하나님께 나아감이 예배자의 임의적 선택이나 결단으로 가능하겠는가? 혹자는 하나님은 사랑의 하나님이요 인자와 긍휼하심이 풍성하신 하나님이기 때문에 적어도 우리가 그리스도의 이름으로 나아가기만 하면 우리의 작은 실수와 허물도 용서하실 것이라고 말한다. 틀린 것이 아니다. 그러나 기억할 것은 하나님의 사랑은 하나님의 거룩을 무시하거나 훼손하는 것을 결코 용납하지 아니한다는 점이다. 그러므로 하나님이 거룩한 존재임을 알고 그가 받으실 영광을 결코 어떤 피조물에게도 허락하시지 않음을 명심해야 한다. 신학이 삶임을 분명히 하는 것이다.

하나님의 존재 자체가 그에게 나아가는 방식을 규정한다. 더구나 그리스도의 이름을 사용하여 선지자로, 귀신을 쫓아내는 자로, 큰 능력을 행하는 자로 유명세를 떨치는 것이 혹 세상에 사는 동안 가능할지 몰라도 마지막 날에 예배의 주체이신 하나님께서 내가 너희를 도무지 알지 못한다고 선언하심을 주님께서 미리 경고하여 주셨다마 7:22-23. 그러므로 지금 그리스도의 이름으로 행하는 것들이 무엇이든지 하늘로부터 불이 떨어지지 않는다고 안심할 수 있다든지, 혹은 하나님이 우리의 행위를 열납하신다고 착각하지 말아야 한다. 시편 29장 2절은 이렇게 명하고 있다. "여호와의 이름에 합당한 영광을 돌리며 거룩한 옷을 입고 여호와께 경배할찌어다!"

하나님을 참되게 아는 자들은 그에게 나아가는 방도를 예배자의 임의대로 하려는 대담한 짓은 삼간다. 더욱이 예배자의 안목에 따라 예배의 성공 여부를 가늠한다고 헛소리하지 않는다. 그러나 사람의 말과 행위만 아니라 마음의 성향과 생각과 욕구가 무엇인지도 다 살피시는 하나님이기 때문에 그의 성품과 이름에 합당한 영광을 돌리는 예배는 반드시 그가 정하신 방편이어야 하고 그 방편이라야 그의 이름에 합당한 거룩성을 드러내는 것이다. 헤르만 바빙크도 '예배에서 가장 핵심적인 것은 하나님 자신이 원하고 규정한 방법'이라고 동의하였다.⁷ 지금 우리의 예배가 하나님이 자신의 말씀가운데 자신을 계시하신 방식대로 집전되고 있으며 하나님의 거룩하심 앞에 두려워 떪으로 나아가는 예배인가? 아니면 예배 인도자의 상상이나 고안한 방식대로 하나님 앞에서 먹고 마시며 뛰면서 인간의 육적 감흥을 자아내는 종교적 행위에 열을 올리고 있는가? 유명한 청교도 스티븐 차녹 Steven Charnock이 요한복음 4장 24절을 강론하면서 다음과 같이 말한 것은 옳다. '예배는 하나님의 뛰어나심에 대한 지식과 하나님의 위엄에 대한 실제적인 사상들을 이해하고 적용하는 하나의 행동이다. 또한 예배는 의를 사모하고 경외하고 하나님의 자비하심에 매혹되고 하나님의 선하심을 포용하고 가장 사랑스러운 친밀한 관계속으로 들어가 그에게 자신의 모든 애정을 바치는 의지의 행동이기도 하다.'⁸

이처럼 여호와 하나님에 대한 참지식이 올바른 예배자가 되게 한다. 그 교훈을 위해서 예수님이 인간의 몸을 입고 오셨고 하나님께서 영이시기 때문에 반드시 영적인 예배여야 하며 또한 그의 계시된 진리의 말씀으로 그에게 나아가야 함이 하나님이 기쁘게 받으시는 예배가 된다. 그런 의미에서 차녹이 말한 대로 거듭난 신자만이 참된 예배자이다. 거듭난 인간은 자신이 좋아하는 어떤 방법으로 하나님을 예배할 자유가 없음을 아는 자이다. 거듭난 자의 자유는 하나님이 주신 계명에 순종할 자유일 뿐 그 계명을 초월하는 능력을 부여받은 것이 아니다. 인간의 마음이란 본성적으로 칼빈이 말한 것처럼 '우상 제조공장'이기 때문에 하나님이 정하신 방식에 순종하지 않는 한 하나님을 예배하는 것이 될 수 없다. '하나님은 그

---

7 헤르만 바빙크, *개혁교의학*, 박태현 역, 부흥과 개혁사, 2013, I, 335
8 서창원, *깨어있는 예수의 공동체*, 진리의 깃발, 2003, 104

분의 말씀으로 분명하게 인증되지 않는 그 어떤 예배의 형식도 인정하지 않으신다.'[9]

그렇다면 이제 구체적으로 성경이 제시하고 있는 예배 방식에 대해서 살펴보자. 그 내용을 들여다보기 전에 먼저 지적하고 싶은 것은 본 글에서 다루고 있는 것은 교회의 공적 예배를 의미하는 것이지 사적 예배 혹은 개인의 경건을 말하는 것이 아니라는 점이다. 물론 사적인 경건 훈련은 공예배의 은총이 낳는 열매라는 것을 알아야 한다. 동시에 사적인 경건 훈련이 공예배를 더욱 값진 것으로 만드는 것도 사실이다. 그런 의미에서 둘을 엄밀하게 구분하는 것은 쉬운 일은 아니지만, 공예배는 한 지역교회에 속한 모든 회중이 다 모여 예배하는 행위를 말하고 사적 예배는 개인적인 경건 시간 혹은 가정예배와 같은 개별적인 모임을 의미한다.

십계명의 제2계명은 다음과 같이 규정하고 있다. "너를 위하여 새긴 우상을 만들지 말고 또 위로 하늘에 있는 것이나 아래로 땅에 있는 것이나 땅 아래 물속에 있는 것의 아무 형상이든지 만들지 말며 그것들에게 절하지 말며 그것들을 섬기지 말라 나 여호와 너희 하나님은 질투하는 하나님인즉 나를 미워하는 자의 죄를 갚되 아비로부터 아들에게로 삼사 대까지 이르게 하거니와 나를 사랑하고 내 계명을 지키는 자에게는 천대까지 은혜를 베푸느니라" 출 20:4-6

개혁주의 예배학에서 리건 던칸에 의하면 2계명은 세 가지 요점을 지니고 있다고 하였다.[10] 첫째 하나님에 대한 우리의 지식은 하나님의 말씀이 통제해야 한다. 따라서 하나님의 말씀이 예배를 주도하는 것은 매우 중

---

9 John Calvin, *The Necessity of Reforming the Church*, Audubon, N.J.: Old Paths, 1994, 7.
10 *개혁주의 예배학*, 76~84참고.

요하다. 하나님을 나타내는 그 어떠한 형상을 사용하지 않는 이유가 여기에 있다. 더욱이 하나님을 본 자가 없는 상황에서,신 4:15-18 그리고 인간의 몸을 입고 오신 아들의 형상조차도 복음서에 전혀 언급이 없다고 하는 것은 하나님은 영이시기 때문이다. 그런데도 교회당 안에 하나님의 형상들이 성화 혹은 예술이라는 명목으로 자리를 잡게 하는 것은 성경적인 가르침이라고 말할 수 없다.

둘째, 하나님 자신의 성품과 말씀이 하나님을 위한 우리의 예배를 통제해야 한다. 거짓 신은 물론이거니와 참된 하나님조차도 형상들을 사용해서 섬기는 일도 금하고 있다. 그것이 금송아지 사건에 대하여 하나님이 진노하신 이유이다. 아론과 이스라엘 백성들은 금송아지를 만들어 놓고 그 앞에서 번제와 화목제를 드렸는데 그들을 이집트 땅에서 인도하여 낸 하나님으로 불렀다.출 32:4. 출애굽을 한 이스라엘 백성들에게 하나님께서 요구하신 것은 레위기 18장 서두에 명백하게 제시되어 있다. 그들이 떠나온 이집트의 유행이나 풍속을 따라서도 아니되고 그렇다고 들어가서 살게 될 가나안 땅의 풍속도 본받지 말라고 하셨다. 그리고 그들을 구원해 주신 여호와의 율례와 규례와 법도를 듣고 지켜 행하는 자들이어야 함을 강조하셨다. 그들의 삶의 주 원칙은 과거의 경험도 아니요, 현재의 유행이 아니라 하나님이 계시하신 진리여야 하는 것이다. 그렇다면 예배 방식이야말로 더 말할 나위가 없다. 인간적인 모든 창의성과 주도권은 철저하게 배제되고 오직 성경만이 하나님을 예배하는 방법을 규정하는 것이다. 인간이 다르게 할 권한이 없는 것이다. 성경은 하나님의 자기 계시로서 하나님이 어떤 분인지를 알려주는 유일한 책이다. 그 하나님께 나오는 길도 그 하나님을 섬기는 방편도 하나님만 홀로 정하신다. 마치 임금님을 알현하는 것이 신하들의 임의대로 하는 것이 아니라 왕실 법도를 따르는 것이어야 하듯 하나님을 섬기는 것도 그러해야 한다. 심지어 예수님조차도 하나님의 뜻을 행하는 것이 자신의 양식이라고 하셨다면 지음받은 피조물은 더욱 그의 뜻을 행하는 것을 일용할 양식으로 삼아야 한다.

셋째, 예배에 대한 하나님의 진지하심과 엄숙하심은 그분의 말씀에서 벗어나는 것에 대하여 경고하시는 그 분의 위협들 속에 드러나 있다. 나답과 아비후의 사건과 사울의 제사 및 다윗과 웃사의 법궤 옮기는 사건이 가장 실제적인 증거물들이다. 단지 지금 그와 같은 사건이 일어나지 않는다고 해서 임의대로 행하는 것을 안심해도 되는 것이 아니다. 그의 법도에서 벗어나는 것은 처음부터 하나님이 임재하지 않기 때문에 하나님의 관심 사항이 아니다. 성도에게 있어서 죽음은 하나님이 더 이상 우리와 함께하지 아니하는 것이다. 하나님의 영광이 떠난 솔로몬 성전은 돌 위에 돌 하나도 남지 않고 파괴되었다. 예배자의 정성과 헌신이 아니라 기록된 말씀 밖으로 넘어가지 말아야 함이 성경의 주된 가르침임이 분명한 것이다 고전 4:6.

신약에서의 가르침은 어떠한가? 마태복음 15장에서 바리새인의 예배를 거절하신 예수님을 발견한다. 바리새인들이 만들어 사용하는 장로들의 유전 혹은 예전은 하나님의 뜻과는 관계가 없는 것이었다. 그것은 하나님의 말씀이 가지는 구속력이 없는 것임에도 불구하고 바리새인들은 전통과 말씀을 동일선상에 두었다. 지금 로마 가톨릭교회가 하듯이 말이다. 그들은 사도 바울이 지적한 것처럼 자신들의 의를 세우기 위해 애써 하나님의 의를 부정하는 죄를 지은 것이다 롬 10:2. 바리새인들이 예수님을 고발한 것은 인간이 만든 규칙들을 지키려고 하나님 말씀의 권위를 약화하는 행동이었다. 그것은 하나님의 율법에 더하거나 빼는 일을 통해서 벌어진 일이었다. 예수님의 증거는 하나님의 말씀을 무시하고 그 말씀에 뭔가를 첨가하여 말씀의 권위보다 자신들이 첨가한 것이 더 상위법에 속한 것처럼 보이게 한 것이다. 이러한 일은 지금의 교회 안에서도 그대로 나타나는 것들이다. 하나님의 말씀에 명시되어 있지 않으나 성도들의 입장에서 유용하다고 여기는 것들을 가미시켜서 하나님 말씀의 충족성을 부정하고 있는 것이다. 개혁주의 신학이 다 그러하듯 예배신학도 주님의 계시의 충족성에 기인해야 한다.

예수님께서 수가성에 사는 사마리아 여인과 나눈 대화는 예배에 대한 혁신적이고도 가장 명료한 교훈을 담아내고 있다. 하나님은 영이시기 때문에 특정한 장소에 매여 계시는 분이 아니시다. 사마리아 사람들이 말하는 그리심 산도 아니고 유대인들이 자랑하는 예루살렘도 아니다. 이러한 가르침은 유대인들에게나 사마리아인들 모두에게 충격적이었다. 조상 대대로 하나님과의 만남이 이루어진 주된 장소로 하나님께서 정해 주신 곳은 예루살렘이었다. 그곳에서의 제사는 합법적이었다. 그러나 "이 산에서도 말고 예루살렘에서도 말고 너희가 아버지께 예배할 때가 이르리라"요 4:21고 하신 말씀은 예배 장소에 대한 구속적이고 역사적인 전환점이 곧 이르게 되고 그 약속의 실현은 자신의 십자가 대속 사건임을 암시한 것이다. 주님의 부활과 승천 그리고 성령 강림의 사건은 모든 시대, 하나님의 언약 백성 모두에게 적용되는 혁신적인 선언이었다. 성전 중심의 예배가 아니라 교회 중심의 예배가 시작됨을 알리는 것이었다. 그런 의미에서 예배당을 지으면서 구약의 성전 개념을 도입하고, 그것도 모자라서 화려하고 웅장한 건축물을 짓고서 마치 그 건물 자체가 영험이 있는 것인양 성도들을 오도하는 행위는 예수님의 이 예배 신학적 가르침을 망각한 처사라고 말하지 않을 수 없다.

즉 살아계신 하나님의 아들이시며 그리스도이신 예수님의 이름으로 모이는 믿음의 사람들이 있는 곳에 주님이 함께하신다는 마태복음 18장 20절이야말로 특정한 장소에 대한 일종의 신비성이 없음을 분명히 한 것이다. 웨스트민스터 신앙고백서에서도 이 점을 분명히 못 박고 있다.

> 기도나 예배의 그 어떤 요소도 이제 복음 시대에 있는 것이므로 그것이 행해지는 장소에 매이는 것이 아니다. 그리하여 더 받을 만한 장소가 있는 것이 아니며 특별한 곳으로 행할 필요가 없다. 그러므로 모든 장소에서 신령과 진리로 하나님을 예배해야 한다. 각 가정에서 매일 은밀하게 예배하듯 공예배에서는 더 엄숙히 예배해야 한다. 하나님께서 자기의 말씀이나 섭리에 의하여 기도나 예배하도록 요구하신 때에 경솔하게 하거나 고의적으로 소홀히 하거나 저버려서는 아니 된다.[11]

사마리아 여인과 나눈 대화에서 하나님께서 찾으시는 자들은 참 예배자임을 밝히신 예수님은 그 예배자들이 어떻게 하나님을 예배해야 할지를 분명하게 가르치셨다. "하나님은 영이시니 예배하는 자가 신령과 진정으로 예배할지니라"요 4:24. 영으로 예배한다는 것은 결국 거듭난 모든 신자가 다 하나님께 신령한 제사를 드리는 거룩한 제사장들임을 상기시켜 주는 것이다벧전 2:5. 다시 말하면 영적인 것은 영적으로라야 분별이 가능하기에 영에 속한 자가 아니라면 영이신 하나님을 예배하는 자가 될 수 없는 것이다. 사도 바울도 "너희 몸을 하나님이 기뻐하시는 거룩한 산 제물로 드리라 이는 너희의 드릴 영적 예배니라"롬 12:1고 하였다. 성령으로 거듭난 사람이 아니면 결코 영적인 제사를 드릴 수 없는 것이다. 그러나 영과 진리

---

11   21장 6항

가 함께 간다. 진리가 없는 영적 예배는 불가능하다. 특히 성령께서 주님의 백성들을 진리가운데로 인도하는 것이 주된 사역인 한 그러하다. 그러므로 올바른 지식, 즉 진리에 대한 올바른 교훈이 배제된 예배는 다 헛된 경배로 전락하는 것이다. 그래서 성경에 계시된 진리를 옳게 분변하여 부끄러울것이 없는 일꾼으로 인정된 자로 자신을 주님께 드리는 자들이 신령한 제사를 드리는 자들이요 영적 예배자들이다.

셋째, 웨스트민스터 신앙고백서가 제시하는 예배 요소
이미 중간중간에 언급한 내용과 더불어 결론 부분에서 우리가 생각할 올바른 예배 신학적 가르침은 예배의 요소들이다. 이것 또한 신약 성경의 여러 서신 속에서 찾아지는 것들로 신약교회 성도들이 모였을 때 기도하며 찬송하고 성경을 읽고 말씀 강론을 들었으며 떡을 떼고 잔을 나누는 교제가 있었고 헌금을 주님께 드리는 일들이 있음을 알 수 있다. 무엇이 예배의 첫 순서가 되어야 하고 찬송은 몇 장을 불러야 하며 기도는 얼마나 길게 해야 하는지 그리고 기도의 내용이 무엇이어야 하는지, 설교는 얼마나 오래 하는 것인지, 성찬은 주일마다 하는 것인지, 아니면 얼마나 자주 해야 하는지, 예배 시간은 언제로 정하는 것이 옳은 것인지, 예배 시간은 어느 정도여야 하는지, 헌금은 설교 전에 하는 것인지, 후에 하는 것인지, 광고는 예배순서에 포함되는지, 예배 전에 혹은 예배 후에 하는 것인지, 찬송 부를 때 일어서야 하는지, 기도할 때 앉아서 해도 되는지, 찬송은 시편만을 부르는 것인지 아니면 일반 복음적 찬송도 불러도 되는지 등등의 문제들에 대해서 세세하게 언급한 것이 없어도 우리의 신앙의 선조들이 신앙고백서에 규정해 놓은 것을 토대로 순응하는 것이 어지러움의 하나님이 아니시요 화평의 하나님 권위 아래에 놓이는 것이다.

일반적으로 하나님을 예배하기 위하여 일정한 시간을 구별하여 정하는 것은 자연의 법칙에 속하는 것이다. 그래서 하나님은 그의 말씀 안에서 모든 시대의 모든 사람에게 매이는 적극적이고 도덕적이며 영구적인 계명으로 말미암아 이레 중 하루를 특별히 안식일로 규정하시고 하나님께 거룩히 지키도록 하셨다. 이것은 창세로부터 그리스도의 부활까지 한 주간의 마지막 날이었으나 그리스도의 부활로부터 주 중의 첫날로 바뀌었다. 성경에는 이날을 주일이라 부른다. 주일은 세상 끝날까지 그리스도인의 안식일로 지켜져야 한다.

이 안식일은 주님께 거룩히 지켜야 한다. 이를 위해서 사람들이 그들의 심령에 합당한 준비를 하고 사전에 일상적인 일들을 잘 정돈해야 한다. 자신들의 일들과 말들 및 세속적인 직업과 오락에 관한 어떤 생각으로부터 온종일 거룩하게 안식해야만 한다. 또한 전 시간을 공예배와 사적 예배에 사용하고 부득이한 일들과 자비를 베풀어야 하는 일을 한다.[12]

이같은 신앙고백서의 규정에 따라 제정된 예배모범을 우리는 상기할 필요가 있다. 웨스트민스터 종교회의가 1645년에 의회의 승인을 받아 편집한 예배모범 Directory of Public Worship 은 칼빈이나 존 녹스와 같은 개혁자들이 제정한 예배의 규정적 원리보다 한 걸음 앞서 예배의 통일적 형태를 이루기 위한 것이었다.[13] 지금의 교회들에서 보듯이 교회마다 다른 예배 형태는 주님의 보편적 교회의 모습이 아니다. 같은 신학을 공유하고 있는 교회들만이라도 교단적으로 통일된 예배형식은 절실하게 요청된다고 본다.

---

12 웨스트민스터 신앙고백서 21장 7, 8항
13 Dereck Thomas, 규정적 원리: 최근 비평에 대한 응답, *개혁주의 예배학*, 158 참고

그 표준은 성경과 교단의 헌법적 기초를 벗어나지 않는 것이어야 한다. 달리 말하면 개 교회 목사 개인의 의견이나 몇몇 지인들의 생각 혹은 회중들의 대중적 선호도에 따르는 것이 되어서는 아니 된다. 칼빈은 「세례 집례를 위한 형태」라는 논문에서 '성경에 명령되지 않은 것은 그 무엇이나 우리는 선택할 자유가 없다'고 하였다.[14] 칼빈의 이러한 주장은 성경의 권위가 곧 하나님의 권위임을 강조하고자 함이다. 하나님만이 예배 방식을 규정할 수 있고 그 잣대는 기록된 계시의 말씀 안에서 찾아지는 것이어야 한다. 이것을 청교도들이 그대로 수용하였고 교회의 머리이신 그리스도의 왕권을 인정하는 것이었다. 동시에 성경의 모든 내용을 감동시키고 입증하시며 해석과 적용함에 오류가 없이 행하시는 성령 하나님의 권위이기도 하다. 말씀에 기초한 예배의 규정적 원리에 따른 예배모범은 보편성과 공교회성을 유지하는 좋은 방편이다. 그것이 한국의 기독교가 하늘에서 갑자기 뚝 떨어진 운석이 아니라 지난 2천년의 역사 속에서 유유히 흐르는 세계 교회 역사의 한 주류의 교회가 될 수 있는 것이다. 그리고 세계 교회의 발전과 성장에 기여할 좋은 유산을 물려줄 수 있는 것이다.

(1) 성경 읽기와 말씀 선포

초대교회에서 예배의 모형은 회당에서부터 출발했다고 해도 과언이 아니다. 사도들이 전도할 때 주로 회당을 찾아서 그곳에 모인 자들에게 복음

---

[14] John Calvin, "Form of Administering the Sacraments, Composed for the use of the Church at Geneva" in *Tracts and Treatises of the Doctrine and Worship of the Church*, Edinburgh: Calvin tracts Society, 1849, repr. Grand Rapids: Eerdmans, 1958, 2:118.

을 전하였다고 할 때 구약에서부터 성경 읽기는 공적인 모임에서 빠지지 않은 것이었다. 사도시대 이후에 사도들이 쓴 서신들을 돌려가며 읽었다고 할 때골 4:16 새 언약 안에 거하는 자들의 예배에서 성경 읽기는 매우 자연스러운 것이었다고 말할 수 있다. 바울은 디모데에게 권하기를 "내가 이를 때까지 읽는 것과 권하는 것과 가르치는 것에 착념하라"딤전 4:13고 하였다. 이 같은 지침은 새로운 것이 아니었다. 앞에서 지적한 것처럼 구약에서부터 내려오는 전통이었다. 따라서 오늘날 예배형식에서 사라진 성경 읽기는 회복되어야 할 성경적 예배 요소이다. 우리의 예배모범에서 '성경 봉독은 공예배의 한 부분이니 반드시 목사나 그 밖의 허락을 받은 사람이 한다'고 규정하고 있다.[15] 여기서 말하는 성경봉독은 설교할 본문 낭독과는 다른 것으로서 예배순서에 신구약 성경을 한 장씩 읽는 순서를 말하는 것이다. 웨스트민스터 표준문서인 예배모범에는 이 점을 명확하게 적시하고 있다. '하나님을 공적으로 예배하는 것의 한부분인 회중 속에서 말씀을 읽는 것 … 은 목사들과 교사들에 의해서 시행되어야 한다. … 구약과 신약의 모든 성경은 모두 명료하게 들을 수 있고 이해할 수 있는 가장 좋은 허락된 번역으로부터 각국의 대중이 사용하는 평범한 말로 낭독될 수 있다. 한 번에 얼마나 많은 분량을 읽을 것인지는 사역자의 재량에 맡겨진다. 그러나 일반적으로 매번 모일 때 신구약 한 장을 읽는 것이 편리하고 적절하다. … 사람들이 성경 전체에 익숙해질 수 있도록 모든 정경을 두루 읽는 것은 필수적인 사안으로 매우 중요하다. … 거룩한 성경을 공적으로 읽는 것 외에, 읽을 수 있는 사람은 모두 개인적으로 성경을 읽도록 그리고 성

---

15 헌법, 대한예수교장로회 합동, 2010년, 예배모범, 제3장, 243.

경을 가지도록 권면을 받아야 한다.'[16]

개혁주의 예배학에서 성경 읽기를 강조한 테리 존슨Terry Johnson은 성경을 공적으로 읽는 것은 선택사항이 아니라고 하면서 이것이 무시 될 때 '기독교 예배에 본질적으로 중요한 하나의 국면이 돌이킬 수 없이 상실 된다'고 하였다. 심지어 '성경을 읽지 않는 것은 동일한 순서에서 설교 순서를 가지지 않는 것 혹은 회중이 부르는 찬양을 빼먹는 것과 같다'고 까지 말하였다.[17] 웨스트민스터 신앙고백서에서도 이점을 동일하게 지적하고 있음을 본다[21]장 5항. 성경을 회중들에게 직접 읽어주는 것은 목사의 중요한 임무 중 하나로서 이것을 통해서 하나님은 회중들에게 직접 말씀하신다. 설교보다 더 직접적이다.

그렇다고 설교의 효용성을 배제하는 것이 아니다. 종교개혁자들의 강조로부터 시작된 것이라 할지라도 설교는 성경적 예배의 핵심임을 부정할 수 없다. 심지어 예배의 목적을 전도로 말하는 자들조차도 말씀 선포를 통해서 영혼구령의 역사도 경험하는 것을 부정하지 않는다. 그러나 설교는 영혼 구원 그 이상의 효력을 가지고 있다. 성경의 효력만큼 설교를 통해서 교훈과 책망과 바르게 함과 의로 교육하기에 유익한 결과를 자아낸다. 왜냐하면 성경 진리를 전파하는 것이기 때문이다. 즉 성경을 전파하고 가르치는 것이 아니면 참된 설교가 아니다. 심지어 개혁주의자는 아니지만 초대교회 전도라는 책을 쓴 성공회 전도자 마이클 그린은 이 시대를

---

16 Of Public Reading of the Holy Scriptures in *Subordinate Standards and Authoritative Documents of the Free Church of Scotland*, Edinburgh: Free Church of Scotland, 1973, 138~39.
17 *개혁주의 예배학*, 246.

'가짜 설교의 세대요 가짜 설교는 가짜 기독교인을 만든다'고 외치며 통탄하였다.[18] 16세기 종교개혁이 설교의 회복이었다고 말함이 과장이 아니라면 이 시대의 교회 개혁 역시 예배의 회복에 있고 그 예배의 핵심은 설교이기에 설교 회복이 없이는 불가능하다. 현대 교회의 하나님 말씀에 대한 심각한 결핍과 빈곤함이 영적 능력의 부재를 불러일으킨 것이다.

설교 부재 시대를 반증하듯 대부분의 교회 예배는 음악으로 채워지고 있다. 그리고 이 음악의 대부분은 개혁주의 신학적 내용이 거의 없는 것들이다. 교회마다 음악적 수준을 지극히 현대적 취향으로 바꾸고자 대대적인 투자를 아끼지 않고 있다. 좀 규모 있는 교회들은 오케스트라를 동반한 대규모의 찬양대원들을 소유하고 있다. 그들의 주 관심은 하늘로부터 오는 하나님의 음성보다 자신들의 맡은 연주에 깊은 관심을 가진다. 그리고 사람들의 반응에 민감하다. 사람들의 영적 필요보다 감흥에 더 초점을 맞추고 있는 현상이 설교의 위력을 축소해 버리고 있다. 회중들의 입맛에 맞는 예배 프로그램에 집중하여 예배의 대상자이신 삼위 하나님의 뜻을 애서 무시해 버린다. 결국 가인의 제사이든 아벨의 제사이든 현대인들의 종교적 성향에는 아무런 상관이 없다. 오로지 자신들의 미적 감각, 청각적 감동과 시각적 흥분이 채워지면 그것은 예배의 감격에 빠지는 은혜로운 예배자가 되는 것이다.

개혁교회는 음악적 기능을 전혀 무시하지 않는다. 믿음의 찬송은 풍성한 신앙고백을 수반한다. 견고한 신학적 내용을 전달한다. 심령에 형언할 수 없는 희락을 가져다준다. 그러나 알아야 할 것은 음악은 기독교 예배의

---

18 *개혁주의 예배학*, 195에서 인용.

중심적 요소가 아니라는 점이다. 칼빈은 '음악은 사람들에게 주는 기분 좋은 감정을 하나님께 중개하지 못한다'고 하였다. 따라서 헤르만 셸더하위스Herman Shelderhuis가 지적한 다음의 말은 옳은 것이다. '인간은 음악을 통해서 감동을 받을 수 있지만 이런 일이 하나님께는 일어날 수 없다. 그러므로 악기는 그분을 위해서 있는 것이 아니라 하나님을 드높이도록 이스라엘을 고무하는 보조 수단이다.'[19]

예배의 핵심은 설교이다. 예배순서 중 가장 긴 시간을 차지하기 때문이 아니다. 예배순서 중 설교만이 하나님에게서 나오는 은혜의 통로이다. 다른 순서들은 다 예배자들이 하나님께 올려드리는 것이다. 칼빈이 말한 것처럼 '하나님의 예언적인 음성'으로서 설교는 회개와 감사와 헌신과 새 생명의 역사를 일으킨다. 개혁주의 신학의 핵심은 '성경을 말하고 성경을 전하고 성경을 가르치고 성경을 믿고 성경을 노래하고 성경으로 기도하는 것이다.' 그 성경의 내용을 풍성하게 맛보는 것이 설교이다. 기독교의 강점은 우리가 섬기는 하나님의 음성을 듣는 것이다. 우리의 헌신적 삶은 말씀을 들음에서 나와 뿌리내리지 않는 한 허구이다.

설교는 시대적 유행에 민감한 것이 아니라 하나님의 전 경륜에 초점

---

[19] 헤르만 셸더하위스, 중심에 계신 하나님 - 칼빈의 시편신학, 장호광역, 대한기독교서회, 2009, 292. 이 책에서 셸더하위스는 칼빈의 예배관을 시편 강해를 통해 잘 설명해 주고 있다. 특히 교회에서 악기 사용에 대한 근거로 구약성경을 인용하는 자들에게 매우 적절한 성경적 해답을 제시하고 있다. 즉 교회의 유아단계에 적합하고 그 시기에는 백성을 하나님께로 인도하는 역할을 감당했다는 것이다. 즉 그것은 당시 백성을 죄가 되는 수많은 쾌락 거리에서 의미 있고 경건한 기쁨으로 이끌어주기 위해서 악기 사용이 필요했다는 것이다. 그러나 칼빈은 '사람의 음성이 영혼이 없는 악기를 훨씬 능가한다'고 했다. 음악이 사람의 마음을 움직이기에는 안성맞춤이지만 하나님을 경배함에 있어서 타락을 조성할까바 염려하는 마음을 그의 시편 강론에서 읽어볼 수 있다. 셸더하위스의 책, 291 참고.

을 맞춰야 한다. 바울 사도는 헬라 사람들이 지혜를 구하는 것을 잘 알았다. 그리고 유대인들이 표적을 탐하고 있음도 너무나도 잘 알았다. 그런데도 그는 십자가에 못 박히신 그리스도를 전하는 일에 조금도 주저하지 않았다. 사람들이 그것을 미련한 것으로 간주하였고 듣기를 매우 꺼리는 것이었지만 십자가에 못 박혀 죽으시고 다시 살아나신 예수 그리스도야말로 행복 추구와 힐링에 빠져있는 이 시대의 유일한 처방임을 거침없이 쏟아놓고 있다. 성령의 역사는 신구약의 모든 것인 주 예수 그리스도를 전하는 곳에서 강력하게 역사하는 것이다. 말씀 선포가 진리의 기둥과 터인 교회성장의 핵심이 되지 않으면 교회의 모든 것은 사람들의 교훈으로 하나님을 헛되이 경배하는 저주만 남을 것이다. 설교는 기록된 하나님의 말씀이어야 한다. 설교자는 그 말씀의 비밀을 맡은 자이다. 성경적 설교의 회복을 통해서 말씀으로 통치하시는 그리스도의 왕권을 만천하에 들어내야 할 것이다. 이것이 이 시대의 개혁교회가 실천해야 할 최고의 사명이다. 목사는 성경 진리를 통해서 회중들이 경배하는 하나님을 보게 하는 자여야 한다. 회중은 목사의 설교를 통해서 성경에 계시된 하나님을 보는 자여야 한다.

    목사가 하나님의 자리에 앉아서도 안 되지만 회중이 목사를 하나님 자리에 앉혀서도 안 된다. 목사나 성도들이나 우리 안에서 오직 그리스도만 존귀하게 하는 예배자여야 하는 것이다. 성경에 충실한 말씀의 역사만이 그 열매를 맺게 한다. 성도는 목사의 생각을 듣고자 예배에 참여 하는 것이 아니라 하나님의 음성을 듣고자 한다. 하나님께 속한 자는 하나님의 말씀을 듣는다. 그러나 듣지 아니하는 것은 저들이 하나님께 속해 있지 않은 것이라고 단정할 수 있다요 8:47. 또한 하나님의 말씀을 전하지 아니하는 자는 하나님의 보내심을 받지 아니한 자요, 거짓 교사라고 단정할 수 있다요 3:34. 오늘날 하나님의 말씀을 전하지 아니하는 거짓 교사들이 점령하고 있는 한국의 교회 강단의 상황은 매우 심각한 수준이다. 그런데도 하나님의 말씀을 옳게 분변하지 못하는 우매한 자들의 환호에 거짓 교사들의 가면이 정당한 것으로 여겨지고 있다. 반면에 진리의 일꾼들이 설 자리는 점점 좁아지고 있고 무시되는 경향이 짙어지고 있다. 이것은 사도 바울이 이미 예견한 디모데후서 4장의 말씀이 이미 실현 되었음을 보여준다. "때가 이르리니 사람이 바른 교훈을 받지 아니하며 귀가 가려워서 자기의 사욕을 좇을 스승을 많이 두고 또 그 귀를 진리에서 돌이켜 허탄한 이야기를 좇으리라"딤후 4:3~4. 그러나 진리의 일꾼들, 하나님과 함께 일하는 동역자들인 목사는 말씀 선포자로서의 직무를 다해야 한다. 이 일이 회복되지 아니하는 한 인간의 종교적 열정은 결코 하나님을 기쁘게 할 수 없다.

(2) 성경적 기도와 성경적 찬송의 회복이다

기도와 찬송은 공예배나 가정예배에서나 없어서는 아니 될 예배 요소이다. 하나님께 기도하는 것과 시와 찬미로 하나님을 찬송하는 일은 성도의 마땅한 본분임을 예배모범은 명시하고 있다. 여기에서 우리가 심각하게 생각해야 할 부분이 성경적인 기도와 성경적인 찬송이 무엇이냐라는 것이다. 특별히 우리는 공共기도의 중요성과 회중들의 올바른 찬송부르기에 그 어느 때보다 강조해야 할 것이다. 물론 성경적 설교가 회복되면 자연스럽게 성경적 기도와 성경적인 찬송의 회복도 이어질 것으로 전망하지만, 기도와 찬송에 대한 학습이 체계적으로 이루어지는 경우가 거의 없는 상황에서 개혁교회의 예배신학이 강조하는 이 문제를 언급하지 않을 수 없다.

먼저 공예배의 공기도는 반드시 목사가 해야 한다. 목회기도이기 때문이다. 대한예수교장로회합동 총회의 헌법에 수록된 예배모범 5장은 공기도를 다루고 있는데 무엇을 위해서 기도해야 할 것인지를 열거한 후에 4항에서 이렇게 지적하고 있다.

이상과 같이 기도제목은 그 범위가 넓고 종류가 많으니 그 택하는 것은 당직한 목사의 충성과 생각에 맡긴다. 우리 장로회가 공식 기도의 일정한 모범을 좇을 것은 아니나 -이것은 성공회나 감독교회에서 사용하는 기도 예식서에 수록되어 있는 기도문을 말한다- 목사가 예배석에 나오기 전에 반드시 그 강도를 준비하는 것과 같이 또한 기도할 것도 준비하는 것이 옳다. 목사는 반드시 성경을 숙독하고 기도에 대한 서책을 연구하고 묵상하며 하나님으로 더불어 교통함으로 기도하는 능력과 정신을 얻을 것이요, 그뿐 아니라 아무 때나 공식 기도를 하려 할 때는 그 전에 자기 마음을 안돈하고 기도할 것 중 어떠한 말이 좋을지 마음 가운데 차례로 준비할 것이니 이렇게 하여야 기도하는데 그 위엄과 예모를 갖추며 또 같이 예배하는 사람들에게도 유익이 될 것이요 무미하고 불규칙하며 부주의한 행동으로 중대한 예식을 오손하지 말라[20]

이 항목에서 강조점은 두 가지이다. 하나는 공기도는 목사가 하는 것과 다른 하나는 공기도를 위해서 철저하게 준비해야 한다는 점이다. 한국의 교회 예배순서에서 공기도 혹은 대표기도는 마치 장로들의 전유물처럼 인식되어 있다. 장로들의 예배 참여에 있어서 대표기도야말로 장로로서의 영광스러운 임무로 인식하게 만든 것은 누구의 잘못인지 모른다. 초창기

---

20 헌법, 예배모범 246.

선교사들이 한국말로 대표기도를 잘할 수 없어서 장로들에게 맡긴 것이 유래가 되었다는 설도 있으나 정확한 것은 모른다. 분명한 것은 예배모범의 규정에 어긋나는 일임에도 누구도 그 부분을 주장하지 못하고 있다. 예배모범에 기록된 대로 돌아가야 한다.

그렇다면 왜 목사가 해야 하는가? 개혁주의 예배학에서 테리 존슨은 공적인 기도를 이렇게 규정하고 있다. '공적인 기도는 하나님께 말하는 것이면서 공적인 교화와 지침을 위한 것이다. 공적인 기도는 설교와 밀접하게 관련된 일종의 또 다른 강단 설교이다.'[21] 공적인 기도에 대한 이와 같은 인식은 전통적으로 개혁파 교회가 견지해 온 것이다. 우리의 예배모범의 내용 자체도 말씀을 강론하는 목사가 인도하는 것으로 규정하고 있는 이유가 여기에 있다. 테리 존슨은 그 이유를 두 가지로 언급하고 있다. 하나는 말씀 선포가 목사에게 주신 하나님의 은사인 것과 같이 공적으로 기도하는 것도 하나님이 주신 은사라는 점이다. 물론 기도는 모든 성도가 해야 할 일이지 목사의 전유물은 아니다. 그러나 공적인 기도를 인도하는 것은 목양과 밀접한 관계가 있는 것이기 때문에 목회 기도라고 지정하고 있는 것이다. 또 하나는 기도 훈련과 성경의 경건 언어에 대한 주의 깊은 연구를 통해서 계발되어야 하는 것이기에 목회에 전념하는 목사가 맡는 것이 적임이라는 논리이다.[22] 이 논리를 따라야 하느냐 아니냐는 개인의 자유이지만 심각하게 고려해야 할 주장인 것은 틀림없다. 특히 메튜 헨리가 그의 기도라는 책에서 지적한 것이 매우 합당한 것이라고 한다면 목회기도 혹은 대표기도는 예배를 인도하는 목사가 하는 것이 타당한 것이

---

21 개혁주의 예배학, 254
22 상게서, 254.

다.²³ 하나님을 대표해서 사람들에게 말하는 설교에 무한히 엄중한 책임감을 느껴야 하듯이 사람들을 대표해서 하나님께 아뢰는 것도 신성한 책임을 질 일이다. 그래서 즉흥적인 설교를 가지고 강단에 서는 것이 두려운 일이듯이 준비 없는 기도를 가지고 강단에 서는 것, 역시 피해야 할 일인 것이다. 그렇게 중요한 기도를 세속적인 업무에 종사하면서 주일에 교회에 나와 봉사하는 장로에게 맡기는 것은 재고되어야 할 일이다. 물론 공기도를 맡은 장로들도 한 주간 내내 기도로 공기도를 위해 준비한다. 그러나 그 준비는 목회적 준비하고는 차원이 다르다. 대표기도에 부담감이 큰 장로들의 심적 고충도 이제는 덜어주어야 한다고 본다.

어떤 내용으로 기도해야 하는지는 예배모범에서 규정하고 있는 것은 신자의 일체 소원을 포함한 기도로써 하나님께 영광을 돌리는 기도, 감사의 기도, 죄 고백의 기도, 간구와 다른 사람을 위한 기도를 언급하고 있다. 그러나 예배모범이 간과하고 있는 기도 내용은 국가와 위정자들을 위한 기도이다. 웨스트민스터 신앙고백서 23장에서는 '위정자들을 위하여 기도하고 그들의 인격을 존중하며 … 그들의 합법적인 명령에 순종하고 양심을 위

---

23   메튜 헨리는 그의 책에서 공기도 인도자는 예배에 참여하고 있는 자들의 교화를 추구해야만 하며 내용과 말씀 모두에서 교화에 대해서 주목해야만 한다고 하였다(진리의 깃발, 2004, 12). 20세기 위대한 미국의 신학자 로버트 다부니(Dabney)는 그의 수사학이라는 책에서 '목사는 설교를 위한 것만큼 공적인 기도를 위해서 자신을 준비해야만 한다고 생각한다. 많은 설교자가 자신의 설교에는 온 힘을 기울이면서도 자신의 기도는 우연에 맡기는 태만함은 하나님에 대한 불신앙과 그들의 형제를 교화하는 데 대한 무관심을 가장 통렬하게 암시적으로 나타내는 것'이라고 하였다(Sacred Rhetoric, 346~47). 개혁주의 예배학에 있는 테리 존슨의 글에서 인용, 279.

하여 그들의 권위에 복종하는 것은 백성들의 의무'라고 규정하고 있다.[24] 공기도에는 반드시 국가와 위정자들을 위한 기도가 포함되어야 한다. 공예배에서의 공기도는 국가에 대한 교회의 책임을 표출하는 한 방편이다. **'목사는 반드시 성경을 숙독하고 기도에 대한 서책을 연구하고 묵상하며 하나님으로 더불어 교통함으로 기도하는 능력과 정신을 얻을 것'**이라고 규정한 예배모범의 지적은 공기도에 대한 중요성을 일깨워주는 것이다.

공기도의 길이는 어느 정도여야 하는가? 현실적으로 한국의 교회들은 5분 이상을 넘지 말라고 조언한다. 그 이유는 사람마다 다르겠지만 대체로 예배 시간 조절을 위한 것이다. 공기도가 길면 목사의 설교가 그만큼 줄어들어야 할 경우가 생긴다. 그 문제가 제일 고려되고 있는 이유는 전체 예배 시간이 한 시간이어야 한다는 현대인들의 취향과 교세 확장을 위한 한 방편으로 한정된 공간 안에서 공예배의 2부, 3부, 4부로 세분된 탓이 크다고 본다. 예배의 본질 회복과 관련하여 주일 낮 예배의 세분화는 결코 성경적인 지지를 받는다고 볼 수 없다. 장로회 전통에서는 교인 수가 많아질 때 교회의 분립을 지지하고 있지 한 개교회의 대형화를 권고하지 않는다. 공예배의 세분화는 예배의 질을 떨어뜨리고 성도들에게 마치 예배 의식의 참여가 신앙생활의 전부로 오해하는 우를 낳았다. 그 결과 소비자 입맛에 맞는 예배까지 출현하게 되고 성도의 마땅한 주일성수 문제가 심각하게 훼손되어 버린 것이다. 이것이 한국의 교회가 사회적 봉사에 대한 책임을 그 어느 때보다 적극적으로 실현하고 있음에도 불구하고 신뢰도가 바닥을 기고 있는 이유 중 하나라고 본다. 기독교인의 삶과 세상 사람들의 삶이 구분되지 않는 것이다.

---

24   웨스트민스터 신앙고백서, 23장 4항

구약에서 할례와 안식일 성수가 하나님의 택한 백성들의 두드러진 표지였듯이 세례와 주일성수 역시 신약 시대의 구별된 가시적 표지이다. 그러나 현대 교회 성도들이 주일에 한 번 예배에 참여하는 것으로서 신앙생활의 의무감을 다했다는 인식은 남은 시간에 주말을 가족들과 함께 보내는 불신자들의 여가생활과 크게 다르지 않게 했다. 주일에 장사하는 일은 기독교 인구 20%을 가진 나라에서 더 늘어가고 있지 전혀 줄지 않고 있다. 과거 평양 대부흥 당시 평양에서 주일에 상점들이 문을 닫는 현상은 결코 다시 보기 어려운 일이 되고 말 것이다. 가족들 간의 여행을 위한 문 닫기는 있어도 주일을 거룩하게 지키기 위한 일손 멈추기는 더 이상 경건의 한 표상이 되지 못하는 것이 되어버렸다. 이러한 폐단의 회복은 예배 세부화의 폐지와 성경과 개혁주의 신학에 철저한 공예배 회복에 달려있다고 해도 틀리지 않는다. 이것은 주님의 보편적 교회의 성장을 꾀하는 지름길이기도 하다.

스코틀랜드의 장로교회에서 공기도 길이는 내가 유학할 때에도 대략 15분에서 20분 정도의 목회기도였다. 그러나 19세기 목회 기도는 거의 30분을 넘어갔다. 에든버러에서 목회한 토마스 거쓰리 목사의 일기에는 40분이 언급되었는데 목회 기도가 끝날 때쯤이면 회중들이 일어서서 기도를 한 사람이 아무도 없었다고 한다. 그 이유는 목사의 기도가 너무나도 신령하여 서서 함께 기도할 수 없었고 기도를 듣는 동안 회개의 눈물을 흘리며 모두가 다 무릎을 꿇고 기도에 임했다는 것이다. 설교에는 그런 경험들이 있어도 대표기도에 눈물을 흘리며 회개하지 않을 수 없게 한 경우는 내가 알고 있는 제한적인 지식으로는 처음이었다. 우리도 공기도를 잘 준비해야 한다. 설교만큼 준비되어야 한다는 개혁파 예배신학에 부합하는 교회가 되길 소망한다. 그 일은 목회하는 목사가 주도함이 예배의 영적 감화력에 더 깊은 영향을 줄 수 있을 것이다.

장로의 대표기도가 죽을 써야 목사가 두드러진다는 생각을 가진 자들이 더러 있다. 그러나 그 생각 역시 올바른 것이 아니다. 예배에서 목사나 장로 누구라도 주목받는 자가 되어서는 아니 되기 때문이다. 오직 예배의 대상자이신 삼위 하나님만이 높임을 받아야 한다. 모든 예배순서는 하나님께 집중하는 것이어야 하지 예배자의 정성이나 헌신에 쏠려서는 안 된다. 하나님의 임재하심 앞에 잠잠해야 한다는 것은 어떤 소리도 내지 말아야 한다는 것이 아니라 예배자 자신의 공로나 의지를 부각하는 어리석음을 피하라는 의미도 담고 있다.

공예배에서의 찬송은 무엇이어야 하는가? 이에 대한 성경적 교훈은 분명하다. 예배모범 제4장에서도 예배당에서나 가족끼리의 모임에서도 '시와 찬미와 신령한 노래로' 하나님을 찬송하는 것이 모든 신자의 마땅한 본문임을 지적하고 있다. 그러면서 매우 중요한 문장을 삽입하였다. '성경에 합한 말과 하나님께 영광을 돌리는 언사를 사용하라.' 물론 이 문장은 오늘날 교회가 사용하고 있는 찬송가를 염두에 둔 구절이라고 볼 수 있다. 앞부분은 시와 찬미는 본래 웨스트민스터 표준문서에 등장하는 예배모범에서 그리고 신앙고백서에서 지적하고 있는 시편 찬송을 의미한다. 그러나 뒷 문장은 시편 외에 찬송가를 정하여 부를 수 있게 한 조항이다. 그러나 그 찬송가 선정의 기준은 반드시 성경에 합한 것이어야 하는 것과 둘째는 하나님께 영광을 돌리는 언어 사용이어야 한다는 것이다.

시편 찬송에 대하여 간략하게나마 언급한다면 시편은 단지 읽는 성경의 역할로서만 주어진 것이 아니라 하나님의 백성들이 예배할 때 함께 불러야 할 노랫말로 주어진 것이라는 사실이다. 예수님이 지상에서 부르신 노래요 사도들과 초대교회 성도들이 예배하면서 하나님을 찬양한 노래가 시편이었다는 것은 이론의 여지가 없다. 에베소서와 골로새서에서의 시와 찬미와 신령한 노래라는[25] 표현 역시 시편을 제외하고서는 해석이 불가능한 것이다. 당시 성도들의 찬송에 대한 이해는 현대인들이 가진 찬송가 개념하고는 전적으로 다른 것이다. 그들에게 찬송은 시편이 전부였다. 시편은 하나님의 감동하심으로 주신 말씀이라는 차원에서 인간 작사자들이 작사한 노랫말 가사하고는 질적으로 차원이 다르다. 하나님의 찬송으로 하나님을 노래하는 일이야 말로 성도가 하나님께 영광을 돌릴 수 있는 최고의 방식이다.사 43:21. '시편은 우리에게 예배하는 방법을 가르쳐주고 있

---

[25] 엡 5:19, 골 3:16, 이에 대한 해석은 성경 학자들 간의 다소 차이가 있으나 대체로 구약의 시편을 의미한다는 것을 부정하지 않는다. 헬라어 프뉴마티카이스 (πνεύματίκαις)라는 형용사가 시와 찬미와 노래라는 말을 다 포함하는 것이기 때문에 성령에 의해서 직접적으로 주어진 영감된 시를 의미한다는 해석이다. 그러나 다양한 찬송가를 주장하는 자들은 그런 해석을 인정하지 않고 성도들이 임의적으로 얼마든지 영적인 노래들을 만들 수 있다는 논리를 편다. 더욱이 예수 그리스도의 구속 사역을 직접적으로 노래하는 것이 내포되어 있지 않은 시편이기에 구속사역을 담은 노래들이 포함되어야 한다고 주장한다. 나도 이에 대해서 반대하지 않는다. 그리고 시편만이 유일한 예배 찬송임을 말하지 않는다. 다만 어느 주장이 옳으냐를 따지기 전에 찬송가를 주장하는 자들도 시편 찬양을 불러야 한다는 주장에는 반대하지 않는다는 사실이다. 즉 시편 찬송은 선택사항이 아니라 성경적인 명령이다. 하나님이 성도들에게 하나님을 경배하는 예배행위에서만이 아니라 일상적인 신앙생활의 삶의 예배에서도 마땅히 부르며 화답해야 할 노래이다. 한국의 개혁교회들은 서구 유럽의 개혁교회들이 하고 있듯이 시편 찬송도 성도들의 영적 생활에 반드시 필요한 것임을 인식하고 실천해야 한다. 시편은 '영혼의 해부'라고 칼빈이 말했듯이 성도들이 영적으로 경험할 수 있는 모든 내용들을 담고 있다. 그 시편을 통해서 하나님께 나아가고 위로받으며 힘을 얻고 헌신과 사랑의 열정을 대변할 수 있다.

고 시편은 하나님께 감사하고 찬양하며 간구하고 영화롭게 하는 적절한 성경적인 언어를 제공한다. 시편은 또한 고백과 탄식을 보여준다. 많은 시편이 메시아를 가리킨다. … 시편은 노래되어야만 한다.'[26]

에베소서 5장 19절에 등장하는 쌀모스ψαλμός는 찬양의 노래로서 시편을 가리킨다. 그 단어의 동사는 원래 줄을 잡아 뜯는다는 의미였고 명사적 사용은 악기 연주에 따른 신성한 노래를 부를 때 사용된 단어이다. 휨노스ὕμνος는 찬양하기 위해서 작사 된 신성한 시적 표현을 의미한다. 오데ᾠδή는 특별히 은율적 시를 노래하는 일반적인 용어이다. 그런데 중요한 것은 이 세 단어에 신령하다(영어의 spiritual)는 형용사가 다 포함되어 사용되었다는 것이다. 다시 말하면 하나님께서 구별하여 주신 영감된 시적 표현을 가지고 노래하는 것을 의미하는 것이다. 그렇다면 당대 초대교회에서 부른 음악적 노래가 구약 시대 성도들이 불렀고 예수님과 사도들이 불렀던 시편 찬양이야말로 하나님이 주신 신령한 노래라고 결론을 지을 수 있다.

이사야 43장 21절에서 **"나의 찬송"**을 부르게 하려 함이라고 하신 것도 이를 뒷받침한다. 더욱이 히브리서 기자가 "이러므로 우리가 예수로 말미암아 항상 **찬미의 제사**를 하나님께 드리자 이는 그 이름을 증거하는 입술의 열매니라"(히 13:15)고 한 말씀에서 '찬미의 제사'라는 용어를 사용한 것을 보면 그 의도는 더욱 분명하다. 찬미의 제사를 항상 드리자고 한 것은 계속해서 할 일이며 제사 원칙이 있듯이 하나님이 규정한 대로 해야 할 일임을 말하고 있다. 구약의 제사 제도는 신약에서 그리스도의 속죄 제사로 인하여 다 폐지되었다. 그러나 신약에서도 계속이어지는 제사가 있으니

---

26 *개혁주의 예배학*, 폴 존스의 후기 - 찬송가 세계에서의 찬송가, 372~73

그것은 감사와 찬미의 제사이다. 감사로 제사 드리는 것은 신구약의 모든 가르침이다. 동시에 찬미의 제사 역시 호흡이 있는 자들이 해야 할 영적 제사이다. 사도 베드로는 이렇게 권고하고 있다. "너희도 산 돌같이 신령한 집으로 세워지고 예수 그리스도로 말미암아 하나님이 기쁘게 받으실 신령한 제사를 드릴 거룩한 제사장이 될지니라"벧전 2:5.

그렇다. 신약 시대의 모든 성도는 다 왕 같은 제사장이요 거룩한 나라요 하나님의 소유된 백성이다. 그러므로 제사장으로서 신령한 제사들을 드릴 책임과 의무가 있다. 단수로 쓰인 것이 아니라 복수로 쓰인 점을 주의하라. 여기에 감사의 제사와 찬미의 제사이기 때문이다. 그리고 이웃에게 선한 일을 행하는 것 역시 하나님이 기뻐 받으시는 제사라고 말하고 있다. 구약의 제사는 제사장이나 하나님의 백성들이 임의대로 정할 수 있었던 것이 아니었다. 모세의 제사법은 하나같이 다 제사를 받으시는 하나님께서 제정하신 것이었다. 그 방식도 그 과정도 그 내용도 모세가 임의대로 창안한 것이 아니었다. 그렇다면 찬미의 제사라는 말을 사용한 것은 하나님께서 정해 주신 하나님의 것으로 하나님께 나아가야 함을 담고 있는 교훈이라고 말하지 않을 수 없다. 그것이 곧 예수님과 사도들 및 초대교회 성도들이 즐겨 부른 시편 찬양이라고 말하는 것이다.[27]

그렇다면 대다수 교회가 시편찬송가를 부르지 않고 있는 상황에서 예배용 찬송가를 선택할 때 그 기준은 무엇이어야 하는가? 찬송을 선정할

---

[27] 2009년 칼빈 탄생 500주년을 기념하여 칼빈이 만들어 사용하게 한 개혁파 교회의 예배용 찬송가인 제네바 시편가를 진리의 깃발에서 출판하여 보급하고 있다. 차제에 우리 교단이 이 시편찬송가를 사용하고 또 시편 가사를 가진 한국적 찬송가 개발을 통해서 하나님의 영감된 말씀으로 된 찬양을 주님께 드릴 수 있기를 소망한다.

기준은 첫째로 가사의 중요성을 지적하지 않을 수 없다. 반드시 성경적 언어여야 한다는 원리에서 볼 때 가사가 성경의 가르침과 부합하는 것인지를 살펴야 한다. 노래할 때 깊이 생각하고 온 마음을 다 담은 찬양이어야 하는데 인간들이 두들기는 악기들과 괴성에 파묻혀 가사를 중요하게 여기지 아니하는 위험을 배제해야 한다. 노래의 내용이 성경의 가르침에 적합한 것인지를 분명히 숙고해야 하는 것이다.

둘째는 개혁주의 신학을 충분히 담아내고 있는지를 보아야 한다. 그렇지 않은 것은 예배용 찬송가로서 적합한 것이 될 수 없다. 신학적 오류는 이단사상 못지않게 위험한 것이다. 그런 의미에서 교단적으로 성경과 찬송가를 새롭게 편찬하는 것이 바람직하다. 단지 정치적 혹은 경제적 논리에 입각한 새로운 성경과 찬송가가 아니라 영적이고 개혁주의 신학적인 입장에서 볼 때 이 작업은 하루속히 선결되어야 할 작업이다. 하나님을 예배하는 자들이 하나님이 기뻐하시는 정확무오한 말씀에 기초한 신앙생활을 도외시하는 것은 하나님의 일을 태만히 여기는 자들이 받을 정죄에 해당됨을 알아야 할 것이다.

마지막으로 모든 찬송은 하나님께 드리는 것이기 때문에 성삼위 하나님과 그의 일들을 노래하는 것이어야 한다. 하나님을 노래하는 것이 아니라 청중들의 교화를 위한 노래로 전락시켜서는 아니 된다. 물론 찬송도 성도들의 교화를 위한 목적이 없는 것은 아니다. 그러나 본래 찬송의 취지는 하나님께서 하신 구원의 일들을 언급하는 것과 하나님의 품성^{persona}를 담아내는 것이어야 한다. 개인의 구원 체험을 강조하는 내용의 노래는 찬송으로 부적당한 것이다. **찬송은 성도들을 감화시키기 위한 것이 아니라 예배의 참 대상자이신 하나님을 높여드리는 신앙적 표현이다.** 칼빈이 말한 예배의 목적을 보면 '하나님 찬양, 믿음의 고백과 강화, 말씀 지식의 성장, 믿음 안에서 하나 됨의 고백과 체험 그리고 하나님이 주시는 복에 대한 기억이다.'[28] 예배를 통해서 우리의 믿음에 이르는 것이 아니라 우리의 믿음이 자라게 하는 것이라야 한다. 찬송은 그러한 믿음의 표현이다.

찬송을 예배 시간에 몇 장을 불러야 하는지, 어떤 찬송을 선택해야 하는지는 전적으로 목사가 결정한다. 한국교회는 대략 3장 내지 4장을 부른다. 그러나 찬양에 대한 예배신학의 부재로 인하여 송영 찬송이 배제된 채 노래를 부르는 경향이 많이 있다. 주일 낮 예배는 가능한 송영곡을 선택하지만 저녁이나 오후 예배에는 전혀 개의치 아니하고 성도들에게 익숙한 노래들이 선택되고 있다. 이것은 잘못이다. 시와 찬미와 신령한 노래를 부르는 것은 성도들의 일상생활 속의 모습이었다고 한다면 성도들이 다 함께 모인 공예배에서는 더더욱 시와 찬미와 신령한 노래들을 불러야 하는 것이다. 그러므로 우리들의 고백과 헌신이 담긴 노래들보다는 하나님을 노래하는 것들을 불러야 한다. 우리의 감정과 정성을 강조하는 것이 아니라 하나님의 마음에 흡족한 것이어야 하나님이 흠향하시는 찬미의 산 제사가 될 수 있다.

(3) 성례 거행

개혁교회 예배신학에서는 세례와 성찬을 예배의 중요한 요소로 간주한다. 초대교회 성도들의 예배는 말씀 중심의 성례가 분명하게 거행되었다. 에디오피아 여왕 간다게의 국고를 담당한 내시의 세례는 학습 교인의 기간을 거친 것이 없다. 빌립보 감옥의 간수장 세례도 교회에 나온 지 일정한

---

28 Herman Shelderhuis, ibid, 282.

기간이 지난 다음에 있었던 것이 아니었다. 초대교회 성도들은 대부분이 예수를 믿는다고 고백하는 신앙의 진정성이 검증되었다면 즉각적으로 세례를 받았다. 그보다 앞서 베드로의 설교로 3천여 명이 회개하고 돌아왔을 때도 세례를 주었다는 언급은 없어도 형제들이 어찌할꼬? 탄식하는 무리에게 "너희가 회개하여 각각 예수 그리스도의 이름으로 세례를 받고 죄 사함을 얻으라."고 하였다. 그 말은 진정으로 회심한 자들에게는 세례를 받도록 허락하였음을 의미하는 것이다.

　웨스트민스터 신앙고백서에서는 세례를 이렇게 규정하고 있다. '세례는 예수 그리스도에 의하여 제정된 신약의 성례이다. 그로 인해 보이는 교회 회원으로 엄숙히 가입되는 것만이 아니라 세례받은 자에게 세례는 은혜 언약의 표시와 인침이 된다. 그리고 그리스도와 접붙임을 받으며 중생하고 죄 사함을 받으며 예수 그리스도를 통하여 하나님께 자신을 드려서 새 생명 가운데 행하는 것을 나타내며 확증한다. 그리스도께서 친히 제정하신 이 세례는 세상 끝날까지 교회에서 계속 실시되어야 한다'28장 1항. 그러므로 세례식은 교회에서 가장 즐거운 축제의 시간이다. 그리스도의 구속과 죄 사함의 선언, 그리스도와 연합 혹은 결혼식, 성령의 성화와 하나님의 모든 약속과 언약 백성으로 살아가는 새 생명의 역사를 확증하는 것이다. 물론 세례 그자체가 구원의 조건은 아니다. 다만 죄 사함을 받아 새 생명을 얻었다는 구원의 표시로 교회가 선언하는 것이다. 그 선언이 없다고 해서 천국에 못 간다는 것은 아니지만 세례는 엄연히 교회의 머리 되신 그리스도께서 제정하신 규례이기 때문에 모든 성도는 교회의 그러한 가르침에 적극적으로 순종하고 따라야 할 의무가 있다.
그러므로 목사는 세례가 무엇을 의미하는지 성도들에게 분명하게 가르칠 필요가 있다. 교회는 무자격자를 남발하는 것이 되어서는 안 된다. 세례를 받을 대상들을 철저하게 교육하고 점검하여 세례를 받기에 합당한지를 사전에 확정해야 한다. 세례교인의 의무가 무엇인지를 분명하게 주지시키고 그리스도와 연합한 자의 책임을 다하게 해야 한다. 일괄적으로 몰아서 일 년에 한두 차례 가지는 세례식은 숫자가 많지 않을 때는 별지장이 없겠지만 많으면 예배 시간 제약상 세례의 참 의미를 고찰하면서 수세자의 신앙고백보다는 일괄적인 선서로 그치고 말아서 주님이 제정해 주신 예전을 하찮은 것으로 전락시킬 위험성을 안고 있다. 세례의 축복이 얼마나 놀라운 것이며 그 세례자에게 준비하신 하나님의 복이 어떠한 것임을 말하고 그에 따른 책임수행을 분명하게 하는 교육은 매번 강조해야 할 복음이다. 그리고 몇몇 당회원들 앞에서가 아니라 공중 석상에서 자신들의 신앙을 고백하고 엄숙하게 약속하는 세례식이 되어야 한다. 일부 교회에서는 낮 예배 시간에 세례식을 하지 못하고 오후 예배나 삼일기도회 때 행하는 교회들도 더러 있다. 언제 세례식을 가지는 것이 좋은가는 성경에 특별히 지정된 요일이나 시간이 없다고 하더라도 세례교인이 된다는 것은 수세자만이 누리는 영광의 순간이 아니라 온 교회가 함께 기뻐해야 할 진정한 축제이다. 그러나 사람들이 많아서 혹은 예배 시간적인 제약 때문에 회중들이 다 모이지 못하는 시간에 세례식을 거행하는 것은 세례를 받음이 온 교회적인 축제가 아니라 수세자 개인의 통과의례로 전락시키는 것이다. 죄인 하나가 회개하고 주께로 돌아옴이 회개할 것이 전혀 없는 천사들을 인하여 기뻐하는 것보다 더 기뻐하시는 주님의 기쁨을 온 교회가 함께 하지 못한다는 것은 땅에서 하늘의 기쁨을 맛보는 은혜를 제거하는 것과 같은 것이다. 그러한 의미에서 세례식은 어떤 의미에서 교회에서 가지는 절기보다 더 의미 있는 것으로 회복되어야 할 것이다.

세례는 주님과의 연합을 의미하고 하나님께서 아브라함과 맺으신 언약의 성취 즉 '나는 너희의 하나님이 되고 너희는 내 백성이 되리라'는 약속의 성취가 이루어지며 교회 공동체의 한 일원이요 하늘나라 시민권을 가진 권속이 되었다는 공적인 선언이기에 교회의 예전 의식 가운데서 매우 중요한 대축일이다. 이것은 세례를 받은 당사자가 그리스도의 속죄 사역을 인정하고 이제부터 그리스도와 연합된 그리스도인으로서 성령의 내적 도우심을 통한 의롭다 함을 받으며 거룩한 길로 나아가며 하늘나라 시민권자로서 성도들과 동일한 시민이요 하늘나라 권속임을 만방에 알리는 공적 선언으로서 온 회중이 함께 즐거워해야 할 일이다. 그처럼 중대한 일을 위하여 교회가 형식적인 교육이나 문답을 통해서 세례를 베푸는 것도 문제이며 또 세례교인으로서 살아가는 삶의 모습을 검증하는 것은 꿈꾸지도 아니함으로 구별된 신앙인의 삶을 도외시하는 것도 큰 문제이다. 이것은 자연스럽게 성찬 참여에 문제를 발생시킬 수 있는 것이다. 즉 분별치 못하고 주의 떡과 잔을 대하게 하는 죄를 범하게 만드는 것이다.

세례는 정해진 시간에만 한정된 것이 아니라 회심한 자들이 있을 때마다 수시로 세례를 거행하는 것이 바람직하다. 그것이 앞에서 지적한 시간상 일어날 수 있는 문제 그리고 교회적인 잔치가 되지 못하게 하는 아픔을 극복할 수 있는 방편이 될 수 있다. 여기서 한 가지 짚고 갈 것이 하나 있다. 그것은 세례가 교회의 예식으로만 한정할 수 있는가? 아니라면 선교단체에서 복음을 접하여 회심하고 구원받은 자들에게 그 선교단체에서 세례식을 베풀 수 있는가? 선교회 단체에서 세례식을 거행하는 곳이 있는지는 몰라도 아마도 있다면 교회로부터 몰매 맞을 것이다. 그렇다면 안되는 이유는 무엇인가? 선교단체는 교회가 아니기 때문이다. 그렇다면 진중세례는 어떠한가? 그것은 군인교회가 있기에 가능하다. 여기까지는 별문제 없이 받아들일 수 있다. 허나 진중세례를 받은 자들이 세례교인으로서 제 의무를 다하도록 교육을 받으며 주 예수 그리스도를 믿는 새 생명의 소유자로 살아가도록 돌봄을 잘 받고 있는가? 군인교회 신자들은 2년간의 의무 복무를 마치면 사회로 돌아간다. 이명서도 떼어주지 않는다. 교회 가는지 아니 가는지 개인의 양심에 맡길 일이지 교회와의 연결이 쉽지 않다. 또 사회생활에 바쁘다 보면 군대에서 신앙 생활한 것을 까마득하게 잊고 사는 경우들이 많이 있다.

교회론적인 측면에서 진중세례를 신중하게 검토해야 할 이유가 있는 것이다. 현행대로 부대에서 세례식을 거행하되 세례를 받은 자에게 주말휴가를 주어서 거주 지역교회 담임목사에게 가서 보고하고 제대 후에 그 교회에 정착하여 신앙생활을 하게 하는 방안을 간구하는 것이 유익할 것이다. 지금의 제도로는 제대 후에도 신앙생활로 이어지는 결과를 낳을 수 없다. 군선교회 관계자에 의하면 해마다 16만 명에서 18만 명의 군인들이 세례를 받는다고 한다. 그렇다면 해마다 그 정도의 숫자가 지역교회에 가입이 된다고 보아야 한다. 군대의 수세자들은 상당수가 처음 기독교를 접한 자들이거나 세상에서 교회에 다니기는 했어도 회심의 경험이 전혀 없는 자들이었을 것이다. 그러나 제대 후에 그들의 지역교회로의 가입은 극히 미미하다고 볼 수밖에 없다. 통계를 낸 것이 없어서 정확하지는 않지만 개신교회의 성장이 숫자상으로 정체되어 있고 마이너스 성장을 기록하고 있는 것을 보면 진중세례식은 군선교회의 사업적 효과는 크다고 볼지 몰라도 실질적 지역교회의 성장에는 미미하다고 볼 수 있다. 이 점을 보완하기 위해서 군선교회에서 지역교회와의 연대를 위한 수고를 백방으로 노력하고 있다. 그래서 지역교회와의 연대를 계획하고 지역교회마다 찾아가서 실질적 도움을 구하고 있지만 청년담당 사역자들의 잦은 교체와 교회의 무관심으로 성공을 거두는 일은 수고하는 것만큼 큰 효과를 보지 못하고 있다.

이 책을 통해서 군선교를 위해서 땀 흘리는 분들과 특히 군인교회를 담당하는 군목들과 민간 목회자들의 노고에 깊이 감사드린다. 그러나 나의 이 지적은 그들의 노고를 폄훼하자는 것이 아니라 진중세례식을 재고해 보자는 의견이다. 즉 군인들의 세례를 군인교회에만 맡기지 말고 병사가 속한 지역교회와의 연계를 반드시 시켜서 실천 신학적 측면에서 성도 관리에 대한 지역교회의 책임을 다하게 한다면 군선교에 더욱 큰 활기를 얻게 될 수 있다고 본다. 그것이 세례의 언약적 성경을 고찰하고 있는 성경 신학적으로 그리고 교회론적 입장에서 볼 때 합당한 세례식이 될 수 있고 하나님의 부르심에 합당한 길로 나아가는 교인을 만드는 것이라고 본다. 교회에서는 세례식을 가진 후에 집례자인 담임목사가 '○○○씨는 대한예수교장로회 ○○교회 세례교인이 된 것을 성부와 성자와 성령의 이름으로 공포합니다!' 라고 선언한다. 진중세례식에서는 군인교회 세례교인으로 칭하는지 모르겠다. 그리고 그 교인의 신령한 일들을 성찰하는 일은 제대로 진행되고 있는지를 우리가 고민해야 할 문제인 것이다.

또한 세례의 참 의미를 알지 못하고 세례를 받았으나 나중에 그 의미를 알고 다시 세례를 받고자 할 때 우리의 신앙고백서에서는 재 세례를 불허하고 있다. 왜냐하면 세례의 유효성은 집례자의 인격이나 수세자의 내적인 확신이 아니라 삼위 하나님의 이름에 달린 것이기 때문이다. 그러므로 재 세례를 받고자 하는 자에게 세례의 참 의미를 가르치고 그대로 살아가도록 도와주는 신앙교육이 이루어져야 한다. 개신교에서 영세를 받은 자를 인정하고 개종식을 거행하는 이유가 여기에 있다.

세례와 관련할 때 **성찬 예식**을 떼어놓을 수 없다. 예배는 언약적 사건으로 우리에게 자신을 주신 하나님을 만나며 그 하나님께 우리 자신을 드리는 신앙 고백적 의식이다. 그 실질적 교제의 실현은 성찬에서 드러난다. 성찬은 신앙고백서에서 지적하고 있듯이 성육신 하시어 자신의 몸을 죄인들의 구원을 위해서 내어주신 우리 주님께서 친히 제정하신 의식이다.[29] '이 성찬은 그의 죽으심 안에서 자신의 희생을 영구히 기념케 하시기 위함이며 참 신자들에게 그의 희생이 주는 모든 은혜를 보증하기 위함이다. 그리고 그 안에서 그들의 영적인 발육과 성장을 위하며 그에게 그들이 마땅히 해야 할 모든 의무를 더욱더 수행하기 위함이며 그와 더불어 갖는 교통과 그의 신비한 몸의 지체들로서 그를 상호 간에 갖는 교통의 매는 줄과 보증이 되게 하시기 위함이었다.'[30]

성찬은 그리스도의 몸과 피에 참여하는 의식이다. 떡을 떼어 먹고 잔을 마실 때마다 우리는 그리스도의 고난과 죽으심을 기념한다. 기념한다는 의미는 주님의 고난 받으심과 죽으심을 주님이 다시 오실 때까지 전파한다는 뜻이다. 그것은 지금도 살아계시는 주님과의 생명의 교제속으로 들어가는 것이다. 제자들과 함께 나눈 최후의 만찬은 고별식사라기보다는 식탁 교제였다고 볼 수 있다. 고신대 유해무 교수는 마가복음 14장 25절을 인용하면서 포도나무에서 난 것을 하나님 나라에서 새것을 마시는 날까지 다시 마시지 아니하리라 그것이 마지막 식사라는 인상을 주지만 교회가 성찬을 지속적으로 시행하며 반복해야 한다는 명령을 동시에 받았기 때문에 교회는 이 최후의 만찬을 기억하고 동시에 하나님 나라에서 새롭게 먹고 마실 것을 대망하면서 성

29　마 26:26~30, 막 14:22~26, 눅 22:19~20, cf. 요 6:48~58. 고전 11:23~26을 보라.
30　웨스트민스터 신앙고백서 29장 1항.

찬에 계속 참여하는 것이라고 하였다.³¹ 성찬 예식을 제정해 주신 때가 최후의 만찬석에서 행한 것이기 때문에 우리는 성찬을 만찬으로 표현할 수 있다. 마치 구약의 유월절 음식이 이스라엘 백성들에게 만찬이었듯이 성찬 역시 기독교인들의 유월절 만찬인 것이다.³² 물론 성찬을 대할 때 우리의 죄를 위해서 찢기신 그리스도의 구속적 죽음과 그 은혜를 생각하며 감사의 눈물을 흘린다. 그러나 만찬에 참여하는 것은 기쁨과 환희의 감격스러운 잔치이다. 우리가 저지른 죄악이 죄 없으신 하나님의 아들을 십자가에 못 박아 죽인 과거의 일을 회개하고 주님의 구속 은혜를 회상하는 '추도식'으로서 성찬이 아니라 그로 인하여 장차 그리스도와 더불어 누리게 될 영원한 영광스러운 나라에서 가질 만찬을 소망하며 그 은혜를 누릴 근거가 되는 주님의 살과 피에 참여하는 감격의 잔치이다. 이것만큼 그리스도인들이 그리스도와의 실질적 연합의 증표가 되는 것은 없다. 우리가 믿음으로 떡과 포도주를 먹고 마실 때 그리스도의 살과 피를 먹고 마시는 것이 되기 때문이다. 그의 육체는 지금 하늘 보좌에 계시지만 그의 영으로는 성찬에 임재 하시는 것이다.³³ 이것은 자연스럽게 어린 양의 혼인 잔치로 이어진다.계 19:9.

---

31 유해무, 『예배의 개혁, 참된 교회 개혁의 길』, 그라티아, 2013, 62~63.
32 B. B. Warfield, 'The Fundamental Significance of the Lord's Supper' in *Shorter Writings of B. B. Warfield* (Nutley, N.J.: P&R Publishing, 1970, I:333.
33 웨스트민스터 문서인 대요리문답 170번에서 이 부분을 이렇게 설명하고 있다.
    '그리스도의 몸과 피가 성찬 떡과 포도주 안에, 함께 혹은 밑에 육체적으로 임재하지는 않지만 그 떡과 포도주 자체는 수찬자의 외적 감각 못지않게 믿음에도 진실로 임재한다. 그러므로 주님의 성찬에 합당히 참여하는 자들은 육체적이 아니라 영적으로 그리스도의 몸과 피를 먹고 마시는 것이다. 그러나 진실로 그들은 믿음으로 십자가에 달려 죽으신 그리스도와 그의 죽음에서 오는 모든 혜택을 받아 자신들에게 적용하는 것이다.'

예배와 관련하여 이것이 가지는 중요한 의미는 무엇인가? 한 마디로 성찬은 예수님의 십자가 대속의 사건과 부활과 승천 및 그의 재림과 장차 들어가 살 천국 잔치까지 다 포함한 생명의 역사를 담고 있다. 다시 말하면 성찬은 그리스도의 과거 사역을 추모하는 것에 그치는 것이 아니라 그리스도의 현재의 영적인 사역 즉 영광 중에 살아계신 그리스도와 연결되어 있다. 그러므로 성찬을 거행할 때마다 마치 죽은 자를 기념하는 엄숙한 의미로서의 예식은 성찬이 담고 있는 그 풍성한 은총 중 한쪽만 추억하게 하는 것이지 장차 누리게 될 영광스러운 복에 대한 기대와 소망에 대한 감격과 환희는 드러내지 못하는 것이다. 예배는 우리의 구원에 대한 회상만이 있는 것이 아니라 우리를 구원해 주신 주님과의 교제속으로 들어가는 것이요 그 교제는 천상에까지 이어지는 잔치의 연속인 것이다. 예배는 회개와 결단을 내포하지만, 내세의 영원한 소망 중에 즐거워하며 하늘나라를 맛보는 은혜의 수단인 것이다. 하나님을 뵈옵고 먹고 마시는 즐거움은 구약에서도 맛본 일이었다 출 24:11. 그 확실한 가시적 증표가 신약에서는 성찬이다. 이것 때문에 우리가 하나님께 예배할 때마다 우리 자신을 하나님이 기뻐 받으시는 거룩한 산 제물로 기꺼이 드리는 것이다. 성찬에서 우리는 그러한 다짐을 맹세한다. 최고의 사령관이신 예수 그리스도에 대한 충성 맹세가 포함된다. 왜냐하면 새 언약에 포함된 모든 것이 우리의 것이 되게 하신 주님 자신의 약속이 있기 때문이다.

그러나 이것은 합당하게 받는 자들에게 주어지는 복이다. 성경은 합당하게 성찬을 받을 것을 요구하고 있다. 다시 말하면 무지하며 불경건한 모든 자는 주로 더불어 교통을 즐기기에 합당치 않기 때문에 주의 떡과 잔을 받을 수 없다. 주의 상에 합석하지 못하는 일이 생기지 아니하도록 '자기를 살피고 그 후에 이 떡을 먹고 이 잔을 마실 것' 고전 11:28을 성경은 주문하고 있다. 이것은 성찬에는 복음과는 달리 **차별이 있다**는 것을 의미한다. 복음 선포에는 그 어떤 차별도 하지 않으셨으나 예수님께서 최후의 만찬을 나누실 때는 제자들과만 가지셨다. 즉 주의 만찬은 주님의 참된 제자들만이 참여할 수 있는 예식이라는 것이다. 기념과 교제의 의미가 풍성한 성찬은 주님의 사람들이 아닌 자들이 참여한다는 것은 불가능한 것이다. 여기서 성찬에 참여할 수 없는 자들은 크게 믿지 아니하는 자들과 불경스럽게 참여하고자 하는 교인들, 그리고 회개하지 아니하는 자들은 참가할 수 없는 것이다. 그것이 자기를 살피고 그 후에야 떡과 잔을 대할 것을 요구한 의미이다.[고전 11:27-28] 성찬은 주 예수 그리스도와의 연합만 강조하는 것이 아니라 그 연합을 통해서 자연스럽게 이어지는 성도들 간의 교제 역시 강조하는 것이다. 다시 말하면 성찬은 동일한 피로 값주고 산 같은 그리스도인들끼리 깨어질 수 없는 교제를 나누는 자들만이 참여할 수 있는 것이다. 그리스도와의 진정한 연합이 없는 자들은 그리스도를 중심으로 연결되어 서로 상합하며 그리스도의 장성한 분량에 이르기까지 성장하며 하나님의 영이 거하시기에 합당한 집을 세워가는 일은 불가능한 것이다. 성도의 진정한 교제는 성찬에 참여함으로써 성사되는 것이다.

오늘날 성도의 교제가 거의 사라지고 개인주의적 경향이 교회 안에 깊이 자리 잡고 있는 상황에서 성찬마저도 교제의 능력을 회복시키지 못하는 것은 성도의 교제를 그리스도를 주로 모시고 사는 성도들의 영적인 복락을 나누는 일로 이해하기보다 인간적이고 육체적인 친밀감 혹은 유대감을 견고히 하는 것으로 이해하는 데에 기인한다고 본다. 그래서 하나의 지 교회를 섬기면서도 반목과 분쟁이 끊이지 않고 있는 이유가 여기에 있는 것이다. 주의 떡과 잔을 함께 먹고 마시고 난 후에 난투극으로 이어지는 일이 빈번하게 목격되는 한국의 교회 현실은 주님의 만찬을 분변치 못하고 참여하는 것이 되어 주의 몸과 피를 범하는 죄를 짓는 것이다. 주님의 노여움을 사는 일이 된다. 예배모범이 금하고 있는 규정은 '교리를 깨닫지 못하는 자와 교회를 부끄럽게 하는 자'이다.[34] 자기 죄를 먹고 마시는 행위가 되지 아니하도록 그 어떤 누구도 형제에게 해를 끼치는 일을 허용하지 않도록 늘 주의해야 하는 것이다. 그러므로 성도들은 필요할 때 다른 사람들과 더불어 화해를 도모함으로써 만찬에 참여할 준비를 해야 하는 것이다. 그런 의미에서 성찬을 거행할 때 한 주 전에 교회 앞에 공식적으로 광고하여 모든 성도가 성찬의 본질이 무엇인지를 묵상하고 성찬에 합당하게 참여할 수 있도록 예비하게 하는 것이다. 그 준비함에 있어서 예배모범이 기술하고 있는 문구 중 우리가 주목해야 할 것은 '그 광고하는 날에 혹은 그 주간에 예비예배를 보아 모든 성도로 하여금 … 합당한 마음으로 이 성연에 참석하게 할 것이다'라는 조항이다.[35]

성찬을 가지기 전에 교회가 공식적인 성찬 준비 예배를 가지라는 권고이지만 그것을 실천하고 있는 교회는 거의 없다. 나는 스코틀랜드에서 유학할 때 일명 '성찬 시즌'에 사경회와 유사한 집회를 성찬 주일 전 금요일과 토요일 이틀을 가지고 주일에 성찬을 가지며 그 후 월요일 저녁에 성찬 감사예배로 모이는 것을 직접 목격하였다. 17세기 장로교회는 교회마다 성찬 시즌을 가져서 집회를 두 주간 연속 가진 기록들이 있다.[36] 한 성령으로

---

[34] 예배모범 11장 2항
[35] 예배모범 11장 3항
[36] 서창원, 장로교회 역사와 신앙, 진리의 깃발, 2005, '17세기 스코틀랜드 교회 생활'을 참고. 성찬을 일 년에 두 번 실시 한 이유도 성찬 시즌에 있었다. 지역 노회에 속한 교회 간의 연합적인 행사였기 때문에 한 교회에서 두 번 이상 성찬 시즌을 가지는 것은 일년내내 성찬 시즌이어야 함을 의미하였다. 그래서 년2회로 제한한 것이다.

세례를 받아 그리스도의 몸에 붙은 지체들은 그리스도를 중심으로 서로 연결되어 한 지체가 아프면 온몸이 아프고 한 지체가 영광을 얻으면 온몸이 영광을 얻는 교통함은 이상이 아니라 지극히 현실적인 것이다. 그러나 교회가 처한 현실은 성도들 간의 진정한 교제가 거의 이루어지지 않는다는 점이다. 친목 단체 혹은 동우회에 속하지 않으면 배척당하듯이 교회 안에서도 유사한 일들이 벌어지고 있다. 다른 지체 간의 진정한 교제가 없이 성찬에 참여하는 것은 자기의 죄를 먹고 마시는 처사이다. "모든 사람으로 더불어 화평함과 거룩함을 좇으라 이것이 없이는 아무도 주를 보지 못하리라"히 12:14. 주님과 생명의 교제가 불가능한 것이다. 결국 화해 혹은 화평함이 없는 성찬은 주님과의 만찬을 헛것이 되게 하는 죄를 짓는 것이다.

그러나 여기서 우리가 생각할 것은 합당하게 참여하는 것이 우리 자신의 준비된 의로운 삶 자체를 의존할 때 그것이 공적이 되어 성찬이 효력 있는 것으로 오해하기 쉽다는 점이다. 그리스도의 자비가 우리를 주님께 합당한 것으로 만드는 것이다. 그리하여 우리의 수치스러운 행위들과 합당치 못한 언사들을 주님 앞에 내려놓고 회개하며 오로지 주님의 위로를 기다리는 것이다. 내 자신의 의로운 삶이 표준이 아니라 주님의 긍휼하심이며 그를 의존하여 성찬에 참여하는 것이다. 따라서 성찬을 금하는 것은 형벌이 목적이 아니라 회개와 회복이 목적이다. 주님과의 생명의 관계 회복을 통해서 성도들 간의 서로 하나 됨을 추구하는 것이다. 평안의 매는 줄로 성령의 하나 되게 하심을 힘써 지키게 하는 것이다. 대 요리문답은 성찬 준비와 관련하여 이렇게 교훈하고 있다. '성찬의 성례를 받고자 하는 사람들은 성찬에 참여하기 전에 이에 대한 준비를 해야 한다. 곧 자신들이 그리스도 안에 있는가를, 자신들의 죄와 부족을, 자신들의 지식, 믿음 회개 하나님과 형제들에게 대한 사랑, 모든 사람에게 대한 자선, 그들에게 해를 준 사람들에게 용서를, 그들의 그리스도를 추구하는 욕망을, 그들의 새로운 순종을 검토함으로써 이 은혜들의 운용을 새롭게 함으로써, 심각하게 묵상하고 열렬히 기도함으로써 성찬 준비를 해야 할 것이다.'[문 171.]

이어서 성찬이 집례 되는 동안 성찬 참여자들에게 요구되는 바를 이렇게 규정하고 있다.

> 성찬의 성례를 받는 자에게 요구되는 바는 성찬식 거행 당시에 모든 거룩한 경외심과 주의로 그 규례에서 하나님을 앙망할 것이며 성례의 요소와 동작들을 잘 지켜보고 주의 몸을 주의 깊게 분별하고 그의 죽음과 고난을 애정을 다해 묵상함으로써 자신들을 강화시켜 저희 받은 은혜들을 힘 있게 시행할 것이며 자신을 판단하여 죄를 슬퍼하고 그리스도에 대하여 주리고 목마름 같이 열심히 구하고 믿음으로 그의 양육을 받고 그의 충만을 받으며 그의 공로를 의지하고 그의 사랑을 기뻐하며 그의 은혜에 대하여 감사하게 되는 것과 하나님과의 언약과 모든 성도에 대한 사랑을 새롭게 해야 한다[문 174.]

이러한 추구는 성례 후에도 마찬가지이다. 그래서 성찬을 실시할 때 성도의 권징 문제를 항상 주의 깊게 다룬 것이다. 권징을 통해서 성찬에 참여하는 일에 자기 죄를 먹고 마시는 불행을 차단하는 것이다. 그러나 칼빈이 가르친 것과 같이 '제정된 성례는 완전한 사람들을 위한 것이 아니라 약하고 힘없는 사람들을 위한 것이다. 믿음과 사랑의 감정을 깨우고 일으키며 자극하고 실행하기 위해 그리고 정녕 약하고 힘없는 사람들의 단점을 교정하기 위한 것'임을 잊지 말아야 한다.[37]

---

37   존 칼빈의 기독교강요, 2권 1420, 4. 17.42

성찬은 얼마나 자주 거행해야 하는가는 예배모범에 있는 대로, 자주하는 것이 좋으나 몇 회를 할 것인지는 개 교회 당회가 정하도록 하였다. 성경에는 모일 때마다 할 예식으로 규정하고 있는 것 같지는 않으나 그렇다고 보는 학자들이 더 많다. 칼빈도 그러하였지만 제네바 의회는 4번만 하기로 결정하였다. 실지로 자주하다 보면 준비하는 일에 있어서 인간의 죄성으로 인하여 남용하기 쉽기에 분기별 혹은 자주 하고 싶은 교회는 월별로 하는 것이 바람직하다고 권고하고 있다. 그러나 이것 역시 성도의 영적 교제의 친밀함, 영적 깊이와 성숙도를 위해서는 너무 그 간격이 멀어서는 아니 될 것이다. 교훈과 책망과 바르게 함과 의로 교육하며 교화하기에 적절한 것이어야 할 것이다. 공예배를 통한 성도의 교통에 대하여는 웨스트민스터 신앙고백서에 너무나도 잘 기술되어 있다. 성도의 교제가 강조되지 못하고 있는 현대 교회의 모습에 큰 도전의 교훈이라고 말하지 않을 수 없다. 예배와 성찬을 통한 성경적인 교제의 회복이 절실하다. 우리의 신앙고백서는 이렇게 교훈한다.[38]

모든 성도는 성령으로 말미암아 그들의 머리이신 그리스도에게 연합된다. 그리고 믿음으로 말미암아 그의 은혜와 고난과 죽음과 부활과 영광 안에서 그리스도와 교제한다. 사랑 가운데 서로 하나 된 자들로서 성도들은 각자의 은사들과 은혜들 안에서 교통을 가진다. 그리고 상호 유익을 위하여 사람에게 안팎으로 유익되게 하는 의무들을 공적으로나 사적으로 행해야 한다.

공적으로 성도라고 고백하는 사람들은 하나님을 예배하는 일에 있어서 거룩

---

38 웨스트민스터 신앙고백서, 26장 1~2항

한 교제와 교통함을 유지해야 한다. 그리고 그들 상호 간에 덕을 세우는데 도움이 되는 다른 신령한 섬김들을 수행함과 또한 그들의 각양 능력들과 필요들에 따라서 물질로 서로 돕는 일에 있어서도 거룩한 교제와 교통을 유지해야 한다. 이 교통은 하나님께서 기회를 제공해 주시는 대로 어디에서나 주 예수 그리스도의 이름을 부르는 모든 이에게 확장되어져야 한다.

(4) 헌금

헌금은 하나님에 대한 사랑의 표현이다. 헌금은 모든 것이 다 주님의 것이라는 사실을 인정하는 신앙고백이다. 하나님에게 뭔가 결핍함이 있어서 우리들의 도움이 필요하여 헌금하는 것이 아니다. 그렇다고 헌금이 목회자를 먹여 살리기 위하여 혹은 교회 사업을 성황리에 달성하기 위하여 하는 자발적으로 내는 기부금도 아니다. 헌금은 교회에 위임해 주신 사명을 감당하기 위한 물질적 필요를 채우기 위한 것이다. 복음 전파와 선교를 위하여, 그리고 구제와 봉사를 위하여, 또한 성도들의 양육을 위하여 필요한 부분에 사용하는 것이다.

이렇게 헌금할 때 가지는 기본적인 자세는 고린도 후서 8장에서 발견할 수 있다. 첫째는 매 주일 모일 때마다 주님께 드린다. 성경은 빈손으로 여호와 앞에 나오지 말라고 한다신 16:16. 그리고 하나님이 주신 복을 따라 그 힘대로 드릴 것을 말씀하신다신 16:17. 이러한 교훈적인 실천을 신약에서 사도 바울은 마게도냐 교회 성도들의 열심으로 소개하고 있다. 그들은 극심한 가난 중에서도 힘에 지나도록 자원하여 풍성한 연보를 했다고 하였다고후 8:2-3. 또한 헌금도 기도와 마찬가지로 미리 준비하여야 참 연보답고 억지로 하는 것이 아니라고 하였다고후 9:5. 주님께 드리는 것이기 때문에 미리 준비해서 드리는 것이 합당하다.

그런데 놀라운 것은 연보에 대한 가르침을 마치 씨를 심는 것으로 말하고 있다는 점이다. 즉 심은 대로 거둔다는 의미이다. 헌금이나 봉사가 하나님 앞에서 마치 투자하는 것이 되는 뉘앙스를 풍긴다. 물론 속된 표현대로 돈 놓고 돈 먹는다는 것을 말하는 것은 아니다. 그런 의미에서 하나님은 시험의 대상이 아니다. 그런데도 말라기를 보면 십일조와 관련하여 주께서 약속하기를 "너희의 온전한 십일조를 창고에 들여 나의 집에 양식이 있게 하고 그것으로 나를 시험하여 내가 하늘 문을 열고 너희에게 복을 쌓을 것이 없도록 붓지 아니하나 보라"말 3:10고 하셨다. 이것은 내가 가진 것에 대한 소유권이 하나님께 있으므로 하나님의 것을 하나님께 드린다는 믿음의 표현인 만큼 하나님의 복을 받게 되는 행위임을 강조하는 것이다.

사실 하나님은 인간이 살기에 필요한 모든 것을 준비해 놓으시고 마지막으로 인간을 창조하셨다. 에덴동산에서 아담이 누린 모든 것이 하나님으로부터 온 것이었다. 타락 이후에도 마찬가지이다. 지구상에 수십억의 인구들이 살고 있는데 그들의 입으로 들어가는 하루의 양식이 얼마나 되겠는가? 상상할 수 없는 분량의 음식들이다. 그런데 그 모든 식물이 공급되고 있다. 바다의 어족들과 공중의 새들과 산 짐승들까지도 다 먹이시고 입히신다. 그런데 유독 하나님은 하나님의 형상으로 지음을 받은 인간에게만 공수로 나오지 말라고 요구하신다. 왜냐하면 하나님이 지으신 모든 것을 다스리는 권세를 인간에게 주셨기 때문이다. 그 권세를 행함에 있어서 인간은 하나님의 주권적인 통치 아래에 놓인 자들임을 늘 기억하고 살라는 것이다. 헌금은 바로 그 사실을 인정하는 신앙적 행위이다. 헌금하고

안하고는 개인의 자유이다. 강제로 구속하는 것이 아니다. 그래서 자원하는 심령으로 드릴 것을 말씀하고 있다. 모든 것이 다 주님의 것임을 인정하는 것이다. 이렇게 헌금은 주님의 주되심을 인정하는 신앙 고백적 행위로서 하나님은 그 행위에 대한 보상까지도 준비하고 계신 분이시다. 심은 대로 거두게 역사하신다. 고린도후서 9장 6절에서 "적게 심는 자는 적게 거두고 많이 심는 자는 많이 거둔다"고 하였다. 그러면서 하나님은 즐겨내는 자를 사랑하신다고 7절은 말씀한다.

성도들이 즐거운 마음으로 헌신해야 할 이유가 무엇인가? 그것은 "하나님이 능히 모든 은혜를 너희에게 넘치게 하시나니 이는 너희로 모든 일에 항상 모든 것이 넉넉하여 모든 착한 일을 넘치게 하게 하려 하심이라"고후 9:8는 말씀에서 보듯이 받은바 넘치는 은혜 때문이다. 하나님은 극심한 가난 중에서도 풍성한 연보를 드린 자들에게 필요한 모든 은혜를 넘치도록 부어주시는 것이다. 그 은혜를 받은 자로서 기꺼이 주님의 쓰심에 합당한 것을 드리는 것이다. 모든 착한 일을 넘치게 하게 하시려고 모든 은혜를 넘치게 부어주시는 것이다. 다시 말하면 하나님의 선한 사업에 부한 자가 되게 하려 함이다. 이것이 우리를 구속하여 주시고 하나님의 자녀로 삼아 주신 이유이기도 하다. "우리는 그의 만드신 바라 그리스도 예수 안에서 선한 일을 위하여 지으심을 받은 자이니 이일은 하나님이 전에 예비하사 우리로 그 가운데서 행하게 하려 하심이라"엡 2:10. 예수님은 지극히 작은 선물이라도 온전한 마음으로 드리면 상을 거스르지 아니하리라 하셨다. "또 누구든지 제자의 이름으로 이 소자 중 하나에게 냉수 한 그릇이라도 주는 자는 진실로 너희에게 이르노니 그는 결코 상을 잃지 않으리라"마 10:42. 히브리서 기자도 이 부분을 이렇게 언급하였다. "하나님은 불의하지 아니하사 너희 행위와 그의 이름을 위하여 나타낸 사랑으로 이미 성도를 섬긴 것과 이제도 섬기고 있는 것을 잊어버리지 아니하시느니라"히 6:10. 잊지 않으시겠다는 것은 기억하고 그에 상응하는 보상이 있다는 것이 아니고 무엇이겠는가? 은혜를 풍성하게 베푸심은 모든 착한 일을 하게 하심인데 이를 실천하는 자는 베풂과 나눔이 적은 양이라 할지라도 그에 대한 하나님의 상급은 있다. 사실 냉수 한 그릇도 팔레스타인 지역에서는 매우 귀한 것이다. 우리 시각에서도 지금은 물을 돈 주고 사서 먹는 시대가 되었지만, 과거에는 아껴쓰지 않아도 될 정도로 흔한 것이었기에 '물 쓰듯 펑펑 쓴다'라는 말이 통용되었을 정도였다. 따라서 냉수 한 그릇이라도 귀하게 대접하는 것 자체는 상을 잃지 않으리라는 주님의 약속이 있는 것이다. 심은 대로 거두는 것이다. 여기에는 물질적인 것이든, 영적인 것이든 주님께서 우리에게 주시는 은혜를 함께 나누게 될때에 주님이 주시는 복은 주는 자나 받은 자 모두에게 넘치는 것이다. 심지어 하나님은 우리의 헌금에 대해서 모든 은혜로 갚아주신다. 우리의 기부는 물질적으로나 영적으로 다양한 방식으로 보상이 따른다. 물질적으로, 하나님은 승진을 통해 더 나은 급여를 받게 하거나 예상치 못한 돈을 선물로 주거나 물건을 교체하는 데 드는 비용을 겪지 않도록 물건을 오래 사용하게 함으로써 우리의 헌신을 축복하실 수 있으시다. 영적으로 하나님께서는 우리의 베풂에 대해 탐욕과 물질주의의 횡포에 우리의 마음이 사로잡히지 않게 하거나 축복과 행복감을 주시거나 풍성한 상급을 하늘에 쌓게 하시는 복락을 주실 수 있다. 이처럼 하나님께서 우리에게 모든 은혜를 넘치게 하실 때 우리가 받을 수 있는 복락은 끝이 없을 것이다.

우리말에 "넘치게 하신다"는 헬라어 단어 '아우타르케이아'는 만족

Contentment이라는 말과 같은 의미이다. "그러나 자족하는 마음이 있으면 경건은 큰 이익이 되느니라"딤전 6:6고 한 말씀에 쓰인 '자족'이라는 단어와 같다. 하나님께서는 베풀기를 좋아하는 자에게 특별한 선물을 주시는데 그것은 모든 일에 항상 넉넉하게 베풀 수 있는 풍성함, 또는 자족함이다. 물질적으로 사람이 항상 만족할 수 있는가? 불가능하다. 우리의 욕심이 그렇게 놔두지 않기 때문이다. 그러나 자족하는 마음은 하나님이 베푸는 자들에게 허락해 주심으로 가능하다. 이러한 만족을 가지고 있다고 말하는 것은 쉽다. 그러나 진정 만족하는지에 대한 여부는 종종 우리의 지출과 쇼핑 습관을 보면 확인할 수 있을 것이다. 우리의 삶에서 쇼핑과 구매가 차지하는 비중은 얼마나 되는가? 우리의 물질적 손실은 우리의 행복에 어떤 영향을 미치는가? 물질적인 것을 많이 소유함으로써 그만큼 행복이 커지는가? 우리의 삶이나 주변 사람들의 삶을 보면 그렇지 못함을 다 시인할 것이다. 그러므로 주는 자가 복이 있다는 것을 다시금 음미하지 않을 수 없다. 나눔에서 삶의 의미와 가치가 두드러진다.

우리가 만족함이 없이 산다면 우리는 삶은 항상 뭔가를 채우려고 애쓸 뿐이다. 그 채움은 "누군가"가 되고자 하는 욕구, 안정감을 느끼거나 보살핌을 받고자 하는 욕구, 또는 우리 삶에서 흥분과 새로움을 느끼고자 하는 욕구일 수 있다. 대부분은 물질적인 것으로 이러한 필요를 충족시키려고 노력하지만 잠시 있다가 사라질 것들로는 불가능한 것이다. 실제로는 우리를 만드신 하나님과의 영적 관계를 통해서만 충족될 수 있다. 그러므로 사도 바울은 비록 가난해도 부요한 자요, 아무것도 없는 자 같아도 모든 것을 가진 자로 살 수 있음을 고백하는 것이다고후 6:10. 소유의 많고 적음에 좌우되지 않는 자족하는 마음을 지닌 자를 진정한 부자라고 말할 수 있다. 세상의 부자들이 다 만족을 누리지 못하는 것이 이를 증명한다.

그러면 **선한 일을 어떻게 해야** 하는가? 우리 주님이 가르쳐주신 것처럼 오른손이 하는 일을 왼손이 모르게 하는 것이다. 즉 은밀한 중에 보시는 하나님 앞에서 은밀하게 하는 것이어야 한다. 그러나 시대의 흐름은 구제도 선한 사업도 다 선전하기에 급급해한다. 거기에 금전사고도 심심찮게 벌어지고 있다. 형식적인 감사와 보고가 아니라 하나님의 돈이기 때문에 철저한 관리 감독을 통해서 본래의 목적대로 바르게 집행되게 해야 한다. 개 교회의 선한 사업과 개 교회의 이름 내는 일이 아니라 주님의 이름이 높임을 받는 것이 되도록 노회나 총회가 주도적으로 이끌어야 함이 장로회 정치이지만 상회의 집행 자체에 대한 불신이 개 교회의 독자적인 행보를 낳았다. 대형교단의 규모에 걸맞게 재무관리 전문인을 두어서 교단의 살림을 감당케 해야 하고 각 지교회도 제직회의 역할을 강화하여 재정 사고를 미리 방지하고 주님의 선한 사업을 넘치게 감당하도록 해야 한다. 선한 사업에 부요한 것은 주는 것이 받는 것보다 낫다는 가르침을 실천하는 것이다. 은밀한 중에 보시는 하나님에게 인정받으시는 일을 하는 것이다.

    지금의 개신교도들은 사회에 인정받고자 대대적인 선전을 하며 칭찬에 목말라하고 있다. 그것이 교회 성장 비결 중 하나로 여기기 때문이다. 누구라도 그런 미혹은 찾아온다. 그러나 순수하게 사랑을 실천하는 것은 나는 쇠해지고 그리스도가 흥해져야 한다는 교훈을 바탕으로 하는 일이다. 그리스도께서 높임을 받지 아니하는 선행은 그리스도의 이름으로 할지라도 불신자들의 선행과 다른 것이 하나도 없다. '이름 없이 빛도 없이 감사하며 섬기리라'는 노랫말과는 달리 실지로는 기념사진을 찍고 언론에 보도하며 자신의 업적들을 경쟁적으로 은근히 과시하는 풍조가 만연해 있다. 개 교회가 자랑이 되고 목사나 장로의 이름들이 추켜세움을 받는 것은 결코 주님으로부터 잘했다고 칭찬을 들을 일이 아니다. 또 성도 중에는 억지로나 인색함으로 하는 자들도 없지 않아 있다. 생색내려다가 죽임을 당한 아나니아와 삽비라의 사건을 보라. 그들은 주님께 드린다고 가진 부동산을 처분하였다. 그 자체로만 보면 대단한 헌신이었다. 얼마를 감추어 두었는지를 모르지만 그래도 땅을 처분할 정도의 헌신은 외모를 중시하는 사람들의 눈에는 엄청난 일이었다. 그러나 중심을 보시는 하나님에겐 헛된 일이었다. 목사는 자기 교회가 단 마음으로 헌금하는 습성을 배양하도록 부지런히 가르쳐야 한다. 예배모범에 언급한 헌금에 관한 규정은 다음과 같다.[39]

> 교회의 각 신도는 주께로부터 받은 재물을 가지고 정칙대로 헌금하는 일을 배양할지니 이로써 주 예수 그리스도의 명하신 대로 복음을 천하 만민에게 전파하는 일을 도움이 옳으니 주일마다 이 일을 위하여 회중으로 헌금하는 기회를 정하는 것이 합당하고 매우 아름다운 일이다. 성경에 가르치신 대로 이와 같이 헌금하는 것은 전능하신 하나님께 엄숙히 예배하는 일부분으로 한다.
>
> 헌금은 어느 예배회에서 할 것과 그 순서는 목사와 당회의 결의대로 할 것이요, 목사는 헌금하는 일을 예배의 한 부분이 되게 하기 위하여 헌금 전 혹 후에 특별히 간단한 기도로 복 주시기를 구하고 주의 물건으로 봉헌한다. …

(5) 축복 선언

예배는 예배에로의 부름에서부터 축복 선언에 이르기까지 공예배 예전에

---

[39] 예배모범 18장 1~2항

따른다. 그 예전은 지금까지 강조해 온 것과 같이 성경 말씀에 근거해야 하고 기록된 계시의 말씀에 한정되며 인도를 받는 것이라야 한다. 마찬가지로 예배의 마지막 순서에 해당하는 축복 선언축도 역시 성경의 가르침대로 목사가 그날에 모인 회중들에게 성삼위 하나님의 이름으로 복을 비는 선언이 축도 혹은 축복 선언이다. 축복 선언은 고린도후서 13장 13절에 있는 말씀을 근간으로 예배를 마치고 돌아가는 성도들에게 목사가 복을 선포하는 것이다. 예배모범 6장 말씀선포 부분을 다루면서 말씀을 강론한 후에 '시나 찬미를 부르고 하나님을 대표하여 축복 기도로 폐회함이 옳다'고 하였다.[40] 축복 선언을 예배의 한 요소로 말하고 있지는 않으나 공예배의 폐회는 축도로 함이 합당하다고 본다. 이 축복 선언은 합법적으로 안수 받은 자로서 말씀 선포자의 권리이다.

언제 성도들이 모여야 하는가?

구약에서는 절기 때 그리고 안식일에 모였다출 3:12, 5:1, 19:10 레 23:2 이하. 신약에서는 토요일 안식일에서 안식 후 첫날 즉 주일에 모였다. 안식에서 주일로 바뀐 부분에 대한 설명은 굳이 하지 않겠다. 다만 창조의 완성을 기념하는 날에서 구원의 완성을 이루신 날로 변경된 사실이 신약의 교회가 시작된 사도행전에서 자연스럽게 발견되는 일이었다. 주일에 모여야 한다는 명령도 없었다. 그런데도 초대교회 성도들은 주일에 모였다. 이것은 예수님의 부활과 밀접한 관계가 있는 것이다. 그리고 오순절 성령 강림 역시 주일에 일어난 일이었고 사도 요한이 계시를 받은 날도 주의 날이라는 차원에서 신약의 성도들이 주일에 모여 예배하는 일을 당연한 것으로 받았다.

---

40 예배모범 6장 5항

그러므로 주일만 강조하지 말아야 한다면서 모든 날을 중히 여긴다는 논리는 주일성수의 소중한 유산을 훼손하는 처사이다. 주일을 지키는 원리는 구약의 안식일을 지키는 원리와 같다. 웨스트민스터 신앙고백서에서도 공예배를 다룬 장에서 '종교적 예배와 안식일에 관하여'라는 부제로 기술하고 있다.21장. 주일을 안식일로 간주하고 성도들이 모인 것은 사도 시대부터 내려온 성경적이고 역사적 전통이다. 그리스도께서 안식일의 주인이시기에막 2:28 성도가 주일을 지키는 것은 예수 그리스도께서 사흘 만에 다시 살아나셨고 영광 가운데 거하시며 우리의 왕이시오 구주이심을 고백하고 기억하는 표시이다. 공예배의 성공 여부를 판가름한다면 주일성수에 대한 견해와 밀접하다고 한 이안 머레이 목사의 지적은 옳다.[41] '이 안식일은 주님께 거룩히 지켜야 한다. 이를 위해서 사람들이 그들의 심령에 합당한 준비를 하고 사전에 일상적인 일들을 잘 정돈해야 한다. 자신들의 일들과 말들 및 세속적인 직업과 오락에 관한 어떤 생각으로부터 떠나서 온종일 거룩하게 안식해야만 한다. 또한 전 시간을 공예배와 사적 예배에 사용하고 부득의한 일들과 자비를 베풀어야 하는 일을 한다.'[42] 주일성수야말로 다른 주중에서의 모든 활동에서 하나님께 영광을 돌리는 원동력이 된다. 그런 의미에서 청교도들은 주일을 영적 장날로 간주하고 한 주간에 필요한 신령한 양식을 마련하는 복된 날로 여겼다. 주일을 헛되이 보내는 것은 주중의 생활도 그리스도인으로 빛과 소금의 역할을 포기하는 것과 같은 것이다.

---

41 Iain H. Murray, 'The Directory for Public Worship' John L. Carson and David W. Hall, eds. *To Glorify and Enjoy God*, Edinburgh: Banner of Truth Trust, 1994, 190.
42 웨스트민스터 신앙고백서 21장 8항

이상과 같은 예배 신학적 및 신앙고백적 예배 원리에 입각한 개혁파 교회 공예배순서를 다음과 같이 제시해 본다.

예배로의 부름과 기원

찬송 시편

성경 읽기

참회기도와 사죄선언

신앙고백

찬송 송영 시나 찬송

목회기도 담임목사

찬송 시편찬송이나 찬송

헌금봉헌

성경봉독

말씀강론

찬송 시편찬송이나 찬송

성찬 년 4회 혹은 매월 1회 실시

축복선언

개혁교회의 예배 통일성은 그 어느 때보다 절실하다. 단지 교단의 색깔을 분명히 한다는 차원에서가 아니다. 하나님이 제정해 주신 방식대로 섬기는 방편이 개 교회마다 달라서는 아니 되기 때문이다. 같은 하나님을 섬기면서 섬기는 방식이 다 다른 점을 인정한다면 신본주의 신학과 신앙이 아닌 지극히 인본주의를 지향하는 것이다. 개혁교회의 신학적 기조는 오직 성경 sola Scriptura 이다. 인간이 고안한 어떤 방식으로도 하나님께 나아갈 수 없다. 오직 성경에 근거한 방식이요 예전이라야 한다. 그런 의미에서 개혁신학을 고백하는 교회들만이라도 일관성있는 예배모범 혹은 예배지침이 필요하다. 하나님께 나아가는 방식은 문화나 관습에 의해서 규정되는 것이 아니라 하나님 계시의 말씀에 의해서이다. 동시에 성도 개인은 한 지교회의 회원이기도 하지만 주님의 보편적인 교회 혹은 불가시적인 교회의 회원이기도 하다. 따라서 하나 된 주님의 교회의 회원으로서 어디를 가든 그 지역에 있는 같은 교단의 교회의 예배에 참여하면서도 성도의 교제를 풍성히 누릴 수 있어야 한다. 왜냐하면 진리의 말씀 위에 세워진 교회이기 때문이다.

그러나 작금의 한국의 교회는 교파를 초월하여 자기 교회가 아니면 주님 안에서 한 형제자매 의식이 희박하다. 아니 같은 교회에서조차도 친목회 회원처럼 활동하는 것이 아닌 한 주 안에서 하나라는 의식을 직접 체험하기란 어려운 실정이다. 이 부분을 해소할 수 있는 것은 하나님과의 참된 만남이 이루어지는 참된 예배에서부터이다. 예배의 다양화가 대세를 이루고 있는 현 상황에서 성경적 예배의 회복이야말로 교회 개혁의 길잡이요 성도의 교제가 그 어느 때보다 강화되는 신령한 은혜의 수단인 것이다. 올바른 성경적 예배 요소는 기도와 찬양, 말씀 읽기와 선포, 성례와 헌금이다. 이 요소들은 철저하게 예배의 대상이신 삼위일체 하나님뿐이다. 그 하나님께 나아가는 것은 하나님이 거룩한 분임을 드러내는 방식이어야 하며 온 백성 중에 오직 하나님께만 영광을 돌리는 것이라야 한다. 예배 참여자들의 자기 정성과 헌신의 분출은 헛된 예배가 되게 할 뿐이다. 신학과 예배는 분리할 수 없다. 성경에 충실하려는 개혁주의 신학은 개혁교회의 예배를 규정한다. 신학을 무시한 예배 형태는 족보 없는, 뿌리 없는 나무이다. 하나님의 주권과 왕 되심을 인정하는 겸손과 온유로 그리고 감사한 마음으로 그 궁정에 들어가는 예배여야 한다. 예배만큼 신학과 삶을 절묘하게 드러나는 은혜의 방편은 없다. 지상에서만이 아니라 천국에서도 지속되는 것이 예배이다. 그런 의미에서 신학은 '영원히 복되게 사는 것에 관한 예술'이라는 정의는 옳은 것이다. 다음의 시편은 하나님의 집에 나아가는 합당한 마음의 태도와 자세를 잘 보여주고 있다.

> 온 땅이여 여호와께 즐거이 부를지어다
> 기쁨으로 여호와를 섬기며 노래하면서 그 앞에 나아갈지어다
> 여호와가 우리 하나님이신 줄 너희는 알지어다 그는 우리를 지으신 자시요
> 우리는 그의 것이니 그의 백성이요 그의 기르시는 양이로다
> 감사함으로 그 문에 들어가며 찬송함으로 그 궁정에 들어가서
> 그에게 감사하며 그 이름을 송축할지어다 대저 여호와는 선하시니
> 그 인자하심이 영원하고 그 성실하심이 대대에 미치리로다!시 100편
> 아멘!

Theology is Life

2장

가정생활에 투영된 신학

- 결혼과 자녀 양육 -

가정은 기독교 교육의 중심지이다. 이스라엘 자녀에게 토라를 교육할 책임을 부여받은 자는 제사장이나 선지자들이 아니라 부모였다. 이스라엘의 교육헌장이라고 하는 신명기 6장을 보라. "이스라엘아 들으라 우리 하나님 여호와는 오직 유일한 여호와이시니 너는 마음을 다하고 뜻을 다하고 힘을 다하여 네 하나님 여호와를 사랑하라 오늘 내가 네게 명하는 이 말씀을 너는 마음에 새기고 **네 자녀에게** 부지런히 가르치며 집에 앉았을 때에든지 길을 갈 때에든지 누워 있을 때에든지 일어날 때에든지 이 말씀을 강론할 것이며 너는 또 그것을 네 손목에 매어 기호를 삼으며 네 미간에 붙여 표로 삼고 또 네 집 문설주와 바깥문에 기록할지니라"신 6:4-9. "네 자녀에게" 부지런히 가르치라는 명령은 부모에게 해당하는 것이다. 물론 조부모나 영적 지도자들도 해당한다고 폭넓게 적용할 수 있겠지만 문자적으로 그리고 실질적으로 혈육 관계의 어머니, 아버지의 역할을 말하는 것이다. 이스라엘의 쉐마교육이 이를 증명한다. 가정은 가족이 있다. 현대인의 탈 절대화, 탈 전통, 탈 관습, 탈 신학의 정신은 기본적으로 인식해 온 전통적 가정관이 다 무너져 내리게 하고 있다. 그러나 신학이 삶이어야 한다는 명제를 믿는 신앙인으로 성경이 변함없는 진리의 말씀이기에 성경에서 규정하고 있는 가정관은 여전히 우리가 지켜야 할 고귀한 덕목임을 강조하지 않을 수 없다. 부모 없이 이 세상에 태어나는 인간은 아무도 없다. 고아에게도 자신이 모르는 부모가 존재한다. 하나님이 천하보다 귀한 생명을 허락해 주시는 것은 그 아이를 잘 양육하고 돌보아 성인으로서 세상에 존재하는 이유를 분명히 하며 인류 사회 발전에 이바지하는 일꾼이 되게 할 책임과 의무가 주어지는 것이다. 미혼모나 미혼부의 무책임한 행동 때문에 버려지는 아이들도 있지만 그런 사례 때문에 아이 양육의 책임을 사회나 국가에 떠맡기는 것은 온당한 처사가 아니다. 일차적으로 부모의 책임이다. 신체적으로 혹은 정신적으로나 물리적으로 양육할 능력이 전혀 되지 않을 경우는 사회나 국가가 도와주어서 나라의 한 구성원으로 잘 성장하도록 돕는 기관이나 체계가 있어야 함은 물론이다. 그리고 국가가 제공하는 학교 교육, 교육의 의무를 존중하고 따르는 것 역시 기독교인으로서 마땅한 일이다. 홈스쿨링재택학습을 하는 것도 부모의 책임 아래에 있는 일이요 부모가 할 교육의 의무를 존중하는 것이다. 따라서 나는 본 장에서 성경적인 가정관을 제시하고 신학적 교육이 가정에서 어떻게 구현되는지를 17세기 '신구약 성경 밖에서 만나질 수 있는 유일한 성경적인 사람들'이라는 호평받은 청교도들의 가정교육 사례를 소개하고자 한다.

가정이란?

가정은 인간이 주도한 제도가 아니다. 천지창조에서 창조주 하나님이 하나님의 형상과 모양을 따라 인간을 만드셨다. 그 인간이 독처하는 것을 좋지 않게 여기신 하나님은 아담의 갈비뼈에서 여자를 만드시고 아담의 돕는 배필이 되게 하셨다. 여기서 가정이 시작된 것이다. 교회보다 먼저 만드신 것이 가정이다. 창조주 하나님이 직접 주례하셔서 부부가 되게 하셨다. "남자가 부모를 떠나 그의 아내와 연합하여 둘이 한 몸을 이룰지라"창 2:24. 그리고 하나님이 짝 지워준 것을 사람이 나눌 수 없음을 선언하셨다 마 19:7. 여기서 우리는 한 남자와 한 여자의 결혼을 창조주 하나님이 주선하셨고 하나님이 짝을 지워주셔서 가정이 탄생하게 된 것이다. 절대 주권자이신 하나님의 결정이기에 사람이 임의대로 나눌 수 없다는 결혼의 원리를 명확하게 제정하신 것이다. 이혼이 결혼만큼 일상적인 일이 된 세상에서 성경의 원리를 강조하는 것은 크게 환영받지 못할 것이 분명하다. 그렇다고 인간의 선택과 결정이 다 옳다고 인정해주시고 허용하는 것은 성경을 정확 무오한 하나님의 말씀임을 믿고 따르는 신앙인으로서는 매우 불편하기 짝이 없다. 따라서 성경에 기초한 결혼관을 재확립하고 말씀으로 돌아가는 개혁이 가정에서부터 싹터야 한다고 본다.

기독교인의 결혼관은 당사자 자신들의 의기투합으로 결정하는 것이 아니라 하나님이 짝 지워주신 것임을 분명히 확신해야 한다. 거기에 아담이 "이는 내 뼈 중의 뼈요 살 중의 살이로다"라고 한 가장 진솔한 사랑의 고백이 있어야 한다. 가정을 제정하신 가장 큰 목적은 하나님의 영광이지만 하나님이 아담과 하와에게 주신 문화명령이다. "생육하고 번성하고 땅을 정복하고 다스리라"는 이 명령에서 거룩한 씨로 번성케 하라는 종교적 명령과 이웃의 행복을 위한 가정생활이어야 함을 찾을 수 있다. 청교도들이 강조한 것이 이것이다. 결혼의 목적은 하나님의 영광을 위하여 서로 돕는 삶을 살게함, 거룩한 씨로 번성케 함, 그리고 불결과 문란을 막기 위함이다. 이상은 웨스트민스터 신앙고백서 24장 2항이 묘사한 것이다.

요즘은 결혼이 필수가 아니라 선택으로 되었다. 세상이 점점 성경과 어긋나는 길로 가는 것이기에 체념할 수도 있지만 그래도 한 남자와 한 여자가 합법적으로 가정을 이루는 것이 이 사회의 건전한 육성과 존재를 위하여 반드시 있어야 할 제도임을 말하지 않을 수 없다. 종교개혁자들만이 아니라 청교도들 모두가 다 결혼은 하나님의 창조원리에 속한 것이요 인류에게 주신 최고의 선물임을 누누이 강조하고 있다. 이것을 믿는 기독교인에게는 결혼해야 해? 말아야 해? 이런 질문을 던지지 않는다. 물론 예외적인 것이 있다. 나면서부터 고자가 되거나 사고로 결혼생활을 전혀 할 수 없는 상황에 이르렀거나 하나님의 특별한 부르심이든 또는 자의적으로 오직 주님과만 결혼하기로 서원하여 독신생활을 하는 경우는 예외이다. 그렇지 않은 경우는 결혼은 일반적으로 해야 할 인간의 임무이다. 어쩔 수 없는 이혼 사유도 있다. 상대방의 외도나 신앙적 갈등과 차이를 해결할 수 없는 경우에 행복한 결혼생활을 유지할 수 없다는 판단이 있을 때 이혼에 합의할 수 있다고 본다. 또 두드러지게 사악한 생활을 한다든지 뚜렷한 이단사상에 빠져있는 이와도 함께 할 수 없다[WCF 24:3].

하나님이 아담에게 돕는 배필을 마련해 주신 것은 아담과 하와의 행복한 가정생활을 원하시기 때문이다. 하나님 자신이 복되시고 선하시고 사랑이신 하나님이시기에 그가 하는 모든 일은 선하고 의롭고 복된 것이다. 따라서 기독교인은 성경에 제시된 대로 불신자와 결합하는 길을 가서는 안 된다. "너희는 믿지 않는 자와 멍에를 함께 메지 말라 의와 불법이 어찌 함께하며 빛과 어둠이 어찌 사귀며 그리스도와 벨리알이 어찌 조화되며 믿는 자와 믿지 않는 자가 어찌 상관하며 하나님의 성전과 우상이 어찌 일치가 되리요 우리는 살아 계신 하나님의 성전이라 이와 같이 하나님께서 이르시되 내가 그들 가운데 거하며 두루 행하여 나는 그들의 하나님이 되고 그들은 나의 백성이 되리라"[고후 6:14-16]. 불신자와 결혼하여 신앙인으로 만드는 경우도 많이 있다. 그러나 그것이 배우자 선정의 기준이 될 수는 없다. 남편 혹은 아내가 회개하고 주님께로 돌아오기까지 감당해야 할 짐이 너무나도 크다. 배우자 선정의 기본적인 조건은 구주 예수 그리스도 안에서 같은 말을 하고 같은 생각을 하며 같은 뜻을 품고 살 수 있어야 하는 것이다. 이 출발점이 다르면 가는 방향이 틀리기 때문에 겪는 고통과 아픔은 행복한 결혼생활을 하기 어렵게 되는 것이다. 다른 사람을 유익하게 하는 일도 힘들다. 더욱이 하나님의 영광을 위한 길을 간다는 것은 더 어렵다.

행복한 가정은 주 안에서 한 몸을 이루는 것이기에 '남자와 아내의 사회보다 더 가깝고 더 완전하며 더 필요하고 더 다정하며 더 즐겁고 더 편안하고 더 불변하며 더 지속적인 사회는 없다. 이 사회는 모든 다른 사회의 근원이며 원천이요 원형이다'라고 한 제이 아이 팩커의 말에 동의한다.[43] 그러므로 결혼은 하나님의 크신 은총이요 선물이다. 이러한 가정생활에서 부부관계는 굴종 혹은 우열 관계가 아니라 애정과 평등과 존중이 가득한 가정이다. 하나님이 아담의 배필을 갈비뼈에서 만든 창세기 2장 22절에 대해 메튜 헨리는 이렇게 주석하였다. "여자는 아담의 옆구리의 갈비뼈 하나로 만들었다. 남자의 머리뼈로 만들지 않은 것은 남자보다 높아지지 않기 위함이요, 남자의 발가락에서 여자를 만들지 않음은 남자에게 짓밟히지 않기 위함이다. 남자의 갈비뼈로 만든 것은 남자와 평등하게 그리고 그의 팔 아래에서 보호받고 그의 심장 가까이에서 사랑을 받으며 지내기 위함이다."

---

[43] J. I. Packer, 청교도 사상, 박영호 역, 기독교문서선교회, 1990, 365.

혹 믿지 않는 남편이나 아내를 배우자로 맞이할 수밖에 없는 처지에 있거나 혹은 결혼하고 난 후에 예수를 믿는 남편이 되었거나 아내가 되었을 경우 믿지 않는 배우자와 갈라섬이 옳은가? 이 부분에 대해서 성경은 뭐라고 교훈하고 있는지를 살펴보자. 혹 믿지 않는 부인을 얻었을 경우 한 가정의 가장으로서 남편은 부인의 구원 문제에 깊은 관심을 가지고 그리스도 앞에 흠이 없는 부인으로 내보여야 할 것으로 가르친다. 부인 역시 믿지 않는 남편을 얻었을 경우 자기로 말미암아 믿지 않는 남편이 구원받도록 주님께로 이끌어주어야 한다. 그리스도와 결합한 성도임을 잊지 말고 신실하게 은혜 안에서 자라도록 불신앙의 남편을 도와야 할 것이다. "… 만일 어떤 형제에게 믿지 아니하는 아내가 있어 남편과 함께 살기를 좋아하거든 저를 버리지 말며 어떤 여자에게 믿지 아니하는 남편이 있어 아내와 함께 살기를 좋아하거든 그 남편을 버리지 말라 믿지 아니하는 남편이 아내로 인하여 거룩하게 되고 믿지 아니하는 아내가 남편으로 인하여 거룩하게 되나니 그렇지 아니하면 너희 자녀도 깨끗지 못하니라 … "고전 7:12~14.

한 남자가 아내를 택할 때 그는 많은 기도를 하고 깊이 생각하여 자신의 가치 체계를 분명히 세울 필요가 있다. 단순히 교회를 다닌다고 해서 결혼에 이르는 것이 아니라 그 상대방의 믿음이 진정한 것인지, 경건의 능력이 있는 거듭난 사람인지를 분명히 해야 한다. 또한 신앙 인격이 어떤지도 살펴야 할 것이다. 아름다운 마음과 인격은 아름다운 얼굴과 육체보다 더 중요하다. 아름다운 마음과 인격이 없는 사람과 결혼하는 것은 재앙을 부른다. 따라서 신앙 인격을 소중히 생각한 그들은 현숙한 여인을 얻는 것이 하나님의 복임을 증거하는 잠언 31장과 벧전 3장 1~7절 말씀을 즐겨 인용하였다. 그러나 우리가 인격 평가를 어떻게 할 것인가? 에 대하여 청교도들은 이렇게 가르쳤다.

> 바람직한 반려자에 대한 소신을 형성하는 현명한 방법은 그들의 평판을 수집하고 그들이 사람 앞에서 어떻게 행동하고, 어떻게 옷을 입으며, 어떻게 대화하는지를 관찰하고, 그들이 어떤 사람을 친구로 사귀고 있는지를 보는 것이다. 이러한 것은 상대가 건강한지 병들었는지를 나타내는 맥박과 같은 것이다. 실제적인 평가를 위해 결혼하려는 남녀들은 먹고, 걷고, 일하고, 놀고, 대화하고, 웃고, 성내고 하는 것을 서로 관찰할 필요가 있다. 그렇지 않으면 자신이 기대한 이하의 사람이나 이상의 사람과 결혼하게 될 수 있다. 부부는 특별히 나이나 사회적 지위, 재산, 지능이 비슷해야 하며, 결혼에 대한 부모의 승락을 받아야 한다. 또한 그들은 하나님께서 상호 간의 사랑과 봉사를 통해 영광 받으시기 위해 서로에게 서로를 주셨다는 확신 위에서 그들 사이의 애정의 결속이 증대하고 있음을 관찰할 수 있어야한다.[44]

이렇게 하여 부부가 된 자들은 서로를 사랑하고 아끼는 자들이 되어야 한다. 고전 7장 4절의 말씀처럼 '아내가 자기 몸을 주장하지 못하고 오직 그 남편이 하며 남편도 이와 같이 자기 몸을 주장하지 못하고 그 아내가 하나니'라는 말씀은 부부의 평등성을 강조하는 것이었고, 이에 기초하여 서로를 엄숙히 사랑할 것을 가르쳤다. 남편은 아내를 모든 자비와 존경으로 즐겁게 하고 대접하기 위해 더욱 힘쓰고 아내의 수고를 자신의 수고

---

[44] J. I. Packer, Ibid, 374

와 같이 보답하라고 로버트 볼톤 목사는 가르쳤다.[45] 그래서 청교도들은 감상적인 애정 표현을 개발해야 하며 진정한 사랑은 명백히 표현되어야 한다고 했다. 이 모든 것 외에 인내가 필요하며, 심지어 간음죄까지도 기꺼이 용서하는 마음을 가져야 한다 고 했다.

청교도의 가정에 대한 이해

왜 청교도들의 가정에 대한 이해를 말하느냐고 의문을 제기할지 모르겠다. 앞에서도 지적한 바와 같이 성경 밖에서 만나질 수 있는 가장 성경적인 사람들이라는 점, 그들은 오직 성경의 교훈을 삶의 모든 영역에서 구현하고자 몸부림친 자들이라는 점이 그들을 소개하는 가장 주된 요인이다. 잉글랜드의 전통과 관습이 기독교적 가치관에 근거하여 형성되게 한 장본인들로서 이 시대를 사는 그리스도인에게 많은 도전과 깨우침을 던진다.

첫째, 청교도는 종교적 공동체로서의 가정을 이해했다

청교도 지도자 중 한 사람인 윌리엄 퍼킨스나 리차드 십스목사는 가정을 일종의 '작은 교회'라고 하였다.[46] 윌리엄 고우지 William Gouge, 1575~1653 목사 역시 '가정은 꿀이 저장되는 교회와 국가의 신학교이며' 또 '다스림과 복종의 제일 원리와 근본을 학습하는 곳'이라고 하였다. 리처드 박스터 Richard Baxter 목사도 '기독교 가정은 교회이며 … 하나님을 보다 더 잘 경배하고 섬기기 위하여 조직된 기독교인들의 사회'라고 규정하였다. 이같은 주장들

---

45 Robert Bolton, *Works*, 1631, 제4권, 520.
46 Richard Sibbes, *Works*, Banner of Truth Trust, 1982, Vol. 2, 354.

은 적어도 기독교인들에게 있어서 가정이 하나의 단순한 사회 구성원 중 가장 기초가 되는 조직으로 간주하기 보다는 하나의 종교적 공동체로 보고 있음을 시사하는 말이다. 즉 교회와 가정을 분리하여 생각하지 않고 상호협력적인 관계를 지닌 공동체로서 가정은 교회의 강단에서 외쳐지고 있는 말씀을 구현하는 현장이요 선포된 말씀이 사회의 구석구석에서 열매를 맺도록 다져지는 실습장으로 보았다. 따라서 교회의 가르침은 가정으로 이어졌고 가정에서의 교육은 삶의 터전에서 꽃을 피운 것이었다. 이렇게 해서 그들은 영국의 얼굴을 만들었다. 사실 청교도들은 상상의 나래를 피는 식의 생활에 관심을 기울이기보다는 실제적이고 구체적인 삶의 현실감에 민감하여 이 땅에서 성경의 진리를 구현하려고 애썼던 것이다. 그것이 가장 구체적으로 나타난 것이 가정이었고, 따라서 가정윤리를 확고히 다진 것이었다. 그 윤리는 이상적인 것이 아니라 매우 구체적인 지침이었음을 그들을 살피면서 보게 될 것이다.

하나님께서 세상을 창조하신 이후에 가장 먼저 조직한 것이 있다면 그것이 바로 가정이다. 가정은 하나님의 창조원리에 속한 것이며, 인간에게 주신 문화명령 즉, '생육하고 번성하라 그리고 땅을 정복하고 다스리라'는 하나님의 명령을 실현하는 창구이다. 하나님을 경외하며 그의 영광을 드러내는 가장 기초적인 단체가 가정이기에 청교도들은 가정을 신앙훈련장이요 창조주 하나님과의 교통이 우선적으로 이루어지는 현장으로 본 것이다. 한 아이가 태어나면 그 아이가 교회에 오기 전에 이미 그는 가정에서 아이를 주신 하나님께 감사와 영광을 돌리는 부모님으로부터 하나님을 듣게 되는 것이다. 따라서 가정은 '그리스도의 학교'이며 이곳에서 우리는 우리에게 필요한 모든 덕목을 습득하며, 필요한 모든 영적 훈련을 실습하는 터전이다. 다시 말해서 우리는 가정에서 무엇이 옳고 그르며, 하나님을 어떻게 섬기는 것이 바른 것이며, 이웃을 내 몸과 같이 사랑하는 것이 무엇인지를 구체적으로 연마해야 한다. 단순한 사회 공동체의 기본적인 조직으로서가 아니라 신앙 훈련장으로서, 그리고 하나님을 배우는 처소로서, 또 모든 기독교 교육의 센터로서의 가정을 이해해야 한다. 이점이 청교도들을 청교도가 되게 한 하나의 거대한 힘이었다.

둘째, 청교도는 가정을 안식과 행복이 깃든 공동체로 여겼다

가정에는 휴식과 행복이 있는 공동체이다. 청교도들은 이 안식과 복이 가정을 제정해 주신 하나님에게서 오는 것으로 믿었다. 리처드 십스Richard Sibbes 목사는 경건한 사람의 처마 밑에 기거하는 사람은 하나님이 복을 수여해 주신다고 말하면서 한 사람이 회개하면 전 가족이 회개하고 돌아오는 실례를 성경에서 끄집어내 설명하였다. 즉 누가복음 19장 9절 말씀을 보면 삭개오의 가정에 찾아오신 예수님께서 "오늘 구원이 이 집에 이르렀으니"라는 말씀과 사도행전 16장 33절의 "자기와 그 권속이 다 세례를 받은 후 … 저와 온 집이 하나님을 믿었다"는 말씀이 시사해 주는 것처럼 한 가장의 회개와 신앙은 전체 집에 미치는 영향이 매우 큼으로 은혜스러운 가정의 중요성을 피력한 것이다.[47] 그러므로 가정은 단순히 숙박의 의미 외에 다른 개념을 추방시키는 '집'House이 아니라 따스함과 안식이 스며드는 '가정'Family으로의 회복이 절실한 것이다. 가정에 행복이 결여되면 사탄은 교묘히 이용하여 불행의 여파를 몰고 온다. 폭력 자녀를 만드는 손꼽히는 첫 요인은 잦은 부부싸움이다. 폭언과 폭행과 다툼이 빈번한 가정은 불행의

---

47   Richard Sibbes, ibid, 354.

씨앗을 품고 사는 집이다. 특히 자녀들 앞에서의 욕설과 폭행은 자녀들을 사랑과 행복의 보금자리, 안식이 깃든 둥지로서의 가정을 보지 못하게 하며 오히려 거리에서 방황하는 비행 청소년으로 전락시키는 것이 된다. 청교도들은 사회의 골격과 도덕적 신경 조직이 가정에서 자녀가 무엇을 보고 배우느냐에 달려있다고 여겼기 때문에 질서와 행복이 깃든 가정은 다른 집단이나 공동체에도 질서와 행복을 파급시키며 가정에 질서와 행복이 없으면 다른 집단이나 공동체 역시 풍기문란에 휩쓸리고 만다고 보았다. 한마디로 건강한 가정은 건강한 사회를 형성하는 것이며 사랑과 행복이 가득 담긴 공동체를 사회 속에서도 구현할 수가 있는 것이다.

이와 같은 가정에서는 남편과 아내의 의무가 실행되고 존중된다. 리처드 박스터는 이점을 다음과 같이 강조하였다.

① 완전히 서로 사랑하라. 그러므로 진실로 사랑스러운 상대를 택하라. … 그리고 당신의 사랑을 소멸할 경향이 있는 모든 일들을 피하라.
② 함께 거하며 서로 즐기라. 그리고 자녀의 교육과 가정을 다스림과 세상의 일의 경영에 조력자로 신실하게 협력하라.
③ 특별히 서로의 구원에 조력자가 되라. 서로 믿음과 사랑과 순종과 선행을 분발시켜라. 죄와 모든 유혹에 대해 서로 경고하며 도우라. 가정예배와 개인예배에 협력하라. 죽음의 접근에 있어서 서로 준비하고 영생의 소망 가운데 서로 위로하라.
④ 모든 분쟁을 피하고 당신이 고칠 수 없는 서로의 약점을 감수하라. 다루기 힘든 정욕을 일으키지 말고 진정시켜라. 그리고 적법한 일들에서 서로를 즐겁게 하라.
⑤ 부부의 순결과 정절을 지키고 질투를 일으킬 수 있는 상대에 대한 모든 부

적당하고 무례한 몸가짐행동을, 그리고 부당한 모든 질투를 피하라.

⑥ 서로 자신의 짐을 지는 것을 도우라 성급함으로 그 짐을 더 무겁게 하지 말라. 궁핍과 시련과 질병과 위험에서 서로 위로하고 부축하라. 그리고 모든 다른 외부의 위로들이 쓸모없이 될 때 거룩한 사랑과 천국의 소망과 의무 가운데 즐거운 동반자가 돼라.[48]

성도의 의무는 무거운 짐이 아니라 즐거운 봉사이다. 따라서 아내를 사랑하는 남편의 의무는 기쁨으로 감당하는 것이다. 남편에 대한 아내의 의무도 마찬가지이다. 서로를 사랑하는 마음에서부터 나오는 복된 봉사이다. 그러므로 부부는 서로를 향한 감상적인 애정의 표현들을 개발하고 즐겨 사용해야 한다. 뜨거운 애정 표현이나 사랑의 고백을 하기 힘들어하는 부부도 존재한다. 그들의 성향이 그렇다고해서 변명이 용납되거나 성경이 그 정당성을 지지한다고 생각하면 오산이다. 하나님의 신실한 자녀는 애정 표현 결핍을 자랑삼아 말하는 스토익 학자들이 아니다. 아내를 즐거워하고 남편을 기뻐하는 것은 부적절한 행동이 아니라 지극히 정상적이다. 이삭이 리브가를 즐거워하였고 조나단 에드워드가 사라를 즐거워하였다. 성경은 이렇게 교훈한다. "네가 젊어서 취한 아내를 즐거워하라 그는 사랑스러운 암사슴같고 아름다운 암노루 같으니 너는 그 품을 항상 족하게 여기며 그 사랑을 항상 연모하라" 잠 5:18~19. 이런 부부는 서로에게 쥐여 잡혀 사는 자가 아니라 서로를 깊이 존중하는 부부이다. 싫음과 짜증이 아니라 기뻐하고 즐거워하며 감사하는 섬김이다. 애정 결핍이 이혼의 큰 비중을 차지한다. 남자는 눈으로 사랑하고 여자는 귀로 사랑한다는 말이 있듯이 남

---

48   J. I. Packer, ibid. 365~7.

편은 아내에게 사랑의 표현을 자주 발설해야 하며 아내는 남편에게 눈에 보이는 사랑의 표현을 개발해야 한다. 이러한 결혼생활을 위해서는 배우자 선정이 정말 중요한 것이다. 앞에서도 이미 언급했지만 다시 한번 강조한다. 헨리 스미쓰 목사가 소개한 배우자 선정 다섯 가지를 보면 결혼생활이 이상 세계에서 일어나는 일이 아니라 현실 세계에서 벌어지는 것이기에 매우 현실적인 도움을 준다. 첫째는 그 여성에 대한 평판을 보라, 두번째는 경건의 모습과 능력을 보라, 셋째가 말이 많은 사람인가 아닌지를 보라, 넷째는 단정하고 검소한지를 보라 그리고 마지막으로 주변 친구를 보아라. 기독교인들조차도 사회적 지위나 학력 및 경제력등을 우선 조건으로 보는 경향이 많으나 많이 배우고 많이 가지고 많은 것을 누리는 자들에게서 파혼상태가 더 많다는 것은 소유의 많고 적음이 행복을 보장하는 것이 아님이 분명한 것이다.

하나님을 사랑하는 행복한 가정을 유지하는 비결은 무엇인가? 당연히 하나님의 말씀에 순복하고 따르며 서로를 향한 깊은 애정 표현과 관심을 잃지 않는 것이라고 말할 수 있다. 그러나 현대인의 삶의 구조가 그런 기회를 갖는 것이 쉽지 않음도 사실이다. 가정을 파괴하려는 마귀의 유혹과 시험 거리는 널려있기 때문이다. 그것을 방지할 가장 좋은 방편은 매일 집에서 온식구들이 함께 하나님 앞에 서는 가정예배이다. 그래서 청교도들은 가정예배 지침서까지 제작하여 성도들의 집을 세상에서 맛볼 수 있는 작은 천국, 그리스도의 교회가 되라고 격려하였다. 기독교 교육의 중심지가 가정이라고 한 것은 여기에 근거하고 있다.

결혼의 목적은 단지 거룩한 자손의 번식만이 아니었다. 따라서 자식이 없다고 해서 결혼을 파기해서는 안되는 것이다. 그러나 결혼의 가장 위대한 축복은 역시 자녀들이며 자녀들을 기도함으로 보살피며 돌보아 주고 하나님의 말씀으로 훈육해야 한다고 했다. 청교도들이 이해한 가족 개념은 단순히 부모와 자식만을 의미하지는 않았다. 가정에서 봉사하는 종들과 부양하고 있는 노인들, 및 때로는 나그네들까지도 포함하였다. 존 게리(John Geree)는 1646년에 쓴 그의 책, The Character of an old English Puritan, Or Nonconformist에서 자기 가족을 모두 하나의 교회로 생각하고 하나님을 경외하는 사람 외에 그 누구도 집안에 들어오지 못하게 하였다. 또 자기 가족 내에서 태어난 사람들은 하나님께로 중생할 수 있도록 힘썼다. 그리고 말하기를 '여러분의 가족 가운데 하나님의 통치를 유지시키라 거룩한 가족은 특별히 세상에서 신앙의 유익을 보존하는 자들이 되어야 한다'고 했다.

청교도들은 가정을 교회와 그리스도의 몸과 비교하여 생각하였다. 그리스도의 몸으로서 교회에는 설교자가 있듯이 각 가정에는 가장이 목사이며, 가장이 가족들의 신앙을 지도하고 가정예배를 인도하되 하루에 적어도 두번은 인도해야 한다고 했다. 이 부분에 대하여 청교도들은 크리스천 가장의 삼중직을 이렇게 설명하였다. '각 가정의 남편은 가족들을 가르치는 선지자요 가족을 위하여 기도하는 제사장이며 가정을 다시릴 왕이다.'[49] 이 부분은 단순히 가정의 머리로서 남편의 특권만 강조한 것이 아니라 남편으로서 책임이 무엇인지를 분명히 하는 것이었다. 사실 가정의 회복은 그리스도께서 세우신 남편의 이러한 권위와 책임의 회복에 달려 있다고 본다.

또 남편의 책임은 주일 날 가족 식구들을 교회의 예배에 데리고 가며

---

[49] P. Arther, 'The Puritan Family', 1997, Westminster Conference.

가정에서 주일을 온전히 성별되게 보내도록 감독하고, 자녀들에게 요리문답을 가르치고 들은 설교 말씀을 얼마나 기억하고 이해하는지를 살피며, 부족함을 보충해 주고, 언제나 모든 문제에 있어서 근실한 모범을 보여야 한다고 했다.

그러나 가정예배를 인도할 수 없는 문맹자들을 돕기 위하여 스코틀랜드에서는 교회 장로들이 대신예배를 인도해 주기도 하였다. 가정예배 시에 이들은 시편 찬송을 부르고 성경을 읽으며^{한 장씩}, 아이들에게 문답^{요리문답} 교육을 하고 기도하고 시편 찬송을 부르고 폐회하였다. 가정예배와 관련하여 유명한 주석가인 메튜 헨리 목사의 부친인 필립 헨리 목사는 이렇게 말하였다. 'Those do well that pray morning and evening in their families; those do better that pray and read the Scriptures; but those do best that pray and read and sing the Psalms.' _{가정에서 아침저녁으로 기도하는 가정은 잘하는 일이다. 그러나 더 좋은 것은 기도하고 성경을 읽는 것이며 최고로 잘하는 것은 기도하며 성경 읽고 시편 찬송을 부르는 것이다. - P. Arther의 강연 인용.} 이같은 가정교육이 잘 되고 있는지를 확인하기 위해서 스코틀랜드 장로교에서는 주중에 한 번씩 장로들이 심방하여 각 구역 식구들 가정에서 점검하고 잘못을 했을 때는 교회에서 치리하는 등 엄격한 규율을 실시하였다_{예를 들면, 서서 예배드리게 한다든지, 수찬금지 등.}

청교도들에게 있어서 교회는 성도들이 모여서 하나님의 말씀을 듣고 배우며 가정이나 직장, 일터에서 실천하도록 고무해주는 청교도 신앙의 근원지라면 가정은 구체적인 신앙훈련장이요 학습장이 되었다. 특히 자녀들의 신앙교육을 강화하는 그리스도의 학교였던 것이며 사회생활은 배우고 훈련받은 대로 살아가는, 그리하여 열매를 거둬 드리는 과수원과 같은 곳이었다. 직업전선에서의 일거리나 집안일이나 먹고 마시는 모든 일들은 하나님의 영광을 위해서 실행되었고 하나님의 완전한 뜻을 추구하며 행하여겼다.

가정예배 지침서가 주는 교훈

이제는 가정예배에 대한 글을 상세히 소개함으로써 신학이 삶의 현장에서 어떻게 스며들게 되는지를 다루고자 한다. 가정예배에 대한 글은 내가 섬기는 한국개혁주의설교연구원 32기 정기 세미나에서 다루었던 논문을 토대로 재구성한 것이다. 본 글은 스코틀랜드 장로교회의 「가정예배 지침서」에서 강조하고 있는 가정에서의 신앙교육의 원리가 어떠한 것이며 어떻게 실천하도록 이끌었는지를 소개하며 건강하고 경건한 가정 세우기를 추구하는 이들에게 작으나마 도움을 주고자 한다. 감사한 것은 장대선 목사의 『교회를 세우는 가정예배』라는 책을 통해서 큰 도움을 얻게 되었음에 감사하다.[50]

하나님의 말씀을 이루어가야 할 교회의 일꾼은 하나님의 말씀이 성도 개개인의 가정에서 어떻게 작동되고 있는지, 삶의 현장에서 어떻게 적용시키고 살아가는지를 잘 살펴야 한다. 그러나 세상의 거센 물결을 저항할만한 힘을 배양시켜 줄 수 있는 '그리스도의 학교'인 가정에서의 경건훈련이 부재한 상황을 방치하고 있는 한 교회는 더욱 하나님의 진리가 없는 종교인들의 집단으로 전락되고 결국은 지상에서 소멸되고 말 것이다. 더욱이 교회는 진리의 기둥과 터이기 때문에 주님의 진리가 사회 구석구석에 도배되게 해야 할 책임이 있음에도 불구하고 문제의 심각성은 진리의 기둥과 터인 교회조차도 진리가 설 자리가 없다는 사실이다. 진리 대신 일리 있는

---

50 장대선, 교회를 세우는 가정예배, 2017, 고백과 문답.

소리나 실리 추구가 현대교회 생존의 결정적인 역할을 하게 된 것이다. 단순히 심리적 안정과 세속적 가치 추구 혹은 누림을 포기하고 싶지 않은 현대인의 가려운 귀를 열심히 긁어주는 자들이 교회 리더십을 차지하고 있는 한 성경으로 돌아가자는 교회 개혁은 불가능한 것이다.

그럴지라도 개혁교회 목사로서 해야 할 광야의 외치는 자의 소리를 내며 실질적으로 변화를 일으킬 가정에서의 경건 훈련과 그 도구로서 가정예배 지침서를 활용하는 방안을 다루고자 한다. 가정이 하나님의 말씀이 지배하는 가정이 되게 해야 한다. 그것이 곧 세상에서 빛과 소금으로 살아가게 하는 원천이 된다. 어려서부터 성경을 알게 된 디모데의 영적 텃밭은 가정에서 그를 훈련시킨 어머니 유니게와 외할머니 로이스의 영향이었다.[51] 필자의 목회사역에서도 강조하며 아이들의 신앙교육을 어떻게 할 것인지를 실험한 결과는 놀라웠다. 가정예배를 통해서 신앙교육을 받은 아이들과 그렇지 않은 아이들의 교회 생활이 완연히 달랐기 때문이다. 입에서 나오는 말이 달랐고 품행 자체도 달랐다. 교회에서 예배하는 자세 역시 말할 것도 없이 두드러졌다. 하나님을 사랑하는 아이들이 되어갔다. 나는 그 힘이 가정에서의 경건생활에 있다고 믿는다. 더욱이 역사적으로 17세기 청교도들이 교회개혁의 이상 실현을 위해서 강조하였던 안식일성수와 가정에서의 경건생활 실천을 통해서 영국의 얼굴을 새롭게 바꾸었다는 증거가 오늘 필자의 주장을 뒷받침하고 있다. 이에 대한 자세한 내용들, 특히 가정에 관한 청교도들의 견해를 꼭 숙독하기를 소망한다.[52]

---

51 딤후 1:5 '이는 네 속에 거짓이 없는 믿음을 생각함이라 이 믿음은 먼저 네 외조모 로이스와 네 어머니 유니게 속에 있더니 네 속에도 있는 줄을 확신하노라.'
52 서창원, *청교도 신학과 신앙*, 지평서원, 2013, 16~17장 참고.
Joel Beeke and Mark Jones, *청교도 신학의 모든 것*, 부흥과 개혁사, 2015, 976.

웨스트민스터 종교회의에서 작성된 공예배 지침서 외에 스코틀랜드 장로교회는 1647년에 「가정예배 지침서」를 작성하여 배포하였다. 웨스트민스터 종교회의에서 작성된 것은 아니었지만 종종 웨스트민스터 표준문서에 포함되어 인쇄되었다. 그 목적은 제목 자체에서 찾아질 수 있듯이 '은밀한 사적 예배에 있어서 경건생활과 교회의 통일성을 위하여 그리고 분열과 분쟁을 막기 위함이었다.'[53] 그 서문에 보면 이것이 매우 '시급한 현안'이었던 것은 성도 개개인의 가정마다 일치된 신앙고백을 따라 주님의 하나 인 교회를 스코틀랜드에 견고하게 세우고자 했기 때문이다. 그리하여 총회는 1647년에 가정예배 지침서를 작성하고 목사들과 장로들에게 이 지침서 대로 가정에서 경건훈련이 실천되도록 특별히 당부하였던 것이다.[54] 사실 이것은 웨스트민스터 문서를 1648년 11월 글라스고 총회에서 교단의 신앙문서로 채택한 것보다 1년 전에 먼저 정한 것이다. 그 이유가 무엇일까? 이것은 스코틀랜드 총회가 1643년에 맺은 '엄숙동맹과 언약'을 통해서 잉글랜드와 스코틀랜드 및 아일랜드에 하나 된 교회를 세우고자 하는 염원을 달성하기 위한[55] 절실한 토대로 간주했기 때문으로 보인다. 가정예배

    Strauss Gerald, Luther's House of Learning: Indoctrination of the Young in the German Reformation . Baltimore: Johns Hopkins University Press. 1978.

53 APPROVED BY THE GENERAL ASSEMBLY OF THE CHURCH OF SCOTLAND, FOR PIETY AND UNIFORMITY IN SECRET AND PRIVATE WORSHIP, AND MUTUAL EDIFICATION, AND AVOIDING SCHISM AND DIVISION, WITH AN ACT OF THE GENERAL ASSEMBLY 1647 FOR OBSERVING THE SAME.

54 The Directory for Family Worship, James Begg society, http://www.jbeggsoc.org.uk

55 세 나라의 종교적 통일성이 1643년 엄숙동맹과 언약(The Solemn League and Covenant)의 목적이었지만 시민전쟁에서 승리한 잉글랜드는 이 동맹을 깼다. 오직

지침서를 작성하게 된 목적이 이를 뒷받침하는 것이라고 본다.

장로교회의 기틀을 확고히 다질 수 있으며, 실질적으로 교회의 분열과 분리를 방지하고 하나 된 통일성을 이루는 기본은 무엇보다도 신학적 기조가 동일해야 하기 때문에 어려서부터 아이들에게 교육효과와 믿음의 계승을 위한 최고의 방편으로 가정예배를 꼽은 것은 매우 지혜로운 결정이었다. 동시에 가정에서의 신앙교육은 성경에서 유유히 흘러내리고 있는 교육사상임을 누구도 부정할 수 없다. 그것이 학교가 할 일이라고 한다면 성경은 그 점에 대해 분명한 지침을 언급하였거나 그것을 유추할 수 있는 특정한 기관 설립이 이루어졌다는 언급을 찾아볼 수 있을 것이다. 그러나 선지자들이 세운 학교는 선지생도들을 훈련시키는 것 외에[56] 자녀교육을 위한 학교 설립은 성경 어디에도 근거 삼을 단서가 없는 것이다. 앞에서도 지적하였듯이 성경에서 자녀교육은 첫째도 둘째도 셋째도 다 부모의 책임이다.

따라서 조상들이 섬겨온 하나님을 후손들에게 계승 발전시켜 가는 최적의 환경은 가정에서의 경건생활이다. 스코틀랜드 교회가 제정한 가정예배 지침서에 대한 해설 책을 쓴 장대선은 서문에서 이렇게 언급하고 있다. '1647년 스코틀랜드에서 채택한 가정예배모범은 … 교회적인 여건이 참되고 바른 신앙의 길에서 이탈해 있을지라도 여전히 바른 신앙을 추구할 수 있는 가장 확고한 실천의 지침을 제공한다 하겠다.'[57] 그리고 이 실

스코틀랜드만 장로교회를 국교로 지키는데 성공하였다. 그 이후에 수많은 장로교인들이 순교를 당하는 수난의 역사(1661~1688년, 살인시대, 18000명)가 있었지만 지금까지 세계에서 유일한 장로교 국가로 남아있다.

56 왕하 2:7, 4:38, 6:1을 보라.
57 장대선, 교회를 세우는 가정 예배, 고백과 문답, 2017, 10. 장대선은 '가정예배모범'으로 번역하였지만 필자는 '가정예배 지침서'로 번역한다. 영어의 Directory는 모범의

천 사항이 잘 시행되고 있는지를 점검하는 것이 장로들의 심방 사역이었다. 가정에서 성경 읽기와 기도 생활, 신앙 서적 읽기 등 자녀 훈련을 위한 부모의 책임과 자녀들의 순종여부 등을 언제나 점검하며 동일한 신앙고백 위에 동일한 신앙 실천 사항들을 구현해 나간 것이다.[58] 사실 가정에서 경건훈련이 결여되면 공예배가 하나님이 기뻐 받으시는 신령한 예배가 된다는 것은 기대하기 어렵다. 공예배의 감격과 감동은 예배자들의 경건생활과 밀접한 것이다. 그런 의미에서 가정예배 지침서는 교회 공동체의 신앙의 통일성만이 아니라 신앙의 성숙을 위한 유용한 도구라고 말하지 않을 수 없다.

그렇다면 가정예배 지침서가 주는 교훈적 적용점은 어떤 것인가? 첫째는 가정예배 지침서는 개인적 및 사적으로 예배하는 일을 돕기 위한 것과 둘째는 성도들 간에 상호 건덕에 관한 경건생활을 고취하고 교회의 통일성을 이루고자 한다는 목적을 적시하였다. 이것은 개인적으로 경건에 이르는 연습을 하도록 권장할 뿐 아니라 그것이 교회의 신앙적 일치와 연합을 이루는 방편임을 분명히 하고 있는 것이다. 사실 당대에는 로마가톨릭으로부터 분리가 된지 그리 오랜 시간이 흐른 것이 아니었기 때문에 미신적이고 우상숭배적인 종교적 관습들이 곳곳에 남아 있었다고 볼 수 있다. 더구나 중세교회의 전통은 사제주의에 깊이 물들어 있었기 때문에 사제를 통한 하나님께 나아감이 아니면 개인적으로 하나님께 나아간다는

의미보다 매뉴얼과 같은 지침서, 혹은 사용설명서와 같은 것이기 때문이다. 가정예배를 이렇게 수행해야 한다는 지침들을 성도들에게 분명하게 심어주는 의미가 있다.

58 이들이 어떻게 가정에서 생활하였는지에 대해서는 좀 더 다루겠지만 G. D. Henderson의 *17세기 스코틀랜드의 종교생활*(*Religious Life in Seventeenth - Century Scotland*, 2011, Cambridge)이라는 책을 보면 잘 알 수 있다.

것이 익숙한 모습이 아직도 아니었다고 볼 수 있다. 그러므로 가정에서의 경건생활을 실천하는 것은 더 이상 사제를 통하지 않고 하나님과 사람 사이의 유일한 중보자이신 예수 그리스도를 통해서 얼마든지 은혜의 보좌 앞에 담대하게 나아갈 수 있음을 보여주는 것이다. 이것이 사제들의 손에 달려 있는 종교생활을 일반 성도들이 말씀 중심의 신앙생활로 귀결되는 중요한 역할을 감당한 것이라고 본다. 그렇기 때문에 하나님께 나아가는 방식에 있어서 혼란과 무질서를 피하고 동일한 신앙고백과 실천으로 개혁 교회의 통일성을 추구하고자 하는 열망이 교회 지도자들에게 있었던 것이다. 그러한 이유로 종교개혁이 발발한 이후로 신학적 논쟁이 끊이지 않았으며 성경적인 바른 신학적 입장 표명이 무엇보다 시급했던 것이다. 다양한 신학적 입장들과 복잡한 교회정치 문제들 때문에 웨스트민스터 종교회의가 5년 8개월이라는 긴 시간을 소요하게 된 이유라고 본다.[59] 그러나 장로교도 입장에서 회의가 마쳐지기까지 기다리기보다 먼저 「가정예배 지침서」를 발간함으로써 스코틀랜드 교회 내에서만이라도 동일한 장로회 정치체제 하에 신학적 통일성을 꾀할 필요성이 있었던 것이다.

이 일을 효과적으로 성취할 수 있는 방안을 무엇보다 개개인의 사적 예배 즉 개인경건훈련에 두었다는 것이 주목할 현상이다. 식구들이 함께 예배하는 행위 외에 개별적인 개인 경건생활을 강조한 면이 흥미롭다. 어차피 신앙은 개인적인 것이지 집단 문제는 아니다. 집단적 모임에 참여하는

---

[59] 1643년 7월 1일~1649년 2월 22일까지 5년 7개월 22일 동안 웨스트민스터 아비에서 개최되었다. 121명의 목사들과 의회 의원들로 구성된 평신도들 30명을 합해 총 151명의 총대들이 모여서 1163번의 회의를 거쳐 일명 웨스트민스터 표준문서를 제작하였다.

것 자체가 거듭남의 증표는 아니다. 개별적으로 주님과의 교제가 없는 단순 공적 예배 참여 자체로만 신앙의 진정성을 내세울 수 있는 것은 아니기 때문이다. 홀로 하나님을 앙망하는 시간, 은밀한 중에 보시는 하나님 앞에 은밀하게 나아가 교제하는 시간을 가지는 것은 당연한 일이지 유별난 자들의 특별한 것은 아니다. 이것은 사람들에게 보이기 위한 것도 아니다. 그러므로 바리새인들이나 서기관들의 기도 습관과는 다른 것이다. 혼자서 찬송도 부르고 혼자서 성경도 읽고 혼자서 기도하는 시간을 명시한 「가정 예배 지침서」의 지적은 거듭난 그리스도인이라면 당연히 해야 할 매우 유용한 덕목이다. 경건훈련은 집단훈련도 가능하지만 개인 연습이 배제된 집단훈련은 효력이 감소된다. 마치 학교 공부만 하고 집에서 놀기만 하는 학생이 우수한 성적을 낼 수 없는 것과 같은 것이다. 반드시 개인 학습이 수반되어야 학교 공부가 더 빛을 낼 수 있다. 영적인 삶도 마찬가지이다. 한국의 교회들이 개혁되지 아니하는 것은 교회가 무의미한 외침을 해서만이 아니다. 그보다 근본적으로 개인 경건생활의 결핍에 기인하는 것이다. 물론 신실한 말씀 선포가 뒷받침되어야 개인 경건생활을 촉진할 수 있는 것이 맞다. 그러나 선포된 진리가 들은 청중의 속에서 역사하게 하려면 개인의 경건 훈련으로 이어져야 한다. 그렇지 않으면 단지 예배 의식에 치중하는 '성전 중심적' 종교 생활에만 익숙한 자가 된다. 다시 말하면 교회 공동체의 움직임이 예전 중심의 형식에 치우치게 할 뿐 영향력 없는 종교단체라는 명목만 남게 하는 것이다.

당시 장로교 지도자들은 더욱이 이 일의 심각성을 깨닫고 가정에서의 경건생활 실천이야말로 '국가적인 영적 개혁으로' 이어지게 될 것을 내다 본 것이다. 즉 그들은 성도 개개인의 경건생활과 가정에서의 예배 실천이 전 국가적인 개혁운동의 성공으로 이어질 수 있음을 확신한 것이다. 그

러한 이상을 안고 총회가 정한 이 규칙에 의한 첫 번째 조항은 다음과 같이 명시하고 있다.[60]

> 하나님의 자비로 이 땅에 순결하게 세워진 교회의 공적 예배 외에도 각 개인에게는 개인예배가, 그리고 각 가정에게는 가정예배가 강조되고 드려져야 하는 것은 필수적이며 유익하다. 국가적인 [영적] 개혁과 함께 개인과 가정이 다 함께 경건의 능력과 실천면에서 진보해야 할 것이다. 첫째, 개인예배는 가장 필수적인 것으로, 모든 개인은 기도와 묵상에 자기 자신을 드려야 할 것이다. 개인예배에서 오는 유익은 형용할 수 없을 정도로 많으며, 오직 그것을 성실히 실행하는 자만이 그러한 유익을 맛볼 수 있다. 그 시간에 개인은 특별한 방식으로 하나님과의 교통을 체험하며, 자신에게 주어진 다른 모든 의무에 대해서도 올바로 준비될 수 있다. 그러므로 목사들은 모든 사람이 아침저녁마다, 아니면 하루 중 다른 시간에 이것을 시행하도록 반드시 권장해야 한다. 뿐만 아니라 각 가정의 가장the head of the family들은 자기 자신뿐 아니라 모든 가족이 개인예배를 매일 성실하게 시행하고 있는지 세심하게 돌봐야 할 책임을 가지고 있다.

이 조항은 개인 경건생활의 중요한 효과를 두 가지 측면에서 기록하고 있다. 하나는 '특별한 방식으로 하나님과의 교통을 체험한다.' 둘째는 '자신에게 주어진 다른 모든 의무들에 대해서 바르게 준비된다.' "특별한 방식"이란 무엇을 뜻하는 것인가? 장대선의 해설은 '개인예배를 통해 신자들은 공적인 예배를 통해서보다 훨씬 세밀하며 인격적인 방식으로서

---

60 본 내용은 양의문교회 목사 김준범이 번역한 것이다.

의 특별함으로 하나님과의 교통'으로 보았다.[61] 사적인 경건시간을 통해서 개별적으로 신자가 누리는 은혜가 특별하다는 것은 자신과만의 독단적인 교통함, 즉 '세밀하며 인격적인 방식'으로의 만남이 가능하기 때문이다. 공예배는 형식에 제한을 받지만 사적 예배는 형식에 매일 필요가 없다. 공적인 시간은 회중 전체를 위한 하나님과의 만남이지만 사적 예배는 개별적인 만남이기 때문에 더 적실성과 적용점이 자기의 것이 된다. 다른 지체를 신경 쓰지 않아도 된다. 더욱이 공적 예배는 회중 전체를 위한 것이기 때문에 말씀 선포자가 필요하고 교회 직분자들이 있어야 한다. 그러나 사적 예배는 목사나 장로가 필요한 것이 아니다. 또한 시간제한을 받을 필요가 없으며 예배자의 태도나 자세 역시 자유롭다. 물론 무례한 자세나 언사로 나아갈 수 있는 것은 아니지만 얍복강 가에서 밤이 맞도록 씨름하던 야곱처럼 하나님과 겨뤄 이길 수 있는 예외적인 복도 받을 수 있는 것이다. 그러므로 특별한 방식으로 하나님과 교통하는 특권을 가지며 그 효과는 가히 혁신적일 수 있다.

또한 개인 경건생활은 주님의 몸에 붙어 있는 지체로서 주님의 몸을 온전히 세워 가는데 감당해야할 공적인 의무와 한 가정의 가장으로서 수행해야 할 의무를 잘 실천할 수 있도록 도움을 얻게 되는 것이다. 특별히 「가정예배 지침서」는 각 가정의 가장으로서의 역할인 식구들 각자가 '개인예배를 매일 성실하게 시행하고 있는지 세심하게 돌봐야 할 책임'을 언급하고 있다. 오늘날처럼 가장들이 다 중 고등 및 대학과정을 마친 부류의 사람들이 거의 없었기 때문에 가정예배를 통해서 식구들을 은혜의 보좌 앞으로 인도하는 것과 식구 개개인이 개인 경건 시간을 가지도록 관리

---

61 장대선, *교회를 세우는 가정예배*, 36.

감독하는 일은 결코 쉽지 않은 부분이었을 것이다. 그럼에도 불구하고 이 일을 가장家長에게 당부한 것은 가정의 머리가 반드시 해야 할 의무라고 보았기 때문이다. 이 일을 수행하도록 목사들은 모든 가장들에게 주지시켜야 하는 것이다. 오늘날 교회 개혁의 지지부진함은 다 개인 경건생활도 줄어들고 가정에서의 신앙교육이 배제되어 있는 상황이 빚어낸 필연적인 현상이라고 밖에 다른 설명이 없다고 보여 진다. '지상에서 가장 완벽한 그리스도의 학교'가[62] 제네바 아카데미였다면 스코틀랜드 장로교회는 당시 지상에서 가장 완벽한 교회 형태였다고 말할 수 있을 정도로 통일된 신앙고백과 예배모범 위에 세워진 교회였다.

위의 이 교훈은 사적인 경건시간은 물론이거니와 가장으로서 가정을 이끄는 영적 책임에 대한 무지와 무실천이 탈신학화 현상과 교파의 난립을 설명하는 원인이 되며 영향력 없는 무능 기독교에 대한 처방책이라고 말 할 수 있다. 장로교회를 표방하는 교단마다 임직식에서 웨스트민스터 신앙고백서와 대소요리문답을 성경에 준하는 가르침으로 믿고 따른다는 서약은 다 한다. 그러나 그 내용이 무엇인지를 가르치는 교회는 극히 드물다. 그렇기 때문에 서약과는 달리 실지로 개인의 신앙생활만이 아니라 교회의 모든 활동들이 신앙고백서의 교리적 가르침과는 동떨어진 것이 대부분이다. 개인 경건생활만 해도 그렇다. 웨스트민스터 신앙고백서는 '모든 장소에서 신령과 진리로 하나님께 예배해야 할' 필요성을 언급하면서 "각 가정에서 매일 은밀하게 예배하듯" 공예배에서는 더 엄숙하게 예배해야 할 것

---

[62] 존 녹스가 칼빈의 제네바 아카데미를 평가한 말이었음.

을 언급하였다.[63]

　가정에서의 사적 경건시간과 식구들과 함께 하는 가정예배의 중요성이 시급하게 회복되어야만 교회개혁의 외침이 효과를 발할 것이다. 실천적으로 교회의 공적 예배가 형식주의만 남고 성경이 펄펄 살아 있는 진리로서 영향력을 발휘하지 못하는 이유가 가정에서의 경건생활의 태만이 빚어낸 필연적인 결과라고 보아도 틀리지 않을 것이다. 가정에서 특별한 방식으로의 하나님과 교통하는 은혜를 경험한 사람이 "야곱의 모든 거처보다 시온의 문을 더 사랑하시는"시 87:2 하나님과의 교통을 생생히 누리게 되는 것이다. 그러한 실천적 개혁이 국가적으로 단행된 곳이 스코틀랜드 장로교회였다. 그들의 선조들이 기대한 꿈이 한갓 이상으로 남은 것이 아니라 구체적인 현실로 열매를 맺었다. 그러나 그들 조상들이 남겨준 그 아름다운 유산을 망각해 버린 지금의 스코틀랜드나 그런 유산이 있는지조차도 모르고 설사 안다고 해도 잘 가르치지 못한 한국의 장로교회의 영적 무기력함과 피폐함에 대한 처방전이 무엇인지를 충분히 짐작할 수 있는 것이다. 구약 시대의 이스라엘처럼 하나님의 강력한 역사하심을 맛본 나라가 어디에 있었는가? 그러나 그들이 주의 법을 떠나갔을 때 그들에게 남은 것이 무엇이었는가? 그 화려한 솔로몬 성전조차도 돌 위에 돌 하나 남지 않고 다 파괴되어 버린 것이다. 시편 기자가 고백하고 있듯이 "터가 무너지면 의인이 무엇을 할꼬 여호와께서 그 성전에 계시니 여호와의 보좌는 하늘에 있음이여 그 눈이 인생을 통촉하시고 그 안목이 저희를 감찰하심"시 11:3-4을 기억해야 한다. "경건한 자가 끊어지고 충실한 자가 인생 중에 없어지는"시 12:1 현실이지만 개인 경건생활과 가정예배의 회복은 교회의 파

63　웨스트민스터 신앙고백서, 21장 6항.

멸과 국가의 타락을 방지하는 첩경인 것이다.

「가정예배 지침서」에서 명백하게 지적하고 있는 가정에서 가장의 제사장적 혹은 목회적 기능은 한국 그리스도인들에게는 거의 존재하지 않는 이 농후한 현실을 어떻게 할 것인가? 회복하는 것밖에 없다. 강조되고 설파되어야 한다. 성경은 분명하게 매우 두려워해야 할 만큼 섬뜩하게 선언한다. "자기 집을 잘 다스려 자녀들로 모든 단정함으로 복종케 하는 자라야 할지며 사람이 자기 집을 다스릴 줄 알지 못하면 어찌 하나님의 교회를 돌아보리요"딤전 3:4-5, "누구든지 자기 친족 특히 자기 가족을 돌아보지 아니하면 믿음을 배반한 자요 불신자보다 더 악한 자니라"딤전 5:8.

교회의 지도력 위치에 있는 자들은 반드시 자기 집을 잘 다스릴 줄 아는 자라야 한다. 이것을 아니라고 거부할 용감한 자가 누가 있겠는가? 그러나 한국의 교회는 이 사실을 너무나 많이 무시한다. 가정에서 경건생활을 힘쓰지 아니하고 식구들을 은혜의 보좌 앞으로 이끄는 목회적 사명을 철저하게 외면하고 있어도 교회에서 리더십을 발휘하는 자리를 차지하는 것이 가능한 현실이다. 그것은 결국 "진리의 기둥과 터"인 교회에 하나님의 진리가 있을 곳이 없게 만들었다. "자기 가족을 돌아본다"는 말이 단순히 가족들이 필요한 물질적인 것들을 제공하는 것만을 의미하지 않고 영적인 필요까지를 포함하는 것이다. 그렇지 않으면 '믿음을 배반한 자'라거나 또는 '불신자보다 더 악한 자'라는 말을 할 필요가 없을 것이다.

한국사회에서 믿음의 가장으로 살아가기가 결코 쉽지 않은 현실을 이해 못하는 것은 아니지만 식구들의 영적 상태를 전혀 다루지 못하는 무능한 가장들이 된 모든 책임은 목회자에게 있다. 교회는 반드시 사적인 신앙생활과 경건에 이르는 훈련을 강조할 뿐 아니라 가장으로서 가정을 '그리스도의 학교'로 만들어가는 책임 수행을 강조해야 한다. 그러나 목회자들 자신도 자녀들을 주의 교양과 훈계로 잘 양육하는 일들을 못하여서 교회 주일학교에서 말썽쟁이들 상당수가 목회자와 중직자들의 자녀들이라는 말이 통용되는 현실이 되고 말았다. 목회자들과 중직자들 자녀들만이라도 올바른 믿음생활을 하도록 잘 양육되어 성장되었다면 교회의 뿌리는 든든하게 남아 있을 것이다. 교회의 부패와 타락이 가속되고 있는 것은 앞에서 지적한 개인 경건생활과 가정예배의 중요성을 제대로 가르치지 못한 목회자들의 책임과 또 성도들이 하나님의 말씀을 따라 살지 아니하고 세상의 유행과 풍습을 좇아 살아가는 것을 당연하게 여기는 풍조 때문인 것이다.

가장으로서 가지는 목회적 책임에 대하여 「가정예배 지침서」에는 한 가지 더 강조하고 있는 것이 있다. 그것은 8항에 언급된 부분인데 내용은 이렇다.

> 공예배와 기도 시간이 끝나면 가장은 그들이 들은 말씀에 관하여 다시 설명해야 할 것이다. 그 후 나머지 시간은 교리 교육을 하거나 하나님의 말씀을 놓고 영적 토론과 나눔의 시간을 가질 수 있겠다. 또는 각자 성경을 읽거나, 묵상, 개인기도 등을 통하여서 하나님과의 교제를 증진시키는데 사용해야 할 것이다.

여기서 강조하는 세 번째 임무는 주일에 공적 예배가 끝난 후에 식구들에게 그날 선포된 하나님의 말씀에 관하여 다시 설명하며 강조하는 일이다. 그리고 나머지 시간을 교리 교육을 시키는 일과 하나님의 말씀을 가지고 영적인 대화 시간을 가지는 일을 주도하는 것이다. 이 일이 우리에게 주는 도전은 크게 두 가지이다. 하나는 현재 한국의 교회가 이 일을 할 수 있게 하지 못하는 시스템을 전폭적으로 바꾸라는 것이다. 즉 주일학교 예배와 장년들을 위한 예배의 분리는 가정에서 가장이 할 수 있는 역할이 없는 상황을 전면적으로 수정해야 한다. 물론 현 상황에서도 할 수 있는 것이 있다. 그것은 가장이 아이들이 참여하는 주일학교 예배에 동참하여 아이들이 무슨 말씀을 듣고 있는지를 살펴서 집에서 아이들에게 들은 말씀을 물으며 대화를 나눌 수 있는 것이다. 그러나 이것은 권장사항이 될 수 없다. 안하는 것보다는 나은 것이지만 신학적 훈련이 덜 된 신학생들이나 목회적 경륜이 약한 부 교역자들의 설교와 가르침의 취약성 때문이다. 물론 탁월한 부교역자들도 있다. 그러나 그들의 덜 익은 지식만이 문제가 아니라 더 중요한 것은 교회의 목자는 담임목사라는 것 때문이다. 아이들도 부모와 함께 담임목사의 설교를 들어야 한다. 즉 이른바 '세대통합예배'가 가장 바람직한 것이라는 도전이다. 이에 대한 논의는 또 다른 논문 주제가 되겠지만 성경에서 강조하는 것은 세대 간의 분리가 아님은 분명하다.

그리고 또 한 가지는 가장의 영적 수준 끌어올리기이다. 교리를 가르치고 성경을 읽고 영적인 토론을 주도할만한 실력을 갖춘 가장들이 얼마나 될 것인가? 17세기 스코틀랜드 가장들 중에도 문맹률이 높은 상황에서 그와 같은 일을 할 수 있는 인재들이 절대 부족하였다. 그럼에도 불구하고 「가정예배 지침서」에서 가장의 역할을 크게 강조하고 있는 것은 그만큼 교회개혁과 하나 됨 형성 및 국가적 개혁에 중요한 요인이라는 것 때문이다. 교육시킬만한 자질과 역량이 부족한 현상을 그들은 어떻게 치유해 나갔는가? 「가정예배 지침서」에서 권면하고 있는 것은 이것이다.

4항. … 또한 가정예배를 인도하는 것은 가장에게 속한 것이므로, 목회자는 게으른 자[가장]는 분발시키고 연약한 자는 훈련시켜서 그들이 자기의 책무를 잘 감당할 수 있게 해야 할 것이다. 필요하다면 노회의 인준을 받아 가장과 가족들을 훈련시키며 **가정예배를 인도할 사람을 자유롭게 임명**할 수 있겠다. 또한 가장이 예배하기에 부적합한 경우에는 집안에 꾸준히 머물러 있는 가족 중 한 사람이 예배를 인도할 수 있도록 목사나 교회에 의해서 임명될 수 있으며, 이때 목사나 교회는 이 일에 대하여 노회 앞에 책임을 질 것이다. … *굵은 글씨는 필자의 것

목사가 '노회의 인준을 받아' 가정예배를 인도할 자를 임명할 수도 있고 '목사나 교회에서' 식구들 중에서 예배인도 할 자를 임명할 수 있게 한 것이다. 그리고 그 일에 대한 책임은 노회 앞에서 목사나 교회가 져야 함을 명시하였다. 이것은 공교회 개념, 즉 교회의 하나 됨이 없는 범 노회적 관심사로 나타나질 수 없는 일이다. 실지로 스코틀랜드에서는 무식한 가장이 되어 예배를 인도하거나 성경을 읽어줄 수 없는 경우 장로를 파송하여 대신 가정예배를 인도하게 하였다. 그렇게 할 때 생길 부작용에 대해서 미리 인식하고 주의사항을 이렇게 적시하고 있다.

6항. 가정예배 시에는 사적인 문제들은 지켜주어야 하며, 가정에 방문 중이거나 식사에 초대받은 손님들, 또는 기타 합법적인 몇몇 경우들에 의해서 가정예배에 꼭 초대되어야 하는 경우가 아니라면 다른 사람들을 가정예배에 참여시킬 이유는 없다.

사적인 문제들, 개개인 가정사 문제들이 공론화되는 것을 피해야 함을 보여준다. 심지어 가정에 방문한 손님들조차도 가정예배에 참여시킬

이유가 없다고 명시함으로서 가정의 프라이버시를 지켜주는 것을 볼 수 있다. 물론 오늘날은 글을 읽을 줄 몰라서 가정예배를 인도할 줄 모르는 이는 없을 것이다. 글을 읽을 줄 아는 이들도 가정예배를 인도할 수 없는 자들이 있다. 그들은 어떤 자들인가? 다음과 같이 언급하고 있다.

> 5항. 누구든지 부르심을 받지 못하여 기독교 신앙을 알지 못하는 자나 믿음의 형식만을 가지고서 방황하는 자는 가정예배를 인도하도록 하지 말아야 할 것이다. 그러한 자들은 오류들을 가지고 있거나 분열을 일으킬 수 있으므로 오히려 들어와서 어리석고 불안정한 영혼들을 타락시키게 될 수 있다.

그러므로 이제라도 목회자들이 개인 경건생활과 가정에서의 가정예배를 통한 영적 힘을 배양시키는 일을 할 수 있도록 혁신적인 조치를 감행해야 하는 것이다. 사회에 영향을 끼칠 수 있는 도화선을 개인 경건훈련과 가정예배에 두어야 하는 것이다. 개인 경건생활의 실패는 가장으로서의 가정 목회적 기능 마비를 불러일으키고 그것은 곧 교회의 자정능력 상실과 세상에 아무런 힘을 쓸 수 없는 종교집단으로 남을 뿐이다. 이같은 사실을 미리 감지한 스코틀랜드 장로교회의 지도자들은 가정예배 지침서에서 개인 경건생활과 가정예배가 공예배에 미치는 영향과 효과가 어떠한 것인지를 잘 제시하고 있다.

> 8항. 주일에는 모든 식구들이 개인으로서 그리고 가정으로서 하나님을 찾고 구하여 공예배에 자신들이 합당하게 되도록 사람의 심령을 준비시키시는 분도 하나님 한 분 뿐이시므로, 그리고 공적 예배와 사역 위에 복 내려 주시기를 간구한 뒤에, 가

장은 모든 가족들이 공예배에 참석하여 자신과 모든 가족들이 교회의 일원이 되도록 돌봐야 할 것이다. … 이렇게 함으로써 성도들은 공예배의 유익과 복락들을 더욱 잘 간직하고 증진시킬수 있으며, 자신들도 영생에 이르기까지 교화될 수 있는 것이다.

8항이 강조하고 있는 점은 공예배를 위해 교회당에 오기 전에 가족의 일원들이 다 하나님을 찾고 합당한 예배자들이 되도록 준비할 뿐 아니라 목사의 사역이 온 회중에게 하나님의 복이 임하게 되기를 기도하는 것이다. 그렇게 준비하고 나오는 사람들과 아무런 준비 없이 예배당에 오기 급급해 하며 허겁지겁 나아오는 자들에게 임하는 복은 분명 차이가 있다. 준비하는 자들이 많은 교회 위에 임하는 하나님의 복과 그렇지 못한 자들이 많은 교회 위에 임하게 되는 하나님의 복은 분명히 다르다. 왜냐하면 우리 주님은 사모하는 심령을 만족케 하시기 때문이다시 107:9.[64] 이는 가정이 경건하면 교회 역시 경건의 기묘한 맛을 언제나 풍성히 누릴 것임을 확신하는 것이다. 가정들마다 하나님의 복이 임하기를 기도하며 준비하는데 어찌 하나님께서 예비한 모든 신령한 은혜와 복을 얻지 못하랴! 특별히 가장으로서 가족의 일원들이 '교회의 일원이' 되도록 돌보는 일을 지나치지 않는다면 교회는 영과 진리가 충만한 역사를 맛보지 못하고 지나가는 주일은 결코 없을 것이다.

---

[64] "저가 사모하는 영혼을 만족케 하시며 주린 영혼에게 좋은 것으로 채워주심이로다."

가정예배 인도 어떻게 할 것인가?

2항. 가정의 경건을 수행하기 위하여 드려지는 예배에는 다음과 같은 일반적인 의무들이 포함된다. 첫째, 기도와 찬양은 하나님의 교회와 국가의 공적 상황과 필요뿐만 아니라 가정과 가족들 개개인의 현재 상태와 관련지어서 드려질 수 있다. 다음은 성경 교육을 포함하는 성경 읽기인데, 이때 본문과 관련된 교육은 신앙의 초보자들도 이해할 수 있도록 평이하고도 분명하게 하여 이들이 공예배에 참석했을 때 유익을 얻을 수 있게 하여야 한다. 이렇게 함으로써 그들이 [개인적으로] 성경을 읽을 때에도 성경을 더 잘 이해할 수 있게될 것이다. 뿐만 아니라 모든 가족들을 거룩한 신앙으로 교훈할 수 있는 경건한 대화godly conference가 필요하며, 이와 함께 가정에서 권위를 가지고 있는 자가 합당한 이유로 해서 가족들을 권면하거나 책망할 수 있다.

(1) 가정예배 요소는 기도와 찬양 및 성경 읽기이다

이미 언급했지만 다시 메튜 헨리의 부친 필립 헨리의 말을 재음미하면 기도만 하거나 기도와 찬송을 부르는 것도 좋지만 그러나 기도와 찬송과 성경 읽기와 설명으로 가정예배를 하는 것은 가장 좋다'고 했다.[65] 기도는 누가 하는가? 특별히 지정한 것은 없지만 일반적으로 가장이 하였다. 오늘날에는 식구들이 돌아가면서 기도하기도 한다. 그러나 대부분 가정예배를 인도하는 자가 맡아서 한다. 기도의 내용은 「가정예배 지침서」 9장에서 소

---

65 서창원, 『청교도신학과 신앙』, 지평서원, 2013, 369.

개하고 있는 것이 이것이다.

우리는 그의 존전에 나아가기에 얼마나 가치 없는 사람들인지, 그의 위엄을 예배하기에 얼마나 부족한지를 고백하라. 그러므로 하나님께 기도의 영을 간절히 구해야 할 것이다.

우리는 우리의 죄를 자백해야 한다. 우리 자신의 죄뿐만 아니라 우리 가정의 죄, 곧 비방과 판단과 정죄와 같은 죄를 고백하되, 우리의 영혼이 참된 겸손함에 이르도록 회개해야 할 것이다.

우리는 우리의 심령을 예수님의 이름으로, 또한 성령을 힘입어 하나님 앞에 내려놓고, 죄를 용서해 주실 것과, 회개하고 바로 믿어 온전하고 의롭고 경건하게 살게 해달라고 은혜를 간구해야 할 것이다. 또한 우리가 기쁨과 즐거움을 가지고 하나님을 섬기며 하나님 앞에서 행할 수 있게 해 달라고 간구해야 할 것이다.

우리는 하나님께서 우리 자신과 모든 하나님의 백성들에게 베푸신 크신 자비를 인하여 감사를 드려야 할 것이다. 무엇보다 그리스도 안에서 베푸신 사랑과 복음의 빛을 인하여 더욱 감사해야 할 것이다.

건강하든지 병들었든지, 성공했든지 실패했든지 하는 여러 상황 속에서 구체적으로 영적 및 현세적 도움을 주시기를 아침저녁으로 간구해야 한다.

이 땅의 그리스도의 교회를 위하여, 모든 개혁교회들을 위하여, 특별히 자신이 속한 지역의 교회들을 위하여 기도해야 할 것이다. 그리스도의 이름을 인하여 고통과 박해 가운데 있는 모든 성도들과 교회들을 위하여, 왕과 왕후 그리고 그 자녀들을 위하여, 입법자들과 위정자들을 위하여, 자신이 속해 있는 개교회의 모든 성도들을 위하여, 그리고 여러 이웃들을 위하여 기도할 것이다.

하나님의 아들의 나라가 임하시고 그의 뜻을 이루실 때에 하나님께서 영광 받으시기를 간절히 소원함으로 기도를 맺을 수 있겠다. 또한 우리는 우리의 기도가 [이미] 응답되었음을 확신하고, 하나님의 뜻을 따라 구한 것은 모두 이루어질 것임을 굳게 믿는 가운데 기도를 맺어야 할 것이다.

이러한 기도내용으로 가장이 기도한다면 아이들은 하나님께 어떻게 기도해야 하는지, 무엇을 위해 구해야 하는지를 자연스럽게 습득하게 된다. 더욱이 요리문답 교육을 하도록 권장하였기 때문에 소요리문답에서 자연스럽게 주기도문의 내용을 학습할 기회를 가지는 것이다. 그러므로 기복적인 신앙인으로 잘못 커가는 것을 막고 그리스도 안에서 건강한 신앙생활을 하는 하나님의 자녀들로 잘 양육되어지는 것이다.

가정예배 시에 이들이 부르는 찬양은 시편이었다. '시와 찬미와 신령한 노래'를 부르는 것 외에 다른 무엇을 생각하지 않았다. 한국 교회도 늦은 편이지만 시편찬송가를 부를 수 있도록 제작되어 시중에서 판매되고 있다.[66] 시편의 유익함은 말하지 않아도 신앙인이라면 부정할 수 없는 감동이 있

---

[66] 대한예수교장로회(합동) 총회신학부가 편찬해 낸 칼빈의 제네바 시편가(2009), 고려서원의 *시편찬송*(2016), 기독지혜사의 *시편찬송가*(1997), 진리의 깃발의 *개혁교회 예배찬송가*(2017)등이 존재한다.

다. 왜냐하면 하나님의 영감 된 말씀으로 된 것이기 때문이다. 웨스트민스터 문서인 「예배모범」에 시편 찬송에 대해 이렇게 언급하고 있다.

> 회중들과 함께 시편을 노래하며 하나님을 공적으로 찬양하는 것과 사적으로 가족들과 함께 시편을 노래하는 것은 그리스도인들의 의무이다.[67]

어린이용 찬송가를 필요로 하지 않았다. 실용주의적 교육방법론이 소개되면서 교회학교로 구분되고 어린이용 성경, 어린이용 찬송집이 무수히 발간되고 있다. 기독교역사에서 어린이용 토라나 어린이용 시편가를 제작한 적이 없었다. 부모가 할 책임이 토라를 잘 강론하는 것이었고 그들은 온 식구들이 함께 다윗의 시편을 노래한 것이었다. 아이들이 하나님께 나아가는 원리와 어른들이 하나님께 나아가는 방식이 다르지 않기 때문이다. 아이들이 해서는 안 된다면 어른들도 해서는 아니 되는 것이다. 따라서 어려서부터 주의 말씀이 아이들 입에서 울려 퍼지게 하는 것이야말로 저들의 일생을 의의 길로 인도함을 받게 하는 것이 된다. 그런 의미에서 가정예배 시간에 시편찬송을 사용할 것을 적극 권장한다.

(2) 성경 읽기와 교육[68]

그리고 가정예배 요소 세 번째는 성경 읽기가 있는데 지침서에서는 '성경

---

67 개혁교회 예배찬송가, 진리의 깃발, 2017, 563
68 일반적으로 가정예배 요소를 기도, 찬송, 성경 읽기, 간략한 교리 문답 교육, 온 가족 교화를 위한 경건한 대화 및 권면과 책망으로 해석하지만(청교도신학의 모든 것, 988) 필자는 세 가지로 구분하여 경건한 대화 가운데서 권면과 책망을 포함시켰다.

교육을 포함한 성경 읽기'로 묘사하고 있다. 이것은 성경을 신앙과 행위의 유일한 규범으로 인정하는 개신교 신앙의 핵심을 가정에서부터 계승시킨다는 것을 드러낸 것이다. 성경과 교리를 교육하는 일은 특히 장로교 신앙의 핵심이다. 지침서 2항에서 성경을 읽기만 하는 것이 아니라 그 내용을 설명하고 교리를 가르치는 일을 하라는 근본 목적은 두 가지이다. 하나는 개인적으로 성경을 읽게 하기 위한 것이요 또 하나는 공예배에 참석했을 때 영적인 큰 유익을 얻게 하고 함이었다. "**교육은 신앙의 초보자들도 이해할 수 있도록 평이하고도 분명하게 하여 이들이 공예배에 참석했을 때 유익을 얻을 수 있게 하여야 한다.**" 사실 이 부분은 교회 목사가 할 일 즉 목회적 역할이 식구들의 영적 유익을 위한 가장의 책임임을 강조하는 것이다. 신앙의 초보자들도 이해할 수 있는 평이하고도 분명한 설명을 요한다는 것이다. 그것은 곧 공예배에서 선포되고 가르쳐지는 교리들에 대한 충분한 이해력을 돕는 이점이 있음을 적시한 것이다. 그런 의미에서 장대선이 평가한 것은 옳다고 본다. 「가정예배 지침서」가 다루는 예배는 '개인의 신앙과 경건이 가정으로, 그리고 공예배를 하는 교회당으로 점차 확장되도록 준비하는 성격임을 알 수 있다.'[69] 물론 가정예배는 공예배의 실습장은 아니다. 그 자체로도 하나님께 영광을 돌리는 참 예배인 것이다. 그러나 가정예배는 온 회중들이 함께 모여 예배하는 공예배의 품위와 존엄성 및 가치성을 더욱 돋보이게 만드는 것이다. 주일 예배가 복된 신령한 예배가 되기를 갈망한다면 교회는 가정에서의 신앙생활과 가정예배에 대한 강조와 실천적 경건 훈련이 선행되어야 가능할 것이다.

 이러한 영적 은혜를 유지하기 위해서는 교회 지도자들이 가정예배에

---

[69] 장대선, 교회는 세우는 가정 예배, 59.

솔선수범을 해야 한다. 지침서에서도 이렇게 밝히고 있다. '가정예배를 더욱 잘 지키려면, 교회의 목사와 장로는 자신들의 가정에서 가정예배를 잘 드려야 할 뿐만 아니라 자신들이 섬기며 돌보고 있는 모든 다른 가정들에게 가정예배를 소개하고 더욱 잘 드릴 수 있도록 도와야 할 것이다.'10항.

(3) 경건한 대화

「가정예배 지침서」는 여기에만 머물지 아니하고 가장의 목회적 기능 수행에 식구들 간의 덕을 세움과 거룩한 신앙으로 교훈될 수 있게 하는 '경건한 대화'를 강조하고 있다. 이것은 가정예배가 수동적인 자세로 참여하는 것이 아니라 능동적으로 적극 참여하여 영적 교훈을 함께 나누는 토론을 열어놓고 있다는 것을 뜻한다. 즉 가족 구성원들 사이의 대화를 통하여 더 경건한 신앙생활을 할 수 있도록 지도하는 것이다. 이 대화는 질의응답을 포함하고 있어서 부모 자녀 간의 소통을 원활하게 하도록 도움을 주는 것이다. 요리문답 교육은 이 방면에 크게 일조하는 것이라고 생각한다. 가정에서 식구들 사이에 나누는 영적인 대화는 믿음의 진보를 위한 필수적인 것이다. 특별히 가족 구성원들의 영적인 상태와 문제가 진단되고 처방되는 효과를 나타낸다. 자녀들이 겪고 있는 죄 문제를 비롯하여 위로와 소망을 심어주는 일들을 통해서 책망과 치유와 회복을 경험할 수 있는 교회의 기능이 가정에서 활발하게 발생하게 되는 것이다. 세대 차이를 내세워 세대 간의 단절이 심화되고 있는 현대 사회에서 매일 실천하는 가정예배의 유익함은 이루 말할 수 없이 큰 것임을 알 수 있다. 지침서는 이렇게 기록하고 있다.

성경을 읽고 토론의 형식을 통하여 그 말씀을 나눌 때에는 그 읽고 들은 것이 실제적인 유익을 줄 수 있도록 잘 활용해야 할 것이다. 예를 들면, 함께 읽은 말씀이 어떤 특정한 죄를 책망하고 있다면 모든 가족들이 그 말씀으로 인해 같은 죄에 빠지지 않도록 주의하고 경계를 받을 수 있도록 해야 할 것이다. 또한 읽은 본문 말씀에 심판의 말씀이 주어졌다면, 가족 중 누구라도 이러한 심판을 불러온 것과 같은 죄를 범했을 때 그같은 아니 그보다 더 끔찍한 심판에 떨어질 수밖에 없을 것이라고 경고함으로써 유익을 얻을 수 있을 것이다. 마지막으로 본문에서 어떤 의무가 요구된다든지 약속 가운데 위로가 주어졌다면, 그 본문은 그리스도로 말미암아 그 요구된 의무들을 수행할 수 있는 힘을 얻게 해주며 하나님의 위로를 바라보게 해 줄 수 있을 것이다. 이러한 일련의 일에 있어서 모든 책임은 가장에게 지워진다. [성경을 읽으면서] 가족 중 누구든지 인도자에게 의문이나 의심들에 대한 답을 얻기 위하여 질문할 수 있다.

신자들 간의 통상적인 대화가 영적이지 못한 이유는 가정에서 경건한 대화가 이루어지지 않기 때문에 일어나는 현상이라고 본다. 그러나 「가정예배 지침서」가 제안하고 있는 방안대로 실천한다면 경건한 대화, 영적인 교통함이 교회 안에서도 쉽게 실행될 수 있는 것이다. 지침서에서 가족 간에 나눌 수 있는 대화의 내용을 식구 구성원들의 죄 문제, 성경 읽기를 통해서 주어지는 심판의 문제, 의무사항 혹은 실천 사항이 무엇인지, 좌절과 낙심이 일어날 때 받는 위로와 주님의 약속 들이 대화의 소재가 되는 것이다. 이러한 대화 속에서 죄에 대한 책망과 위로와 격려와 소망을 더욱 굳게 붙들 수 있도록 서로 격려하고 세워갈 수 있는 것이다. 가장은 이 모든 일에 주도권을 가지고 행사하되 식구 구성원들 누구도 속에서 일어나는 의혹과 질문사항들을 억제하지 않고 표출할 수 있는 것이다.

성도들은 이러한 가르침을 들을 때 어떤 면에서 절망감에 빠질 수 있다. 그런 유익을 몰라서가 아니라 현실이 그렇게 할 수 없게 만드는 것을 어떻게 하는가? 라는 문제 때문이다. 대다수 가장은 밤늦게까지 업무에 시달리고 더구나 맞벌이 부부들이 많은 상황에서 집에서 가정예배까지 인도할 엄두가 나지 않는 것이다. 시간상의 제약과 가정예배에서 성경을 읽고 교육할만한 영적 자질 부족을 안고 있는 현실타파가 쉽지 않은 것이 사실이다. 아이들은 학교 수업만이 아니라 학원까지 다니다 보면 얼굴조차 보기 힘든 상황은 이러한 교육 자체가 황당하게 느껴질 수 있다. 앞에서 목사와 장로들이 솔선수범해야 함을 강조하였지만, 목사 장로라고 해서 이러한 현실에서 벗어나 있는 자들이 얼마나 되겠는가?

17세기 당시에는 가정예배를 실천하기가 좋은 여건이었겠는가? 그렇지 않았다. 일단 종교적 관행이 오랜 세월 동안 사제주의 중심의 교회 생활이었고, 문맹이 대부분이었으며 더구나 영국적 상황을 보면 여름에는 그래도 낮 시간이 길어서 교육을 시킬 수 있는 불빛 문제가 심각하지 않았다. 그러나 겨울철에는 오후 3시면 캄캄하기에 전깃불이 없는 상황에서 경제적인 여건 때문에 가정예배하는 일들이 원활하였다고 볼 수 없는 것이다. 그런 악조건 속에서도 가정예배를 반드시 실천할 것을 강조하였고 점검하며 실패하는 가정들은 권징의 대상이 되었다. 「가정예배 지침서」는 10항에서 이렇게 기록하고 있다.

> 가정예배의 이러한 활동들은 미루지 말고 신실하게, 그리고 세상적인 일들이나 모든 방해물들에 막히지 말고 시행되어야 한다. 무신론자들이나 불경건한 사람들의 조롱과 경멸이 있다 하여도 하나님께서 이 나라에 베풀어주신 놀라운 은혜와 최근에 우리에게 보여주신 혹독한 교정을 생각할 때에, 사람들의

조롱과 경멸에 굴할 수 없을 것이다.

앞에서 열거한 문제들만이 아니라 사람들의 조롱과 경멸까지 곁들여지는 상황에서 개인 경건생활과 가정예배 실천은 그 당시에도 용이하지 않았던 것을 짐작할 수 있다. 그런데도 그들은 '세상적인 일들이나 모든 방해물들'에 굴하지 아니하고 '사람들의 조롱과 경멸'을 뛰어넘어 경건에 이르는 연습을 게을리 하지 않은 것이다. "서로 돌아보아 사랑과 선행을 격려하며 모이기를 폐하는 어떤 사람들의 습관과 같이 하지 말고 오직 권하여 그날이 가까움을 볼수록 더욱 그리하자"히 10:24-25는 말씀은 주일 예배 문제만이 아니라 가정에서 식구 구성원들 간의 영적 훈련 모임에도 적용이 되는 것이다. 그러므로 지침서는 이렇게 강조한다.

7항. 하나님의 말씀은 우리에게 서로서로 사랑과 선행을 일으켜야 할 것을 요구하기 때문에, 특별히 이렇게 죄악이 관영한 이 때, 곧 자신의 욕망을 따라 살아가는 불경건한 자들이 [성도들을 보고] 저희와 함께 그런 극한 방탕에 달음질하지 아니하는 것을 오히려 이상하게 여기는 이 때에, 교회의 모든 성도들은 교훈과 권면과 책망을 통해 자기 자신과 다른 사람들을 서로 일깨우고 훈계하는 일에 늘 힘써야 한다. 그리하여 모든 불경건함과 세상적 욕심들을 버리고 이 세상에서 경건하고 단정하며 의롭게 살아감으로써 하나님의 은혜를 드러내도록 서로를 격려해야 할 것이다. 이 일을 위하여 연약한 자를 위로하며 서로서로 그리고 함께 기도해야 할 것이다. 이러한 일들은 어떤 이들이 하나님의 섭리 가운데에서 환난이나 큰 어려움, 또는 십자가를 지고 가면서 위로와 조언을 필요로 할 때라든지 범죄한 뒤에 개인적인 권면에 의해 회개할 때, 혹은 그것이 효과가 없을 때에는 '두세 증인의 입으로 말마다 증참케 하라'고 하신 주님의 명령대로 두세 사람이 함께 찾아가서 권면할 때에 특별히 필요할 것이다.

그들이 처해 있는 세상의 흐름이 어떠한 것인지 그들 역시 잘 직시하고 있다. '죄악이 관영한 시대'요 사람들은 하나님의 말씀을 귀담아듣고 실천하는 시대가 아니라 '자신의 욕망을 따라 살아가는 불경건한' 시대이며 동시에 '극한 방탕에 달음질하는' 시대였다. 그래서 조롱과 경멸이 경건하게 살고자 하는 자들에게 부어진 것이다. "무릇 그리스도 예수 안에서 경건하게 살고자 하는 자는 핍박을 받으리라"딤후 3:12고 하신 말씀 그대로인 것이다. 21세기가 17세기와 조금도 다르지 않음을 직시한다. 그때보다 더 죄악이 관영되어 있다. 노아 홍수 시대처럼 생각하는 것마다 악하고 악을 행하는 것이 어려서부터 습관이 되어버린 시대에 살고 있다. 말씀이 순조롭게 적용되는 시대가 아니라 역행하는 시대에 살고 있다. 종교의 자유를 내세우며 '신앙과 행위의 유일한 규범'인 성경 말씀 원리를 내세우는 것은 조롱과 지탄의 대상이 되고 있다.

그러나 지침서 역시 성도들이 처해 있는 상황만을 열거하지 않고 경건생활에 힘쓰지 아니하는 또 다른 원인을 지적하고 있다. 그것은 '불경건함과 세상적 욕심'이다. 성도 스스로가 경건하게 살고자 하는 영적 욕구가 없으며, 동시에 세상적인 욕심에 이끌림을 받는 것 때문에 가정에서 마땅히 해야 할 의무를 무시하고 지나쳐버리는 것이다. 자녀들을 세상적으로 더 잘 교육시키고자 하는 욕심, 세상의 부와 영화에 대한 욕구, 권력과 인기를 구가하고 싶은 탐욕 등이 경건에 이르는 연습을 쉽게 포기하게 만드는 것이다. '이때에, 교회의 모든 성도는 교훈과 권면과 책망을 통해 자기 자신과 다른 사람들을 서로 일깨우고 훈계하는 일에 늘 힘써야 한다.' 그렇게 함으로써 '이 세상에서 경건하고 단정하며 의롭게 살아감으로써 하나님의 은혜'가 어떠한지를 드러내는 자가 되게 해야 한다. 사실 욕심을 버리면 경건생활을 실천 못할 이유가 없다. 자식교육에 대한 욕심, 집 장만에 대한 욕심, 세상 쾌락을 즐기고자 하는 욕심, 승진과 부에 대한 욕심, 명예와 인기에 대한 욕심을 버리기만 하면 거룩하신 하나님의 영광을 가리거나 그의 이름이 이방인들 가운데서 모독을 당하게 하는 일들은 피할 수 있을 것이다.

목사나 교회 지도자들은 성경을 끊임없이 강론하고 가르쳐 지키게 해야 한다. 성경만이 시대적 흐름을 '책망하고 바르게 하고 의로 교육하기에 유익한' 하나님의 영감 된 말씀이기 때문이다. 가장의 역할 중 성경 읽기와 교육 및 거룩한 대화를 통해서 '훈계와 책망'을 강조하고 있는 것은 성도들도 쉽게 미혹 당하는 존재들이기 때문이다. 가족 구성원들의 불찰이나 연약함, 신앙적 오류와 불경건함을 점검하고 진리를 거스려 행하지 않고 오직 진리를 위하여 살아가게 하는 일의 표준은 성경이다. 이 일 실천함에서 유의할 점은 이것이다. '가정예배에서 성경 교육을 포함한 성경 읽기와 경건한 토의를 통해 잘못과 죄를 범하는 자에 대해 훈계와 책망을 하는 것은 철저한 복음 사역의 결과인 점에서 여타의 일반적인 훈계나 책망과 근본적인 구별이 있는 것이다. … 아울러 그러한 복음 사역에 민감하게 반응할 수 있는 개인적인 경건과 신앙이 반드시 필요하기 때문에 가장은 가족 구성원들이 개인적인 예배를 통해 신앙과 경건의 성숙을 도모하고 있는지를 늘 살펴보고 지도해야 하는 것이다.'[70]

---

70 장대선, 교회를 세우는 가정 예배, 63.

이처럼 회개와 회심의 역사는 교회 목회 사역에서만이 아니라 가정에서 가장의 목회적 기능 수행에서도 충분히 경험할 수 있는 것이다. 그런 의미에서 청교도들은 가정을 '작은 교회' '그리스도의 학교'라는 말을 서슴지 않고 사용한 것이다.[71] 가정의 개혁만이 교회 개혁의 최대치 발판임을 알 수 있다.

　　왜 가정예배인가? 성경에는 가정예배를 하라는 말이 없지 않은가? 그리고 현실적으로 가정예배를 하는 것은 불가능함을 인지하지 못하는가? 이러저러한 핑곗거리를 대며, 하지 않는 우리들의 불경건한 습관을 정당화하고 싶은 마음이 들 것이다. 그러나 가정이 하나님의 언약 우산 안에서 복되게 사는 것이 그리스도인으로서 결코 낯선 일이 아니라면 가정예배는 선택사항이 아니다. 앞에서 살펴본 부모에 대한 성경적인 교훈을 굳이 들이대지 않아도 교회의 건강, 나라의 행복은 경건한 가정생활에서부터 출발되는 것임을 의심하지 않는다. 가정예배 지침서는 이렇게 결말을

71　청교도들의 가정생활에 대한 자세한 연구를 원하는 분들은 다음의 책들을 참고하기를 바란다.
서창원, 『청교도 신학과 신앙』, 357~392
Joel R. Beeke, Mark Jones, 『청교도 신학의 모든 것』, 김귀탁 역, 부흥과 개혁사, 2012, 976~996
Richard Baxter, 『하나님의 가정』, 복있는 사람, 2012
William Gouge, *Of Domestical Duties*, Eight Treatises, Edinburgh, 1622.
Leland Ryken. 『청교도 이 세상의 성자들』, 김성웅 역, 생명의 말씀사, 2014.
J. I. Packer, 『청교도 사상』, 박영호 역, 기독교문서선교회, 1992, 361~382
George Hamond, *The Case of Family Worship*, Soli Deo Gloria(1694년판 재판, 2005).
William Perkins, *Works of William Perkins*, vol 3. on Oeconomie, or Household - Government, 669
James W. Alexander, 『가정예배는 복의 근원이다』, 미션월드, 2003.

짓고 있다.

이상의 모든 지침과 규범들의 의도와 목적은 크게 둘로 나눌 수 있겠다. 첫째는 교회의 모든 목사들과 사회의 여러 곳에서 다양한 직업을 가지고 있는 성도들 가운데 경건의 능력과 실천이 중요하게 여겨지고 고양될 수 있도록 하며, 모든 불경건과 신앙생활을 조롱하는 것을 억압하기 위함이다. 둘째는 신앙생활이라는 미명 하에 오류와 스캔들과 분열을 일으키는 것을 막으며, 공예배나 교회의 사역을 경멸 혹은 무시하기 쉬운 모임이나 관습들을 허용하지 않기 위함이다. 또한 그리스도인으로서 개개인의 소명에 따르는 의무들을 소홀히 여기거나 진리와 평화에 반대되는, 영이 아니라 육에 속한 악한 일들을 제지하기 위함이다.

경건의 능력과 실천을 통해서 불경건과 세상적인 욕심 충족을 위한 정당성을 배척하고, 신앙적 오류와 스캔들과 교회 분열을 방지하며 공예배와 교회의 사역을 존중히 여기는 것을 고양시킬 수 있는 방편이 가정예배이다. 매튜 헨리는 이렇게 말한다. '가정예배를 실천하고 가정예배로 명성을 얻는 것보다 이 선행의 증진에 기여하는 일을 나는 잘 모르겠다. 바로 여기서 개혁이 시작되어야 한다.'[72] 개혁교회의 두드러진 문화적 특징은 가정예배 실천으로부터 파생되었다. 개혁교회의 회복 역시 여기에 달려있다는 필자의 생각이 틀리지 않기를 바랄 뿐이다. 육체의 소욕을 죽이고 성령의 소욕을 따라가는 것이 참 그리스도인의 길이라면 자녀들을 그렇게 인도해야 하고 훈련해야 할 책임이 거듭난 그리스도인 부모에게, 특히

---

72 Joel R. Beeke, Mark Jones, 청교도신학의 모든 것, 976.

가장에게 있다는 것을 명심해야 한다. 이 일에 무지하거나 불순종하는 것에 대한 책임도 가정을 만들어 주신 하나님 앞에서 책임추궁을 받게 될 것이다. 예배모범은 가정에서의 경건생활을 아침저녁으로 실천할 것을 촉구한다. 하루에 한 번 하기도 힘든 현실에서 두 번은 과하다고 말할 수 있을 것이다. 그러나 주님이 사랑하는 신부인 교회와 우리의 조국에 하늘의 복이 임하게 하는 일이 된다면 못할 일이 결코 아니다. 가정에서 꽃 피운 경건은 교회와 사회에 미치게 될 영향은 결코 작은 것이 아니다. 교회의 개혁, 가정에서부터 시작된다. 주님이 임재하시기를 기뻐하는 가정, 주인이신 주 예수께서 우리들의 신랑이라고 말씀하시기를 결코 부끄러워하지 아니하는 교회를 함께 세워갈 수 있어야 한다. 경건의 모양만이 아니라 경건의 능력을 촉진시키고 같은 신앙고백과 훈련으로 교회의 하나 됨을 추구하며 분열과 다툼을 방지하는 가장들의 의무수행을 기대한다.

사실 가정예배를 해야 한다는 것을 모르는 기독교인들도 많다. 교회에서 한 번도 권면을 받은 적이 없기 때문이다. 그러나 다른 한편으로 가정예배를 어떻게 해야 할지를 몰라서 못하는 분들도 많다. 그래서 가정예배 지침서를 발간한 것이다. 있어도 활용이 안 되는 가장 큰 이유는 성경의 가르침에 전적으로 복종하는 헌신이 없기 때문이다. 자녀들을 주의 교양과 훈계로 잘 양육해야겠다는 영적 욕구가 미진하다. 대다수 교인은 성경보다 전통이나 습관에 매여 산다. 자신을 위해서 성경을 공부하거나 말씀 강론에 충실한 사역자 밑에서 진리를 잘 배우고 그 안에서 온전한 자로 성장하고 싶은 열망이 없다. 단지 교회가 마련한 종교적 예식에 참여하는 것이 믿음으로 사는 모든 것인 양 착각한다. 그러나 신학이 삶이어야 하는 것은 한시적인 교훈이 아니라 영원까지 이르는 것이기에 바르게 배워서 올바른 지식으로 하나님을 섬기고 이웃을 섬기는 것이라야 주님의 절대 주권적 통치권이 확립되는 것이다. 부족해도 지금 시작하라. 가정을 하나님이 다스리는 신앙공동체로, 하나님의 사랑과 은혜가 넘치는 행복 공동체로 만드는 기회를 붙잡으라. 반드시 주님이 동행해 주시고 은혜 부어주심을 경험할 것이다.

Theology is Life

3장

사회생활에 투영된 신학

- 구제와 봉사 -

인간이라면 사랑의 감정을 다 지니고 있다. 불쌍한 사람을 보면 측은한 마음을 가지는 것만 아니라 도울 형편이 되면 기꺼이 나선다. 연말마다 자선기금을 모으는 구세군 냄비나 사랑의 씨앗 등 엄청난 액수의 금액이 모인다. 다들 가난하고 소외되고 어려운 여건에 처한 사람들을 돕는다고 애쓰지만 사실 우리 사회에서 가난한 자가 줄어들고 도둑이 사라지며 외롭게 홀로 죽어가는 자들이 현저하게 낮아졌다고 말하는 통계는 들어본 적이 없다. 국가 시스템으로도 복지 사각지대를 다 감당하는 일은 역부족이다. 고아원, 양노원, 장애인 복지 시설 등 빈곤에 허덕이는 많은 사람이 도움을 호소하고 있다. 교회나 기업이나 자선단체나 국가가 적극적으로 살핀다고 하지만 안타까운 사건들은 종종 언론에 보도되고 있다. 그럴 때마다 저들이 예수 믿고 구원받았을까 생각하면서 주변에 있는 자들이 다 예수 믿고 천국 백성이 되게 해야 한다는 구령 열정이 솟기도 하지만 금방 사그라지고 제자리에 머문다.

먼저 알 것은 본 장에서 다루는 구제와 봉사 영역은 세상에서 언급하는 사회복지에 종사하는 것과 구분한다는 것이다. 세상에서 혹은 국가가 주도하는 사회복지는 인간의 삶의 질을 향상시키고 인권유린을 퇴치하며 모두가 평등하게 행복한 삶을 구현함에 그 목적이 있다면 개혁주의 신학이 언급하는 구제와 봉사다아코니아는 하나님 중심, 성경 중심 및 교회 중심의 기조 아래에서 '하나님의 절대 주권과 인간의 자기 부정 및 십자가 지기'에 두고 있다. 앞에서도 언급한 인간의 전적 타락은 인간 스스로 옳은 일을 할 수도 없고 선을 선택할 자유조차도 없는 존재이기에 하나님의 값없이 베푸신 은혜로 말미암아 구원받은 새로운 피조물이 취할 선한 행실은 하나님의 주권적 은혜의 영역에서 발생하는 것이다. 이것이 아닌 선행은 자기 자랑이나 공적이 될 뿐이다.

그렇다면 그리스도인의 구제와 봉사 **어떻게 이해해야** 하는가? 성경적으로 설명하는 것이 신학적 기조와 어울릴 것이다. 신학의 근거가 성경이기 때문이다. 율법의 최고 강령은 위로 하나님을 사랑하는 것이고 옆으로 우리의 이웃을 내 몸처럼 사랑하는 것이다. 하나님을 사랑하되 마음을 다하고 뜻을 다하고 힘을 다하여 사랑하는 그리스도인에게 요구되는 것은 '네 이웃을 네 몸과 같이 사랑하라'는 것이다. 이 둘은 분리되지 아니하고 사실은 하나이다. 예수께서 이 땅에 오실 것을 예언한 말씀에는 이렇게 표현한다. "주 여호와의 신이 내게 임하셨으니 이는 여호와께서 내게 기름을 부으사 가난한 자에게 아름다운 소식을 전하게 하려 하심이라 나를 보내사 마음이 상한 자를 고치며 포로된 자에게 자유를, 갇힌 자에게 놓임을 전파하며 여호와의 은혜의 해와 우리 하나님의 신원의 날을 전파하여 모든 슬픈 자를 위로하되 무릇 시온에서 슬퍼하는 자에게 화관을 주어 그 재를 대신하며 희락의 기름으로 그 슬픔을 대신하며 찬송의 옷으로 그 근심을 대신하시고 그들로 의의 나무 곧 여호와의 심으신바 그 영광을 나타낼 자라 일컬음을 얻게 하려 하심이니라"사 61:1-3. 마음 상한 자, 포로 된 자, 갇힌 자, 슬픈 자의 열망을 해결해 주는 메시아를 언급하고 있다. 치료하고 자유를 주고 해방의 감격을 누리게 하며 위로와 기쁨이 충만하게 하는 것이다. 물론 영적으로 허물과 죄로 죽은 자들에게 해당하는 말씀으로 치부할 수 있지만 실지로 예수님께서 교훈하신 오른편 양과 왼편 염소로 구분하시고 심판하실 때마 25장의 기준은 치유와 해방과 위로와 기쁨을 안겨주는 구제와 봉사활동이 선택사항이 아니라 필수적인 일이다. 삶으로 증명할 수 없는 신적 지식과 믿음의 고백은 무의미한 것이다.

또 한 가지 명심할 것은 우리의 구제와 봉사가 어떤 차원에서도 하나님의 은총과 복락을 획득하는 조건이나 수단이 아니라는 것이다. 좋은 나무가 좋은 열매를 맺는다. 마찬가지로 그리스도 예수 안에서 새로운 피조물이 된 자는 참 빛이신 그리스도 안에 있으므로 이제는 어둠의 열매가 아닌 빛의 열매를 맺는 것이다. 억지로 열매 맺을 노력을 기울이는 것이 아니라 참 감람나무이신 그리스도에게 붙어 있으니 절로 좋은 열매를 맺게 되는 것이다. 전에 자기중심이었던 것에서 이제는 자연스럽게 남의 유익을 구하며, 남에게 무관심하였던 것이 이제는 배려와 살핌의 시선을 보유한다. 우리의 정과 욕심이 다 그리스도의 십자가와 함께 못 박혀 죽었고 그리스도 안에서 심령이 새롭게 변화를 받은 새 생명을 소유한 참 그리스도인은 이제 '사랑과 희락과 화평과 오래 참음과 자비와 양성과 충성과 온유와 절제'인 성령의 열매를 맺으며 사는 것이다갈 5:22-23. 이것은 하나님의 주권적 은혜 베풂에서 나오는 데 거기에서 빼서도 안 되고 무시하거나 외면할 수 없는 것이 사랑 실천이다. 배고픈 자에게 먹을 것을 주고 헐벗은 자에게 옷을 입혀주며, 목마른 자에게 마실 물을 제공하며 병든 자에게 찾아가 위로하고 감옥에 갇힌 자를 돌봐주는 사랑 실천은 성령 안에서 사랑이 풍성하신 하나님을 사랑하는 자들에게서 나타나는 열매들이다.

우리가 믿음으로 말미암아 구원받는다는 명제만 앞세우고 도움이 필요한 이웃에게 눈길 하나 주지 않는다고 한다면 그 믿음은 구원받게 하는 믿음이 아니라 죽은 것이라는 야고보 사도의 지적은 부정할 수 없는 진리이다. 믿음으로 구원받는 것을 부인하는 것이 아니라 행함으로 그 믿음이 참된 것임을 입증하는 것이다. 그래서 행함이 없는 믿음은 죽은 것이다. 죽은 것 가지고 생명을 살릴 수 없다. 구약에서도 추수할 때 바닥에 떨어진 이삭까지 싹쓸이하라고 가르치지 않고 남겨두어서 가난한 자들의 식량을 갖추도록 배려한 것은 다 베풂과 나눔의 사랑 실천의 한 단면이다. "너희 땅의 곡물을 벨 때에 너는 밭 모퉁이까지 다 거두지 말고 너의 떨어진 이삭도 줍지 말며 너의 포도원의 열매를 다 따지 말며 너의 포도원에 떨어진 열매도 줍지 말고 가난한 사람과 타국인을 위하여 버려 두라 나는 너희 하나님 여호와니라"레 19:9~10.

나그네를 대접하고 돌보라고 한 것도 이집트 땅에서 나그네 되었다가 해방을 받은 이스라엘의 옛 처지를 잊지 말라는 것이다. "너는 이방 나그네를 압제하지 말며 그들을 학대하지 말라 너희도 애굽 땅에서 나그네이었었음이니라 너는 과부나 고아를 해롭게 하지 말라 네가 만일 그들을 해롭게 하므로 그들이 내게 부르짖으면 내가 반드시 그 부르짖음을 들을지라 나의 노가 맹렬하므로 내가 칼로 너희를 죽이리니 너희 아내는 과부가 되고 너희 자녀는 고아가 되리라"출 22:21-24. 우리말에 개구리가 올챙이 시절을 기억하지 못한다는 말이 있듯이 허물과 죄로 죽은 자로써 썩어질 구습을 좇았던 옛 모습을 잊지 말고 그러한 비참함과 고통 속에 있는 자들을 건져내고 구원해야 할 사명을 지닌 자가 그리스도인이다. 따라서 구제와 봉사 역시 선택사항이 아니라 필수적인 의무이다. 이에 따라 우리가 하나님의 은혜로 구원받은 하나님의 백성임을 증명하는 것이요 우리의 착한 행실로 하나님께 영광을 돌리는 것이다.

그렇다면 구제와 봉사 **어떻게 할 것인가**? 구제는 하나님에게서 받은 것을 베풀고 나누는 것이다. 무엇을 베풀고 무엇을 나눌 것인가? 추상적인 사랑과 자비와 친절 같은 언어의 유희보다 행동으로 보이는 실질적이고 현실적인 나눔이어야 한다. 사랑을 베푸는 일은 가난한 자, 병든 자, 슬픔 중에 있는 자, 외로움에 처한 자, 도움이 필요한 자에게 돈이든 음식이든, 약품이든 위로의 말이든, 말동무가 되어주든, 옷가지든, 지식이든, 재능이든 필요한 것을 나눠주는 것이다. 그런데 여기서 주의해야 할 것은 마음이 실리지 않은 베풂은 효율적이지 않다는 점이다. 그러므로 반드시 하나님을 사랑하는 마음과 상대방을 존중히 여기는 마음가짐으로 실천해야 한다. 매사에 주님께 하듯 겸손하게 해야 한다. 소위 갑질하는 자세, 열등감이나 비굴함을 느끼게 하는 언어와 몸가짐은 금물이다. 그러나 인간의 육적 본능은 교만과 헛된 자랑, 탐욕, 욕심, 자기애의 죄악과 아주 친근하므로 하나님의 주권적 은혜 부어주심을 절대적으로 의존해야 한다. 그래야 구제와 봉사의 일을 감당할 때 오른손이 하는 것을 왼손이 모르게 하라[마 6:3]는 주님의 교훈이 실현된다. 우리말에 공치사가 있다. 선한 일을 해놓고 자화자찬하는 것 때문에 감격도 감동도 없는 것이 되고 만다. 분명 칭찬받을 만한 일을 했는데도 비난을 사는 것이다. 따라서 우리에게 있는 모든 것이 다 주님에게서 나온 것임을 기억하고 으스댐이 없어야 한다. 사실 베풂과 나눔은 전적으로 하나님이 우리를 사랑하신 아가페 사랑에 바탕을 둬야 잡음이 없다. 인간의 판단과 기준에 맞춘 자선 행위는 크고 작은 잡음이 있다. 제공자와 수용자 사이에 존재할 미묘한 감정적 요소 때문이다. 사람들에게 오해를 불러일으킬 소지도 다분하다. 그러므로 그리스도인은 아무 조건이 없이 무한한 사랑으로 사랑해 주신 주님의 사랑으로 사랑하는 것이라야 한다.

사도 요한은 이렇게 지적했다. "사랑하는 자들아 우리가 서로 사랑하자 사랑은 하나님께 속한 것이니 사랑하는 자마다 하나님으로부터 나서 하나님을 알고 사랑하지 아니하는 자는 하나님을 알지 못하나니 이는 하나님은 사랑이심이라. … 사랑하는 자들아 하나님이 이같이 우리를 사랑하셨은즉 우리도 서로 사랑하는 것이 마땅하도다. … 누구든지 하나님을 사랑하노라 하고 그 형제를 미워하면 이는 거짓말하는 자니 보는 바 그 형제를 사랑하지 아니하는 자는 보지 못하는 바 하나님을 사랑할 수 없느니라 우리가 이 계명을 주께 받았나니 하나님을 사랑하는 자는 또한 그 형제를 사랑할지니라"요일 4:7-8, 11, 20-21. 사랑 실천은 사랑이신 하나님을 사랑하는 그리스도인의 의무사항이다. 받은 만큼 사랑한다. 용서받음이 큰 만큼 용서함의 폭도 넓어진다. 하나님 사랑에 의한 선한 행실은 자기 자랑도 대중의 칭송 얻기 위함도 공로도 아니다. 오직 하나님의 영광을 위함이다.

여기에서 한 가지 질문이 있다. 하나님을 사랑하는 그리스도인의 사랑의 대상은 누구인가? 사도 요한이 언급한 '형제'라는 말과 예수님께서 마태복음 25장에서 "너희가 여기 내 형제 중에 지극히 작은 자 하나에게 한 것이 곧 내게 한 것이니라"고 말씀하신 것을 놓고 보면 그리스도 안에 있는 형제들을 가리킨다고 볼 수 있다. 사실 교회의 5대 기능 중 봉사코이노니아의 기능이 무시되거나 선택적 적용이 되지 말아야 한다.[73] 성경에서 교회 직분을 언급할 때 구제와 봉사의 업무를 담당하는 독립된 직분으로 집사직을 두고 있다. 장로와 더불어 집사직은 교회가 이 땅에 존재하는 한 항상 있어야 할 '항존직'恒存職에 해당한다. 집사직은 교회에서 단순히 재정 출납을 담당하는 직분이 아니다. 교회 안의 구제와 봉사의 직무를 가진 직책이다. 그렇다고 집사만 구제와 봉사의 일을 하는 것은 아니다. 그 일을 교회 차원에서 주도적으로 감당해야 할 직분이 집사직이지만 지금 우리가 논하고 있는 구제와 봉사의 일은 그리스도인이 삶의 현장에서 어떻게 빛을 비춰야 할지를 말하고 있다. 그리스도인으로서 개별적으로 교회 안의 도움이 필요한 자들을 돕고 위로하고 격려하고 사랑의 친밀한 교제를 외면해서는 안 된다. 교회 밖의 사람들도 구제의 대상이다. 그러나 먼저 자기 집안 가족이나 친족을 돌보는 일을 하지 않으면서 교회 밖에 있는 자들을 돌본다는 것은 믿음을 배반한 자요 불신자보다 더 악한 자라는 사도 바울의 경고를 깊이 새겨야 할 것이다딤전 5:8. 초대교회에서 공궤하는 일을 위하여 일곱 명의 대표를 뽑은 원인은 교회 안에서 히브리파 과부들과 헬라파 과부들을 공궤하는 일이 공평치 않다는 문제가 발생하였기 때문이었다행 6장. 교회 안에 있는 과부들을 돕는 일에 대해서도 사도 바울은 이것을 교회의 짐이 되게 하지 말고 가족들이 먼저 부양할 책임이 있다고 하였다. "만일 믿는 여자에게 과부 친척이 있거든 자기가 도와주고 교회가 짐지지 않게 하라 이는 참 과부를 도와주게 하려 함이라"딤전 5:16.

생활고에 시달린 자들의 극단적 선택에 대한 보도가 심심찮게 들린다. 마음이 아프다. 가족들과의 단절만이 아니라 이웃과의 단절이 귀한 생

---

[73] 교회의 5대 기능은 예배, 교육, 전도, 교제, 봉사이다.

명을 잃게 되는 아픔이 계속되고 있다. 돌봄이 필요한 자들에 대한 일차적 책임은 교회나 국가가 아니라 식솔들이라는 점을 먼저 이해 해야 한다. 가족 부양 책임은 가족 구성원들의 몫이어야 한다. 물론 가장에게 일차적 책임이 있다. 그러나 형제들이 서로 나 몰라라 하면 신앙인으로서 그 도리에 어긋나는 행위가 되고 심지어 믿음을 배반한 자요, 불신자보다 더 악한 자가 된다. 내 책임을 다른 이에게 전가하지 말아야 한다. 그러나 이마저도 도저히 할 수 없는 상황일 때 생활고에 시달려 목숨을 달리하는 극단적 선택이 나오지 않도록 교회 공동체가, 또는 국가가 책임을 져야 할 것이다. 그런 의미에서 양 떼들의 형편을 부지런히 살피는 목자의 임무, 직분자의 책임이 중요하다.

초대교회에서 일어난 일을 보면 성령의 강권적인 역사로 말미암아 성도들이 자기 것을 자기 것으로 주장하지 않고 서로 내놓아 함께 사용했을 때도 나눔의 대상이 주안에서 함께 형제자매 된 자들이었다. "믿는 사람이 다 함께 있어 모든 물건을 서로 통용하고 또 재산과 소유를 팔아 각 사람의 필요를 따라 나눠 주며 날마다 마음을 같이 하여 성전에 모이기를 힘쓰고 집에서 떡을 떼며 기쁨과 순전한 마음으로 음식을 먹고 하나님을 찬미하며 또 온 백성에게 칭송을 받으니 주께서 구원받는 사람을 날마다 더하게 하시니라"행 2:44-47. 3천여 명의 새 신자들이 교회 안에 넘쳐나게 된 상황에서 믿는 사람이 다 함께 있어서 모든 물건을 서로 통용하였다는 사실과 재산과 소유를 팔아서 각 사람의 필요를 따라 나눠주었다는 것은 분명히 주안에서 한 식구가 된 형제자매들을 향한 구제 활동이었다. 이런 입소문을 타고 온 백성들에게서 그리스도인이 칭송을 받았다. 그들의 베풂과 나눔이 전도의 효과를 일으켰다. '주께서 구원받는 사람을 날마다 더하게 하신 것'이다. 이방인 땅에서 처음 세워진 안디옥 교회의 첫 구제사역도 예루살렘 교회의 기근 문제를 위한 것이었다^{행 11:29~30}. 고린도 교회에 보낸 서신에서 사도 바울은 마케도냐 교회가 극심한 가난 중에서도 풍성한 연보를 한 것은 성도를 섬기는 일에 참여한 것이라고 하였다^{고후 8:2-4}. 고린도 교인들도 '퍽 많은 사람을 감동시킨' 헌신이 있었다^{고후 9:2-3}. 더 나아가서 바울은 갈라디아 교회에 쓴 서신에서는 이렇게 명시하고 있다. "그러므로 우리가 기회 있는 대로 모든 이에게 착한 일을 하되 더욱 믿음의 가정들에게 할지니라"^{갈 6:10}.

　이상의 교훈에서 살펴보는 것은 교회 밖의 사람들을 향한 구제와 사랑의 손길을 내밀지 말라는 말이 아니다. 그 일은 교회의 책임이 아니라 세상의 빛인 그리스도인 개개인이 할 일이다. 그러나 교회가 먼저 할 것은 교회 안에 있는 믿음의 식구들에게 착한 일을 하는 것이다. 초대교회 구성인들 상당수가 노예 출신과 같은 천민들이 더 많았던 것을 생각하면 이런 규정은 당연한 조치였다. 그러나 여기서 한 가지 생각할 것은 구제와 복지 문제는 교회의 우선적인 기능이 아니라 국가가 할 일이라는 점을 잊지 말아야 한다. 국가가 못할 지경에 이르렀을 때 지난 기독교 역사가 증언하듯이 교회가 앞장서서 가난 문제, 문맹 문제, 돌봄의 문제를 해결하였다. 그러나 교회는 국가가 그런 일에 적극적으로 나서도록 권장해야 한다. 시민으로서 성도는 국가가 그와 같은 일을 하도록 법을 제정하고 제도를 만들 책임이 있다. 교회는 복지기관이 아니다. 교회는 처음부터 끝까지 생명 구조선으로서 역할에 충실해야 한다. 은과 금은 없어도 나사렛 예수 그리스도의 이름으로 일어나 걸으라고 담대히 외칠 수 있어야 한다. 나사렛 예수가 있는지 없는지 단정할 수 없지만, 은과 금이 많은 개별 교회들이 있다. 자기 교회 이름 내기 급급해하지 말고 절대다수의 교회가 빈곤에 허덕임을 안다면 사도행전에 나오는 안디옥 교회나 계시록에 등장한 라오디게 아 교회처럼 그리스도 안에 있는 지극히 작은 형제들 돌보는 일에 앞장서야 할 것이다. 교회는 교회 안에 있는 연약한 자들을 돌봄으로써 믿지 않는 자들로부터 칭송을 듣게 되고 이것이 발판이 되어 날마다 믿는 자의 수가 더해지는 은혜를 누려야 할 것이다.

베풂과 나눔의 신학적 근거는 기록된 계시에 근거한 하나님을 아는 지식이다. 그 지식은 사랑의 하나님 자신에게서 나온 것이다. "각양 좋은 은사와 온전한 선물이 다 위로부터 빛들의 아버지께로서 내려오나니 그는 변함도 없으시고 회전하는 그림자도 없으시니라"약 1:17. 하나님을 향한 믿음과 사랑은 이웃 사랑을 자극한다. 이웃을 섬기고 돕는 일은 내 의지적 결단에 의한 것이 아니라 하나님의 절대 주권적 통치 영역에 순종함으로 나타나는 섬김이다. 성경은 돕고 나눠주는 일을 적극적으로 권장하고 있다. 이것만이 아니다. 교회는 구제와 봉사의 업무를 담당하는 집사직을 두면서 교회가 반드시 구제와 봉사의 일을 할 것을 명령한다고 봐야 한다. 그런 의미에서 하나님을 사랑하는 자들이 구제와 봉사의 일에 나 몰라라 하는 것은 불신자보다 더 악한 자라는 오명을 뒤집어쓸 수 있다. 구제와 봉사의 일은 하나님이 영광을 받으시는 결과물이어야 한다. 개인이나 교회가 칭송을 받는 것 자체가 잘못이라고 단정하기는 그렇다. 그러나 하나님은 가려지고 개인이나 교회 자체가 두드러진 조명을 받음은 금물이다. 하나님을 향한 사랑과 믿음으로 말미암는 것이 아닌 모든 착한 행실은 자기 자랑과 명성을 추구하는 탐욕에 빠질 뿐이다.

종종 도움이 필요로 하는 현장은 물질적인 도움도 절실하겠지만 가슴에서 우러나오는 사랑의 눈물이 더 긴요할 때가 많다. 따스한 손길과

품안이 더 요긴할 수 있다. 말과 행실이 하나가 된 그리스도인의 착한 행실로 인하여 구원받는 자가 날마다 더해지는 열매를 누릴 수 있을 것이다. 언론지상에 특정 교회 이름이 오르내린다고 해서 하나님이 영광을 받으심을 보증하지 않는다. 성도들이 삶의 현장에서 불신자들에게 사랑과 친절로, 화평케 함과 겸손함과 자기희생으로 그리스도의 사랑을 실천할 때 하나님이 영광을 크게 받으실 것이다. 이것이 하나님을 아는 자들의 삶이다. 하나님을 아는 신학적 지식은 삶으로 살아내는 것이다. 이 신학은 천국 지향적인 삶을 살게 한다. 구제와 봉사의 삶은 하늘에서 받을 상이 많게 하는 것이다. "너희를 위하여 보물을 땅에 쌓아 두지 말라 거기는 좀과 동록이 해하며 도둑이 구멍을 뚫고 도둑질하느니라 오직 너희를 위하여 보물을 하늘에 쌓아 두라 거기는 좀이나 동록이 해하지 못하며 도둑이 구멍을 뚫지도 못하고 도둑질도 못하느니라 네 보물 있는 그곳에는 네 마음도 있느니라"마 6:19~21.

이 땅에서 칭송과 영화를 누리는 것은 이미 이 세상에서 상을 다 받았기에 하늘에서 받을 상을 소멸케 한다. 오른손이 하는 것을 왼손이 모르게 하라는 것은 사람들로부터 얻는 칭송보다 하늘에서 받는 상을 더 귀히 여기라는 말로도 이해할 수 있다. 하늘에 속한 것보다 땅에 속한 것을 더 귀하게 여기는 어리석은 일은 그리스도인이 취할 일이 아니다. "가난한 자를 불쌍히 여기는 것은 여호와께 꾸이는 것이니 그 선행을 갚아주시리라"잠 9:17. 구제와 봉사에 대한 하나님의 분명한 약속이다. "너희 소유를 팔아 구제하여 낡아지지 아니하는 주머니를 만들라 곧 하늘에 둔바 다함이 없는 보물이니 거기는 도적도 가까이하는 일이 없고 좀도 먹는 일이 없느니라"눅 12:33는 말씀도 구제에 대한 하나님의 상급이 확실한 것임을 말씀하는 것이다. 마치 하나님이 채무자가 된다는 이 발언은 지상의 투자회사가 아니라 하늘에 보물을 쌓는 것이다. 이는 단순히 헌금을 많이 하라는 것이 아니다. 돈 자체가 하늘에 쌓는 보물은 아니다. 솔직히 말해서 하늘에는 우리의 현금다발이 필요한 곳이 아니지 않는가? "그에게 허락하사 빛나고 깨끗한 세마포를 입게 하셨은즉 이 세마포는 성도들의 옳은 행실이로다 하더라"계 19:8. 그렇다면 그리스도로 말미암의 의의 옷을 입은 자녀들은 옳은 행실을 통해서 빛의 자녀임을 확증하며 살 때에 기름이 떨어져 신랑 되신 예수님을 영접하지 못한 어리석은 다섯 처녀 신세가 되지 않을 것이다.

"너희 보물을 땅에 쌓지 말고 하늘에 쌓아 두라"마 6:19는 말씀은 무엇을 의미하는가? 땅에서 사람들이 보물로 간주하는 것은 다 썩어 없어질 것들이다. 도둑이 탐내는 것이고 녹이 슬어 쓸모없는 것이 된다. 반면에 하늘에 있는 보물은 안전하며 썩음이 없는 것이다. 하늘 자체가 썩음이 없는 곳이기 때문이다. 따라서 보물treasure이라는 것은 땅에 속한 물질적인 것보다 요한계시록에 있는 '성도들의 옳은 행실'로 간주해야 한다. 그 행실이 하늘나라의 보좌에 좌정해 계신 하나님의 어린양을 더욱 빛나게 하는 것이다. 주님께서 자기 양의 특성을 익히 잘 알고 계신다. 그런 분이 양이 원하는 땅의 보물을 소유함이 틀렸다고 말씀하시겠는가? 주님이 지적하시는 것은 땅에 속한 보물을 자신을 위해서 쌓아 둠이 잘못이라는 것이다. 그것은 칼빈이 지적한 대로 구제와 섬김의 수단으로 활용해야 하는 것들이다. 하나님의 영광을 위한 것이다. 그것이 성도들의 옳은 행실이고 그 행실이 우리를 의롭게 해 주시고 거룩하고 흠이 없고 책망할 것이 없는 자로 세움을 입게 하신 하나님의 어린양을 영화롭게 하는 것이다. 그 예수께서는 '착하고 충성된 종아, 참 잘했다'라고 칭찬해 주시고 어린양의 혼인 잔치에 참여케 하는 것이다.

그러므로 하늘에서 성도가 찾게 될 하늘에 쌓아 둔 보물은 신랑 예수 그리스도이시다. 지상에서 살아도 주를 위해서 살고 죽어도 주를 위해서 죽기를 마다하지 않은 삶을 사는 그리스도인이 받을 하늘의 보물은 영광의 소망이신 예수 그리스도이다. 그분이 성도의 모든 것의 모든 것이다. 이것이 땅의 것을 구하지 말고 위에 있는 것을 구하라는 말씀이 주는 교훈이다. "그러므로 너희가 그리스도와 함께 다시 살리심을 받았으면 위의 것을 찾으라 거기는 그리스도께서 하나님 우편에 앉아 계시느니라 위의 것을 생각하고 땅의 것을 생각하지 말라 이는 너희가 죽었고 너희 생명이 그리스도와 함께 하나님 안에 감추어졌음이라 우리 생명이신 그리스도께서 나타나실 그때에 너희도 그와 함께 영광 중에 나타나리라 그러므로 땅에 있는 지체를 죽이라 곧 음란과 부정과 사욕과 악한 정욕과 탐심이니 탐심은 우상숭배니라"골 3:1-5.

그러므로 받는 것보다 주는 것이 더 복된 것이다. 주님은 우리의 이런 착한 행실을 보는 불신자들이 하나님께 영광을 돌리게 하는 열매를 낳게 하는 행위라고 말씀하셨다마 5:16. 우리가 구제할 때 오른손이 하는 것을 왼손이 모르게 하는 방식으로 섬기면 은밀한 중에 보시는 하나님께서 반드시 갚아주시는 것이다마 6:4. 하늘에서 받을 상이 많은 성도의 삶임을 확정해 주신 것이다. 하늘과 땅의 모든 것을 소유하고 계신 그리스도를 기업으로 받는 것이다. 사랑과 믿음과 섬김과 인내로 하나님의 은혜와 평강이 얼마나 강렬한 것인지를 나타내는 신실한 그리스도인의 삶이 되어야 한다.

물론 우리는 보물을 땅과 하늘에 동시에 쌓아 둘 수는 없다. 지상의 물질적 보물을 주님의 나라와 영광을 위하여, 선한 일을 위하여, 영원한 생명을 위하여 귀하게 사용하는 것이 영원에 이르는 것이요 성도의 옳은 행실로 옳다 인정함을 받는 것이다. 물질주의는 하나님께 충성하는 것과 언제나 충돌한다. 우리가 두 주인을 섬길 수 없기 때문이다. 우리의 시민권이 하늘에 있음으로 하늘의 부르심에 부끄럽지 않은 일꾼으로 선한 일에 힘쓰는 자가 되어야 한다. 이것이 우리를 구속해 주신 이유가 되기도 하다. "그가 우리를 위하여 자신을 주심은 모든 불법에서 우리를 구속하시고 우리를 깨끗하게 하사 선한 일에 열심하는 친 백성이 되게 하려 하심이라"딛 2:14. "우리는 그가 만드신 바라 그리스도 예수 안에서 선한 일을 위하여 지으심을 받은 자니 이 일은 하나님이 전에 예비하사 우리로 그 가운데서 행하게 하려 하심이니라"엡 2:10.

　　본 장을 마무리하기 전에 성경에서 말하는 **직업윤리**나 혹은 **노동윤리** 자체가 단순한 호구지책의 일환으로 주어진 것이 아니라는 점을 잠시 살피고자 한다. 그리스도인의 직업 혹은 노동 자체는 이마에 땀을 흘려야 먹고사는 것이라 하더라도 그 목적은 순수하게 하나님의 영광과 이웃 사랑에 있다는 사실을 알아야 한다. '직업'이라는 말은 독일어beruf든 영어calling든 다 종교적인 의미를 내포하고 있다.[74] 그 이유는 노동행위 자체가 인간을 창조하신 하나님이 주신 신성한 의무이기 때문이다. 그래서 하나님의 부르심이라는 소명에서 직업을 논하는 것이다. 그렇다면 하나님의 주권적 통치를 인정하는 그리스도인의 노동관은 당연히 하나님의 영광을 위하며 동시에 이웃의 복락과 유익을 위한 발걸음이어야 한다. '칼빈은 소명과 예정론을 연결하여 논하였다. 그는 모든 사람이 하나님에 의해서 그의 위치가 결정됨으로 하나님의 소명 없이 자기 자신의 뜻대로 살아간다는 것은

74　Max Weber, 프로테스탄티즘 윤리와 자본주의 정신, 직업으로서의 학문/직업으로서의 정치/사회학 근본개념, 김현욱 옮김, (서울: 동서문화사, 2010), 63.

목적 없는 삶이요 더 나아가 삶이 상실될 수 있다고 경고한다.'[75]

그리스도인은 직업 자체를 그리스도의 생명이 없는 자들처럼 자아실현을 위한 도구나 혹은 생계유지를 위한 돈벌이 수단으로만 생각하지 않는다. 어떤 직업을 가졌든지 그 직업의 효용성은 하나님의 뜻을 이룸에 있다. 이것이 신학이 곧 삶이라는 명제를 뒷받침한다. 주님께서 우리를 구원해 주신 가장 큰 목적은 하나님의 영광을 위해서 사는 존재가 되는 것이다. 그것이 예배의 삶으로, 그것이 노동 현장에서 하나님이 영광을 받으시는 길로 나아가게 한다. 그것 때문에 모든 일을 주께 하듯 하는 것이다. 억지로 사람에게 보이려고 하는 것이 아니라 하나님 앞에서 정직하고 성실하게 주어진 임무를 감당하는 것이다. 사실 마태복음 25장에서 양들이 했던 일, 목마른 자에게 마실 물을 주었고 헐벗은 자에게 입을 옷을 주었으며 병든 자를 돌봐주었고 굶주린 자에게 먹을 것을 주었으며 갇힌 자를 살펴본 모든 행위는 주님에게 한다는 생각이 전혀 없었지만, 지극히 작은 형제 하나에게 한 것이 곧 주님에게 한 것이라는 주님의 교훈은 그리스도인이 삶의 현장에서 이웃을 대할 때, 노동의 현장에서 맡은 직무를 수행할 때 어떤 자세로 해야 할지를 가르쳐주신 것이다. 즉 칼빈이 직업을 생계유지의 한 수단으로만 보지 않고 하나님의 뜻을 실현하는 영적 행위로 간주한 것처럼 구제와 봉사의 디아코니아도 영적 행위의 한 단면이라는 것이다.[76]

본래 노동 자체는 하나님의 축복이었다. 그러나 타락이 노동을 고통과 불안, 불의와 억압의 원천이 되게 했다. 그래서 대다수가 노동을 고역으

---

75 이동호, '칼빈의 경제윤리와 디아코니아', 기독교사회윤리학 통권 43권 2019, 196.
76 이동호, ibid., 197.

로 간주한다. 먹고 살기 위하여 마지못해서 하는 직업으로 전락시켰다. 그 직업은 오로지 자기 이익이 우선이다. 그러나 성경에서 교훈하는 노동은 구속받은 그리스도인에게는 전혀 다른 차원의 소명으로 다가오는 것이다. 하나님이 일하시니 나도 일한다요 5:17는 주님의 말씀은 주님을 모시고 사는 그리스도인에게도 동일하게 적용된다. 내가 이마에 땀을 흘리지만, 사실은 내 안에서 주님이 일하시는 것이다. "너희 안에서 행하시는 이는 하나님이시니 자기의 기쁘신 뜻을 위하여 너희에게 소원을 두고 행하게 하시나니"빌 2:13. 그러므로 노동의 신성한 의무를 행할 때도 원망과 시비가 없어야 한다. 우리 안에서 구제와 봉사의 수단으로 노동하는 소원을 두고 행하시는 분이 하나님이기 때문이다. 이것이 그리스도인의 노동은 하나님의 소명으로 간주하고 신성한 일에 동참하는 것이라고 말하는 것이다. 노동을 통해서 우리는 하나님의 뜻을 실현하는 하나님의 일을 하는 것이다. 이것은 예수 그리스도가 우리 안에 좌정해 계시지 않으면 불가능하다. 비기독교인에게서 나타나는 노동은 더 나은 것을 획득하기 위한 투쟁의 발판일 뿐이다. 그러나 '칼빈에게 있어 하나님의 일이 곧 나의 일이 된다는 것은 바로 예수 그리스도와 죄인인 인간이 하나 됨을 통해 나타나게 된다. 죄인인 인간의 노동을 통해서는 가치 있는 결과가 나올 수 없다. 죄의 결과는 억압과 착취이지만 은혜의 결과는 섬김과 봉사요 은혜이다. 예수 그리스도의 은혜를 통해 의롭게 여김을 받은 그리스도인의 노동은 세상을 회복시킨다. 세상에서의 노동이 회복된다. 이 회복은 전적으로 하나님 은혜의 선물이지 인간의 행위로 나타난 결과는 아니다. 구원은 은혜의 선물이지, 노력에 대한 보상은 아니다. 하나님이 이제 의롭다 여김을 받은 자 안에서 일하

시면 노동은 고통의 결과물이 아니라 은혜의 기쁨이 된다.'[77]

노동의 목적을 순수하게 하나님의 뜻을 이루는 수단으로 본다면, 즉 구제와 봉사의 섬김 수단을 통해서 원수 된 인간이 하나님과 화목케 되고 인간의 행복을 증진시키는 복을 낳는 일이 된다. 그러면 우리가 뭘 하든지 그것은 하나님의 영광을 나타내는 것이다. 그로 인하여 얻어지는 노동의 대가는 하나님의 선물이다. 그 선물을 가지고 무엇을 해야 하는가? 일차적으로 생계유지와 가족 부양의 책임을 지는 것이지만, 동시에 이웃에게 사랑의 손길을 내미는 용도로도 사용되어야 한다. 그런 의미에서 임금 착취는 하나님의 것을 강탈하는 도적이다. 여기서도 하나님의 도덕법인 십계명이 적용된다. '도적질하지 말라, 네 이웃의 것을 탐내지 말라.' "땅에는 언제든지 가난한 자가 그치지 아니하겠으므로 내가 네게 명령하여 이르노니 너는 반드시 네 땅 안에 네 형제 중 곤란한 자와 궁핍한 자에게 네 손을 펼지니라"신 15:11. 우리 주변에 가난한 자, 빈곤한 자, 궁핍한 자들이 존재하는 이유는 그들에게 필요한 것들을 제공하기 위함이다. 하나님이 하나님의 형상으로 지음을 받은 그들을 도와주지 못해서가 아니라 하나님의 사랑을 입은 자들이 하나님의 사랑을 실현할 기회를 얻으며 하늘에 보물을 쌓게 하는 것이다. 그 일을 통해서 하나님께 영광을 돌리게 하려 함이다.

여기에서도 하나님이 인간의 행복을 위하여 주신 율례와 법도가 우리의 삶이어야 함을 말하지 않을 수 없다. 디아코니아에 대한 칼빈의 이해를 이동호는 이렇게 설명하고 있다. '하나님께서 우리에게 선을 행할 기

---

77   이동호, ibid,. 199.

회를 베풀어 주시기를 바라시는 것이 아니라면 도대체 무슨 이유로 그가 이 지상에 빈곤의 실재를 허용하시겠는가? 따라서 우리는 한 사람은 부하고 다른 사람은 가난한 것을 보게 될 때 그것을 운명의 탓으로 돌리지 않는다. … 하나님은 인간의 선의를 심사하기 위하여 이 세상의 덧없는 재물을 불공평하게 분배해 주신다. 그는 인간을 심사하고 계신다. … 만일 어떤 사람이 그의 도움이 필요로 하는 사람들에게 선을 행하려고 가진 재산을 아끼지 않는다면 이것은 선한 증거이다. 만일 가난한 다른 사람이 고통당하고 있으며 그의 형편이 어려울지라도 부정행위나 다른 악을 행하고자 하지 아니하고 그를 보내주신 하나님을 기쁘시게 해드릴 일을 끈기 있게 행한다면 이것도 역시 선하고 유용한 시험이 될 것이다.'[78] 신학은 삶이어야 하고 삶에서 실현되지 않으면 무익한 것이다.

---

78 이동호, ibid., 203 각주 37번.

신학은 삶이다
Theology is Life

제 2부

교리와 삶

Theology is Life

1장

교리 교육의 중요성[79]

건전한 교리는 성도가 기본적으로 믿고 있는 도리에 대한 지식인데 무엇을 믿고 어떻게 살아야 할지에 대한 교리적 확신이 매우 빈약한 현실은 교회 문제의 잡음을 조금도 소화消火시키지 못하고 있다. 문제는 커지지만 해결 능력은 상실된 채로 세월만 보내고 있다. 결과적으로 십자가 복음이 찬란하게 펼쳐 보이는 하나님의 은혜는 뒷전으로 밀려나게 만들고 외형적 성장과 확장에 공헌한 인간의 소리와 공로만 드러나는 것이다. 즉 기복신앙과 탈신학적 교회들이 정상적인 기독교회로 보이고 있다. 필자의 이 논문 역시 하나의 공허한 외침이 될 수 있다. 그러나 교회 개혁을 꿈꾸는 자들에게 이 논고가 하나의 실천적 방안이 되기를 소망한다. 교회 개혁은 주님의 뜻이다. 개혁된 교회는 '언제나 개혁되어야'semper reformanda 하기 때문이다. 이 일을 위해서 필자는 요리문답 교육의 필요성이 무엇인지, 요리문답 교육의 역사적 발전과정이 무엇인지 특별히 성경적 근거가 무엇인지를 살피게 될 것이다. 그런 다음 장로교회가 전통적으로 내세웠던 요리문답 교육의 주 교재인 소요리문답서 내용을 간략하게 살피면서 교리 교육의 목

---

[79] 2017년 역사신학회 주관으로 종교개혁 500주년 기념 학술대회에서 발표한 글이다.

적과 열매가 어떠한 것인지를 눈여겨 볼 것이다. 이로 인하여 요리문답 교육의 부재가 빚어낸 현상들을 치유할 수 있는 가장 큰 도구 역시 요리 문답 교육의 회복을 강조하고 교회에서 어떻게 요리문답 교육을 할 것인지를 다루면서 마무리하고자 한다.

1 교리 교육의 필요성

한국의 개신교, 특히 정통보수신학과 신앙을 견지해 온 장로교회는 예부터 교리 교육을 중요시했다. 그러나 수의 불림과 재정확보 및 건물 확장으로 교회를 평가하는 일명 '교회 성장학'의 여파는 목적 달성은 이루었을지 몰라도 교회로서의 '건전한 가르침과 건전한 삶'을 낳는 일은 실패하고 말았다.[80] 교리 교육의 강화를 통해서 성경적인 기독교인을 만들기보다 교세 확장에 대한 열망이 앞서다 보니 무늬만 기독교인이요 실지로는 불신자를 방불하는 자들도 상당수 존재하는 것이다. 교육은 갈고 닦는 훈련이다. 교회 교육은 심령 골수를 찔러 쪼개기까지 하는 하나님의 말씀으로 스스로를 단련시키는 것이요 경건의 능력을 배양하는 것이다. 그런데도 교회에서의 성경과 교리 교육은 선택적 교양과목으로 전락했다. 그

---

[80] 2015년 기준으로 전체 기독교 인구가 3대 종교 중 1위라고 통계청이 발표했다.(2016.12.19). 기독교계는 갸우뚱한 것이 사실이었다. 교인 수 감소를 피부로 느끼는데 통계로는 기독교 신자가 2005년 845만 명에서 10년 새 15% 정도 성장한 123만 명이었던 것이다. 반면 불교 신자는 1059만 명에서 762만 명으로 무려 296만 명 가량 줄어든 것으로 나타났다. 수치적으로 보면 30%나 급감하여 조계종에서는 큰 충격적인 일로 받아들이고 있다. 또한 가톨릭 신자도 502만 명에서 389만 명으로 20%나 급감하였다. 기독교만 15% 성장한 1,000만 성도를 기록하였다. 웃을 일은 아니다. 3대 종교인들의 신용도는 기독교가 제일 낮은 수준이기 때문이다.

리고 소비자 중심의 흥밋거리 행사들로 바뀌어 심령의 변화에 이은 정제됨과 다듬어짐의 결과물은 그리 많지 않은 것이다. 빈번하게 발생하고 있는 교회 분쟁적 요인들을 성경의 가르침대로 해결하지 못하고 거듭나지 못한 자들의 사법적 판단이 최고의 권위를 차지하게 만들어버린 것이 그 증거이다.

또 하나의 증거를 대자면 한국의 교회가 근래에 이단들의 기승으로 홍역을 치루고 있다. 신천지같은 이단은 기존 교인들을 성경 공부 모임으로 유인하거나 심지어 새 신자로 위장하여 교회에서 중직을 맡으면서 교리적 가르침에 취약한 자들을 속속 빼내 가고 있는 이유가 기독교의 근본적인 교리를 체계적으로 교육받지 못한 것 때문이다. 이만열은 이렇게 지적한 적이 있다. '한국 교회가 자기 정체성을 갖지 못하고 윤리성을 회복하지 못함으로써 생기는 문제일 수 있으며, 이것이 직접적 원인이 아니더라도 교회가 말씀 중심의 기독교 본연의 모습을 간직하지 못하고 물량주의, 기복신앙, 반지성주의로 흘러가기 때문에 불건전한 사이비 종파들이 그 속에서 번식했다.'[81]

이러한 현실적 과제를 개선할 수 있는 가장 효과적인 방법은 과거에 교회를 견고하게 세워가도록 크게 기여한 교리 교육, 특별히 요리문답 교육이 그 어느 때보다 절실하다고 믿는다. 이환봉의 말을 빌리면 칼빈은 디모데후서 3장 15~17절을 근거로 교회 교육의 유용성을 말할 때 "하나님의 교회는 교리 교육 없이는 유지될 수 없다"고 단언했다.[82] 따라서 리처드 박

---

81 이만열, "한국교회 성장문화의 요인", http://cafe.daum.net/vision12/ByT/196.
82 이환봉, 무엇을 믿고 어떻게 살 것인가: 현대인을 위한 개혁신앙과 윤리, 글마당, 2001. http://www.kirs.kr/index.php?document_srl=1652007.02.09

스터가 지적한 것처럼 '건전한 교리는 건전한 삶을 낳는다'는 개혁신앙의 회복을 꿈꾸는 모든 이에게 교리 교육의 필요성을 촉구하고자 한다. 이를 뒷받침하고자 먼저 요리문답의 정당성을 성경에서 찾으며 역사적으로 교리 교육의 형성, 특히 웨스트민스터 대소요리문답을 조명하고 진정한 교회 개혁은 교리 교육의 회복을 통해서만 가능함을 조명하고자 한다. 사실 현대 목회자들은 과거 그 어느 시대보다 자료들을 풍부하게 가지고 있다. 그에 비해 과거 종교개혁자들이나 청교도들은 자료적인 측면에서 보면 훨씬 열세였지만 그 신학적 및 신앙적 깊이는 현대인들이 도저히 범접할 수 없는 경지에 이른 자들이다. 무엇이 그렇게 만들었을까? 그것은 '옛적 길'을 무시해 버린 역사성 상실에 답이 있다.[83] 이제 선조들이 남겨준 '그 옛적 길'의 길잡이를 들여다보도록 하겠다.

2 요리문답의 기원과 발전

교회에서 교리 교육을 논할 때 역사적으로 많이 사용하고 있는 것이 소요리문답The Shorter Catechism이었다.[84] 요리문답κατηχέω, 문자적으로 목소리로 교육하는 것, to instruct

---

83 여호와께서 이같이 말씀하시되 너희는 길에 서서 보며 옛적 길 곧 선한 길이 어디인지 알아보고 그리로 행하라 너희 심령이 평강을 얻으리라. … (렘 6:16).

84 현대에 들어와서 '교리문답'으로 번역되기도 하지만 필자는 전통적으로 사용되어 온 '요리문답'이라는 말을 사용한다. 교리문답과 요리문답에 대한 차이를 설명하는 것을 잘 보지 못하였지만 혹자는 요리문답이라는 용어가 교리문답이라는 용어보다 더 광범위하다고 말하기도 한다. 그의 말을 빌리면 성경을 학습하는 방법 중 주제 중심의 학습방법으로서 '주제를 먼저 정하고 그 주제에 따라 성경의 배용을 발췌하여 성경의 내용을 배열하는 방법'이 있는데 이것이 요리문답서 형식으로 발전되어 왔다는 것이다. 안은찬, *실천신학개론*, 한국목회학 연구소, 2013, 374. 여기서 굳이 두 용어 차이를 구분하자면 교리문답은 신앙고백서의 내용을 바탕으로 문답교

with the voice은 교리의 개요 혹은 강론이며 전통적으로 묻고 답하는 방식으로 성례에서 사용된 학습 도구였다. 그리고 기독교 신앙을 아이들과 성인들에게 가르치는 입문서 역할을 한 것이었다.[85] 따라서 요리문답이라는 흔히 질의응답을 통한 교리를 암기하게 하는 입문서로 알려졌다. 물론 이것이 기독교만이 가진 유일한 교육방식은 아니었다. 세속적인 교육방식에도 질의응답 교육은 얼마든지 사용되고 있음을 본다.[86] 그러나 교회에서 교육 지침서 역할을 하는 '요리문답'이라는 용어는 중세 후반기에 처음 등장하였다.[87] 종교개혁 이전에 기독교 문답 교육은 사도신경과 주기도문 및 성례에 관한 지식을 가르치고 암기하는 방식을 취하였다. 그런데 이 방식이 대중화된 것은 마틴 루터가 자신이 만든 대소요리문답 때문이었다.[88] 루터

85 육을 취하는 것이라고 한다면 요리문답은 성경에서 찾아지는 역사적이며 전통적인 다양한 주제들을 질의응답 방법으로 교육하는 것이라고 할 수 있겠다.
κατηχέω, Strong's Concordance를 보면 그 용법으로 사용된 것이 신약성경에서 총 일곱 번 발견된다(눅 1:4, 행 18:25, 21:21, 24, 롬 2:18, 고전 14:19, 갈 6:6). 이 모든 단어들은 다 교육하다로 번역되었다. 그런데 이 단어가 질의문답 교육방식의 개념으로 이해되어 사용되고 있지만 본래 헬라어는 기초교육의 모든 방식 및 구음교육(oral instruction)을 포함하고 있는 것이다. 교리문답교육을 반 다이켄은 '기독교 교회가 역사적으로 사용해 온 특정한 교습방법이다'고 정의하였다.(잃어버린 기독교의 보물, 교리문답 교육, 김회정 옮김, 부흥과 개혁사, 2012, 27.) 다이켄의 설명에 의하면 실로 '교리문답'이라는 용어를 낳은 헬라어 'κατηχέω'는 '밑으로'라는 뜻의 '카타'와 '소리내다'라는 뜻의 '에코'라는 두 단어의 합성어이다. 따라서 카테케오는 '밑으로 소리내다'라는 문자적 의미를 지니고 있다(28쪽).
86 플라톤의 대화편은 소크라테스의 교육방법을 기록하고 있는데 자신의 제자들을 질문과 대답 형식으로 가르친 것이었다. 일명 소크라테스 방식(Socratic Method)이라 부른다.
87 Ian Green, *The Christian's ABC: Catechisms and Catechizing in England c.1530~1740*. Oxford: Clarendon Press(1996), pp. 14-15.
88 루터는 1529년 4월과 5월에 독일어로 된 두 권의 교리 문답을 완성하여 출판했다.

는 성도들이 기독교 신앙의 기본적인 도리들을 잘 알고 이해하는 그 중요성을 이 두 권의 문답서에서 강조하였다. 교사들과 부모들을 위한 루터의 대요리문답은 부모가 자녀들에게 기독교 신앙을 바르게 교육할 중요한 책임을 강조한 것이었다. 루터의 종교개혁의 성공적 요인은 교리 교육에 있었고 그것은 부모를 통한 교육이었다고 한다면 한국의 장로교회 교육의 실패, 또는 교회 개혁의 부진은 부모의 무지와 가정에서 신앙교육 부재에서 시작되었다고 해도 틀리지 않는다. 부모들을 위한 교리지침서와 자녀교육의 중요성 회복이 속히 이루어져야 한다. 교회를 다스리는 것은 하나님 말씀의 신실한 선포와 교리 교육이어야 하며 이것이 교회의 생명력을 왕성하게 하는 것이다.

존 칼빈 역시 '교리 교육이 없이는 교회가 유지될 수 없다'고 한 것을 보면 문답을 통한 교리 교육의 중요성을 절대 간과하지 않았음을 알 수 있다. 제네바 시의회가 가톨릭의 미사를 폐지하고 하나님의 말씀을 따라 예배 개혁을 추인했을 때 칼빈과 시의회는 새로운 예배모범과 교육재료들이 제작되어야 할 필요성을 느끼지 않을 수 없었다. 그래서 만들어진 것이 1537년에 출판된 칼빈의 불어로 된 요리문답이었다.[89] 그러나 이것은 아이들에

교육의 주춧돌이 될 교리문답서는 '대요리문답(Greater Catechism)'과 '소요리문답(Lesser Catechism)'이다. 이 두 권의 책은 모든 교리 중의 교리인 십계명과 하나님 및 주 예수 그리스도에 대한 신앙고백인 사도신경과 기도 중의 기도인 주기도문과 지극히 숭고한 의식들인 복된 성례 등 4가지의 주요 내용이 들어있다. 루터의 요리문답의 특성은 기독교 신앙의 도리를 정확하게 그리고 직설적으로 진술한 것이며, 모든 그리스도인이 구원을 얻으려면 알아야 하는 모든 교리를 집약시켰고 외우도록 질문과 대답의 형식으로 구성되어 있다.

[89] 이 책은 그 이듬해 라틴어로 번역되어 출판되었다. 그러나 이것은 너무 어렵게 쓰여

게 가르치기에는 매우 어려워 보다 더 쉽게 만들어진 문답서가 필요하였다. 그래서 다시 제작된 1545년의 「제네바 요리문답서」는 가르치기 쉽게 복잡한 기독교 교리들을 단순화한 것이었다. 하나님과 인간관계를 중점으로 다룬 이 문답서에서는 총 5개 부분으로 구분되어 있다. 첫째는 사도신경 강론을 다룬 신앙 부분, 둘째는 십계명을 다룬 율법 부분, 셋째는 기도, 넷째는 하나님의 말씀에 관하여 그리고 마지막은 성례에 관한 것이다. 이 요리문답서는 제네바와 스코틀랜드에서 주로 사용되다가 1563년에 만들어진 하이델베르크 요리문답과 1647년에 작성된 웨스트민스터 요리문답서들이 지금까지 개혁교회의 주요 문답서들로 자리를 잡았다. 이후로 요리문답 교육은 주일학교 교육 프로그램이 개발되었음에도 불구하고 개혁교회의 공식적인 교육 방법으로 자리를 잡은 역사적인 신앙유산인 것이다. 따라서 교리 교육의 정당성을 성경과 기독교회 역사는 분명하게 증언하고 있는 것이다.

3 교리 교육의 성경적 정당성

왜 요리문답인가? 앞에서도 지적한 바와 같이 기독교의 근본적인 가르침들을 성도들에게 효과적으로 교육할 방도는 요리문답이라는 단어가 사용되기 이전부터 존재하였다. 즉 하나님 계시의 말씀에서부터 그 흔적을 엿볼 수 있는 것이다. 출애굽한 이스라엘 백성들이 하나님의 크고 강한 팔로 이집트 땅 종 되었던 집에서 구원해 주신 그 놀라운 은총을 기념하는 유월

아이들 교육하기에 적합하지 않았다. 그래서 칼빈은 요리문답을 다시 써서 우리에게 잘 알려진 1545년의 <제네바 요리문답서>가 나온 것이다.

절 절기를 지키게 된다. 유월절 절기를 지키는 규례를 말씀하신 하나님께서는 이렇게 설명하시고 있다. "너희는 여호와께서 허락하신 대로 너희에게 주시는 땅에 이를 때에 이 예식을 지킬 것이라 이후에 너희 자녀가 묻기를 이 예식이 무슨 뜻이냐 묻거든 너희는 이르기를 이는 여호와의 유월절 제사라 여호와께서 애굽 사람을 치실 때에 애굽에 있는 이스라엘 자손의 집을 넘으사 우리의 집을 구원하였느니라 하라 하매 백성이 머리 숙여 경배하니라"출 12:25-27.

인간은 이성적인 동물로서 질문을 던지고 그 질문에 답을 찾는 것이 지극히 정상적이다. 질문은 인류의 역사를 크게 진전시켜왔음을 누구도 부정할 수 없다. 인간이 자랑하는 발명품들 대부분이 질문을 푸는 과정에서 생겨난 것이라고 해도 틀리지 않는다. 마찬가지로 눈에 보이지 않는 하나님을 아는 것과 그가 하신 일들을 사람이 기억하게 하는 특정한 교육방식이야말로 영적 활동의 자연스러운 현상이다. 그 일을 일찍이 하나님께서 직접 문답교육을 통해서 실천한 것이다. 요리문답은 성경적 진리를 체계적으로 가르치는 것이다.

앞에서 인용한 성경 구절에서도 출애굽을 전혀 경험해 보지 못한 자녀들이 가나안 땅에서 살면서 유월절을 지키는 예식을 거행할 때에 그 예식이 무엇을 뜻하는지를 묻는다고 했다. 그 질문을 받은 부모는 이 예식의 기원이 어떤 것이었는지 그리고 무엇을 상징하는 것인지를 자세히 설명해 주어야 했다. 이것이 요리 문답교육의 시초이다. 삼위의 하나님과 교회, 구원과 예배 및 권징 등 성도들이 반드시 알아야 할 기본적인 뼈대를 구축하도록 교육하는 것이 문답식 교육이다. 구약에서만 아니라 예수님께서도 하늘나라 비밀들을 언급하실 때 질의와 답변을 통해서 설명하신 것이다. '너희는 나를 누구라 하느냐?'고 제자들에게 물었고 베드로는 '주는 그리스도시오 살아 계신 하나님의 아들이니이다'라고 답하였다^{마 16:16}. 또한 예수께서는 승천하시면서 제자들에게 만민에게 복음을 전파하여 "모든 족속으로 제자를 삼아 아버지와 아들과 성령의 이름으로 세례를 주고 내가 너희에게 분부한 모든 것을 가르쳐 지키게 하라"^{마 28:19-20}고 하셨다. 이 위대한 지상명령에서 제자를 삼고 세례를 주며 예수께서 분부한 모든 것^{교리}를 가르쳐 지키라는 명령하심으로써 성경 진리를 담아내고 있는 교리 교육이 단순히 교회 지도자들이 고안해 낸 방식이 아니라 성경의 교훈이요 주님의 명령임을 알 수 있다.

하나님께서 출애굽한 이스라엘 백성들에게 하나님이 어떤 분인지 그 하나님이 이스라엘 백성들을 위해서 무슨 일을 하셨는지에 대한 질의응답을 통해서 온 백성들의 심령 속에 깊이 각인시키기를 원하셨듯이 예수께서도 제자들에게 자신을 누구라고 생각하는지를 물으심으로서 예수가 누구인지를 세심하게 이해하고 판단하게 하신 것이다. 또 제자들은 그들이 믿고 있는 예수께서 어떤 분인지를 잘 알고 있어야 할 뿐 아니라 가르치고 실천하는 제자로서의 삶을 추구해야 할 의무가 있는 것이다. 그러므로 교리 교육은 이환봉이 지적한 대로 '성경에 나타난 하나님의 뜻은 그리스도의 교회가 거룩 안에 온전히 세움을 입도록 하나님의 말씀을 체계적으로 철저히 알고 의로 교육하는 것이다.'[90] 한 마디로 교리 교육의 중심은 교사가 학생들에게, 목사가 성도들에게 또는 부모가 자녀들에게 기독교 신앙의 핵심들을 교육하여 이해시키는 입문서 역할에 있다. 칼빈은 제네바 요리

---

90 이환봉, 교리 교육의 필요성, http://www.kirs.kr/index.php?document_srl=1652007.02.09

문답서 서문에서 그 목적을 이렇게 표현하고 있다.

> 우리는 모두 한 분 그리스도의 진리 안에서 함께 연합되어 그리스도에게로 인도된다. 우리는 한 몸과 한 영으로 자라가며 또한 같은 입으로 신앙의 총론에 속한 것들을 고백한다. 이것을 목적하지 않는 문답자들은 종교에 있어서 불화의 씨를 심음으로써 교회에 치명적인 상처를 가하게 되고 또한 세례의 불경건한 모독죄를 소개하는 자들이다. 우리가 하나의 신앙 안에서 일치된 고백을 하지 않는 한 세례의 유용성이 어디에서 존재할 수 있겠는가?[91]

한 마디로 같은 신앙을 고백하지 않는다면 세례도 다르고 성찬도 다르고 믿음도 다 다른 것이 되는 불상사를 초래하는 것이다. 이것을 가장 염려한 칼빈은 동일한 신앙고백이 절대적으로 필요함을 강조한 것이다. 사실 칼빈이 교리 교육을 통해서 달성하고자 하는 목적 자체는 근본적으로 기독교의 근본 교리들을 사람들에게 알리어서 교회의 통일성을 이루고자 함이었음을 이 글에서 분명하게 드러난 것이라고 본다. 현유광도 칼빈의 이점을 분명히 지적하였다. '교회가 공인하는 교리서가 있게 될 때에, 하나의 지역교회 안에서 동일한 신앙고백이 이루어짐으로써 신앙고백 공동체를 이루는데 크게 이바지한다. 나아가 모든 개혁교회가 성경에 근거한 교리서를 채택하게 될 때에 이를 중심으로 일치를 이루고 일치를 지속할 수 있게 된다.'[92] 이것은 성경적인 명령이다. 바울은 고린도 교회에게 이

---

91 www.reformed.org/Calvin/geneva catechism.
92 현유광, '교리 교육 어떻게 할 것인가?'
    flvmov.kts.ac.kr/ ⋯ /1227511980_01TWzg2j_BDC5C7D0C6F7B7B3_B1B3B8AEB1B.

렇게 말했다. "형제들아 내가 우리 주 예수 그리스도의 이름으로 너희를 권하노니 다 같은 말을 하고 너희 가운데서 분쟁이 없이 같은 마음과 같은 뜻으로 온전히 합하라"고전 1:10. '같은 말'을 하고 '같은 마음'과 '같은 뜻'으로 합하라는 것은 주님의 교회의 공 교회적 통일성을 말하는 것이다. 주님 교회의 통일성은 함께 고백하는 교리적 일치가 없이는 불가능한 것이다.[93]

한국의 장로교회도 동일한 신앙고백서와 요리문답서를 교단의 신조로 채택하고 있지만 요리문답 교육의 부재 현상이 다양한 교회 모습들과 다양한 예배 형태들로 나타나고 있으며 소위 족보 없는 교회들이 난무하게 된 것이다. 수백 개로 쪼개진 장로교회의 개혁은 요리문답 교육을 통해서 같은 말 신앙고백 하에 하나 된 교회를 회복하는 것이어야 한다. 더욱이 건전하지 못한 가르침으로 말미암아 이단 혹은 사이비 종교로 빠지게 하는 일을 막는 대안도 교리 교육에 있다. 과거 한국의 교회 성장의 주역으로 왕성하게 활약했던 주일학교 교육의 회복은 '듣기와 말하기가 중심이 되는' 정통적인 개혁교회의 요리문답 교육에 달려있다. 도날드 반 다이켄은 이 점을 특별히 강조하고 있다.[94]

교회가 장차 다가올 미래에 믿음의 아들과 딸을 필요로 한다면 우리는 반드시 하나님의 말씀을 듣는 방식으로 돌아가야 하며, 거기서부터 질문하고 답을 얻는 방식으로 돌아가야 한다. "믿음은 들음에서 나며 들음은 곧 그리스도의

---

93 서창원, '공교회성 회복과 한국교회의 개혁', 종교개혁 500주년 기념 공동학술대회에서 발표한 논문임, 2017년 10월 28일.
94 도날드 반 다이켄, 잃어버린 기독교의 보물, 교리문답 교육, 김희정 옮김, 부흥과 개혁사, 2012, 30.

말씀으로 말미암았느니라"롬 10:17. 만약 우리 자녀들이 성숙해지길 바란다면, 이들이 진리 위에 굳게 서서 정직하게 자신의 신앙을 옹호하며 우리를 속이는 대적을 거부하기를 바란다면, 또한 이들이 고결하게 싸웠던 옛 성도들처럼 싸우기를 원한다면, 이 아이들에게 다윗과 골리앗 이야기를 가르칠 때 돌팔매질 새총을 만들게 하는 것보다 더 엄밀한 기본적인 훈련이 필요함을 우리는 알아야 한다.

4 장로교회의 교리 교육의 역사적 산물

종교개혁 이후로 근대교회의 역사는 신앙고백서 시대라고 할 만큼 수많은 신앙고백서가 만들어졌다. 1530년 아우구스부르크 신앙고백서Augusburg confession를 필두로 많은 고백서가 작성되면서 자신들의 교리적 입장을 천명하고 교회의 일치성을 추구해온 것이다. 특히 개혁파 교회들이 인준하고 사용해 온 가장 대표적인 것은 도르트 신경을 포함한 세 신조 일치The Three Form of Unity에 해당하는 벨직 신앙고백서, 하이델베르크 요리문답서가 있다. 근래에 들어 한국의 교회 안에서 하이델베르크 요리문답[95]에 대한 관심이 매우 많이 증폭되어 왔다. 그러나 17세기 웨스트민스터 종교회의가 제정

---

95 하이델베르크 요리문답은 독일과 화란의 개혁교회 계통에서 신앙고백으로 사용하고 있는 것으로 그들은 이 요리문답이 하나님의 말씀을 가장 신실하게 잘 나타내고 있다고 믿는다. 1563년에 하이델베르크에서 제작된 이 요리문답은 질의응답 형식으로 웨스트민스터 요리문답서 작성에 깊은 영향을 끼쳤다. 이 문답의 형식은 출애굽에서 시내 산까지의 이스라엘의 역사와 신약 성경의 로마서의 형식을 따르고 있다. 즉 죄의 종노릇하는 우리의 상태가 어떤지를 다루고 그리스도를 통한 위대한 구원의 역사와 이 구원을 주신 하나님께 우리가 사랑과 감사를 표현하는 방법 즉 율법에 순종하는 방법을 다루고 있다.

한 일명 '웨스트민스터 문서들'Westminister Documents은 작성된 시기를 보아서 이미 나온 정평 있는 신조들과 요리문답들을 토대로 만들어진 것이기 때문에 그 구성이나 내용 면에서 그 어떤 것들보다 체계적이고 조직적이며 성경적인 풍성한 내용들을 담고 있다고 본다. 그러므로 필자는 본 논고에서 웨스트민스터 문서들, 그 중에 소요리문답 교육의 필요성을 강조하고자 한다.

'웨스트민스터 문서들'은 1648년 글라스고 총회에서 스코틀랜드 장로교회가 1560년 존 녹스에 의해서 작성되어 장로교회의 신조로 사용되어 온 스코츠 신앙고백서Scots Confession를 대체하는 장로교회의 표준문서들로 채택되었다. 그 이후 세계로 확산한 모든 장로교회가 다 여기에 근거하여 장로교회를 세워왔다. 한국의 장로교회도 1917년 승동 교회당에서 모인 6회 총회에서 웨스트민스터 표준문서를 채택하였으나 당시에는 대요리문답은 빠져있었다가 1969년에 와서야 첨가하였다.

과거 세속 사회에까지 깊은 영향력을 미친 장로교회의 영향력은 고백서를 비롯한 요리문답서들이 교회의 직임을 받을 때 사용되는 하나의 서약문서로만 남아 있는 것이 아니라 믿는 도리들을 분명하게 파악하게 하고 실천되게 하는 교리 교육 정책에 기인한 것이다. 다른 어느 교단보다 성경과 교리를 확고하게 한 교육 정책은 장로교단의 자랑이었다. 오류와 거짓 가르침들을 걸려 내는 작업이 어렵지 않았었다. 그러나 19세기에 불어 닥친 자유주의 신학의 영향으로 성경의 권위가 상실되면서 자연스럽게 교리 교육의 감소와 부재 현상으로 이어졌다. 이것이 다양한 교회 형태들을 만들어내게 되었고 일관된 목소리를 내지 못함으로 대 사회적 영향력은 과거에 비해 급속도로 저하되었다. 실제적으로 교회의 영적 힘이 상당히 약화 된 원인을 찾는다면 교회의 분열과 다양한 목소리들 때문이라고 해도 틀리지 않는다. 각인각색의 모습에서 탈피하고 일관된 고백과 교회 일치운동은 언제나 올바른 진리에 대한 성경적 신앙관 확립에 있다. 그 목적은 요리문답 교육이 최고인 것이다.

따라서 필자는 17세기 청교도들과 언약도들이 남겨준 웨스트민스터 요리문답서 교육은 지금이야말로 다시 강조하고 실천해야 할 일이라고 믿는다. 17세기 이후로 지금까지 장로교회의 헌법적 체계를 구축하고 있는 웨스트민스터 요리문답은 크게 두 가지이다. 목사들과 교회 지도자들을 위한 「대요리문답서」와 아이들 교육을 위한 「소요리문답서」이다.[96] 소요리문답서는 초보자들에게 읽기 쉽고 이해하기 좋도록 작성된 것으로서 특히 아이들을 가르치고 개혁주의 신앙에 취약한 자들을 확고한 개혁신앙인들로 양육하고자 제작된 것이었음을 서문이 밝히고 있다. 보다 구체적이고 포괄적인 내용을 담고 있는 대요리문답은 목사들과 교회 지도자들을 위하여 만들어진 것인데 교회에서 설교를 통해서 개혁교회가 믿고 있는 것을 성도들에게 확고하게 가르치도록 도움을 주고자 한 것이다.

하나님 진리의 말씀과 율법을 총 모아 정리하고 성도들에게 그 교리적 가르침을 잘 소화시키도록 만든 107문답으로 되어 있는 소요리문답서는 1~12번까지는 창조주 하나님에 관한 질의응답이며, 13~20문까지는 인간의 원죄와 타락한 상태에 대해서 질의 응답하는 것이다. 그리고 21~38문까지는 구속주이신 그리스도와 그의 구속사건으로부터 흘러넘치는 은총이 어떠한 것인지를 취급하고 있다. 39~84문까지는 십계명을 다루고 있고 85~97문까지는 세례와 성찬에 관한 질의응답이다. 그리고 마지막

---

96 소요리문답은 1646년에 대요리문답은 1647년에 만들어졌다. 후자는 처음에 성경인용구들이 없이 작성되었다가 1648년 4월 14일에 성경인용구들이 첨가되었다.

98~107문까지는 주기도문을 가르치고 그 내용을 설명하는 것이다. 이 구성은 당시 대륙의 개혁교회에서 사용하고 있는 하이델베르크 요리문답을 본 떤 것이다. 이러한 구성을 보면 교리 교육의 핵심은 동일한 신앙고백과 그 고백 위에 세워지는 성경적인 생활상을 그려내는 것이었다고 할 수 있다. 이 문서들이 만들어지고 사용된 이후로 유럽의 기독교와 1788년 뉴욕과 필라델피아 대회와 그리고 1789년 미국에 있는 장로교회가 이 문서들을 채택한 미국의 기독교는 기독교적 문화와 삶을 형성하는데[97] 크게 이바지했다. 성도들의 인생관과 가치관 형성에 엄청난 기여를 하고 있는 우리가 잘 아는 소요리문답 1문은 장로교회 성도만이 아니라 타 교단에서도 즐겨 사용하는 문답이다.

제1문: 사람의 제일 되는 목적이 무엇이뇨?

답: 사람의 제일 되는 목적은 하나님을 영화롭게 하고 그를 영원토록 즐거워하는 것이다.

20세기 후반부터 번진 교리 교육의 침체는 곧바로 교회의 침체로 이어졌다. 당연히 교회 개혁의 열망이 큼에도 불구하고 변화를 일으키지 못하는 가장 큰 원인이 윤리 도덕적 부패와 타락의 개선을 말하고 있지만 실상은 근본적인 삶의 변화를 촉진시키고 그리고 그 진리 안에 깊이 뿌리

---

[97] 다이켄이 자신의 저서 51쪽에서 인용한 존 머레이 교수의 글은 이렇다. '요리문답 교육 시스템을 고수한 곳에서는 종교개혁의 최상의 열매들이 잘 보존되었고 전수되었다.' 그는 또한 청교도 리차드 백스터 역시 요리문답 교육의 중요성을 강조하면서 이렇게 말하고 있다. '종교개혁이 살아남고 업적을 이룰 수 있었던 주된 요인 중 하나가 요리문답 교육이라고 생각했다.'

를 내리게 하는 교리 교육의 회복에 관한 주장이 너무나 빈약한 것에 있다. 아이들을 요리문답으로 교육하는 일을 포기하고 성경 이야기를 흥밋거리 위주로 설명하는 방식은 아이들을 교회로 모이게 하는 데 성공할지는 몰라도 건실한 신앙인으로 양육하는 일은 누구도 보장할 수 없다. 교리 교육의 부재는 성경에 대하여 그리고 신앙의 대상이신 삼위 하나님에 대한 무지와 무관심이 지배하는 아이들이 되게 하는 것이다. 교회 성장학은 공교회성이 파괴되고 개교회주의로 치달으면서 교리적 통일성이 상실되었고 장로회주의 정치 원리에 입각한 공교회성은 껍데기만 존재할 뿐 속사정은 백인 백색의 교회가 되어버린 것이다. 그 결과 심지어 신학교를 입학하는 학생들조차도 개혁신앙의 핵심을 전혀 알지 못한 상태로 학교에 입문하는 것이 다반사가 되었다. 요리문답 교육의 회복은 교회 지도자들을 양성하는 것만이 아니라 성도 개개인이 성경과 교리적 가르침의 원리에 따라서 자신들이 있는 위치가 어디이든 기독교인으로 사는 삶을 구현하는 최상의 방법이라고 믿는다.

종교개혁 500주년을 맞이하여 항상 개혁되어야 할 개혁교회는 이제라도 한층 강화된 교리 교육의 회복을 반드시 이루어야 한다. 예전에 해왔던 수많은 교회 교육 프로그램이 다 교세 확장의 수단으로 전락한 것처럼 교리 교육도 단지 교회 성장의 한 도구로서가 아니라 건강한 교회와 그리스도 안에서 온전한 그리스도인을 양육해내는 근본 토대로서의 교육이 실행되어야 한다. 왜냐하면 '교회 번영에 있어 요리문답 교육은 절대적으로 필요하기' 때문이다.[98] 장로교의 발상지요 장로교를 국교로 하고 있

---

98 도날드 반 다이켄, 54. 다이켄은 교리문답 교육의 필요성을 이렇게 마무리하고 있다. '종교개혁을 통해 우리가 하나님으로부터 믿음으로 받은 가장 위대한 유산이 성경의 진리임을 안다면, 우리는 선생으로서 그리고 목사로서 우리 아이들을 교리

는 스코틀랜드의 한 목회자의 탄식을 들어보자.

> 스코틀랜드에서는 목회자나 요리문답 교육자가 가정에서 가족들을 한데 모으고 요리문답 교육을 시켰던 때가 있었다. 어떤 이들은 이 때가 최상의 때였다고 생각한다. 이들은 교인들이 성경의 진리를 잘 이해하고 삶을 경험하고 있는지를 면밀히 살펴보고 이들로 하여금 자신들의 생각을 잘 표현하도록 권장했다. 그러한 요리문답 교육은 영적인 힘의 근원이었다. 이것이 지금은 어디에서 시행되고 있는가? 거의 아무 곳에서도 찾아볼 수가 없다.[99]

5 교리 교육의 교육적 효과

'오직 우리 주 곧 구주 예수 그리스도의 은혜와 그를 아는 지식에서 자라가라'벧후 3:18. 하나님의 언약 백성들이 삼위일체 하나님을 아는 지식 가운데서 자라가는 것은 마땅한 일이다. 그리스도 안에서 장성한 분량에 이르기까지 자라가며 연단을 받아 선과 악을 분별하는 성도는 양육 받을 권리가 있고 목사는 그렇게 보양保養해야 할 책임이 있다. 사실 한국의 교회 개혁과 변화는 그 중심에 언제나 목사가 있다. 제네바의 개혁의 중심에 칼빈이 존재하였고 스코틀랜드 교회 개혁도 존 녹스가 있었기 때문에 가능한 것이었다. 현유광은 칼빈의 역할을 이렇게 표현하고 있다.[100]

> 문답으로 교육하는 일에 마땅히 헌신해야만 한다. 이렇게 하지 않는 것은 우리의 선조들이 남긴 소중한 믿음의 가치를 부정하는 것이다.'(55).

---

[99] The Reverend Ronald C. Christie, "Teaching Face to Face", The Monthly Record, Scotland, The Highroad 16, Spring, 1994, 7. 도날드 반 다이켄, 24에서 인용한 것임.

[100] 현유광, 교리 교육 어떻게 할 것인가? 7.

하나님을 향한 겸손과 열심, 그리고 하나님의 절대주권과 성경 곧 하나님의 말씀에 대한 확신, 그의 신학과 조직력, 하나님 사랑과 이웃 사랑의 삶을 하나님이 기뻐하셨고 기쁘게 사용하셨다. 칼빈의 언행일치와 헌신된 삶을 확인하며 제네바 주민들은 결국 그를 신뢰했고, 모범적인 개혁교회를 이루었다.

교회 개혁의 그 중심에는 언제나 말씀의 사람이 존재했던 것이다. 이 논리는 지금 이 시대에도 정확하게 적용된다. 하나님 말씀의 신실한 선포를 통해서 사람들의 변화를 기대할 수 있는 것이다. 그러므로 언행일치가 되는 교회의 지도자들은 성도들을 온전케 하는 귀한 사명을 잘 수행하게 될 것이다. 요리문답 교육을 할 수 있는 적합한 사람은 누구인가? 그것은 교회에서는 당연히 목사여야 하고 가정에서는 당연히 부모여야 한다. 그러한 사람에 의한 가르침은 교회와 가정에서 매우 효과적이다. 참된 그리스도인을 양육하는 가장 효과적인 생태계는 진리에 충실한 교회와 경건의 능력이 있는 부모를 둔 가정이다. 이스라엘의 교육헌장이라고 할 수 있는 신명기 6장은 부모가 하나님의 계명을 부지런히 가르치고 지키게 할 책임이 있음을 정확하게 명시하고 있다.[101] 이처럼 경건한 가정은 영혼을 건지고 제자를 삼는 가장 최적의 도구이다. 교회는 경건한 가정을 배양할 수 있도록 힘써야 한다. 그런 의미에서 잘 가르치는 목회자의 교리 교육의 유용한 면을 칼빈은 제2차 요리문답서 서문에서 다음과 같이 지적하였다.

---

101 들으라 이스라엘아 … 너는 마음을 다하고 성품을 다하고 힘을 다하여 네 하나님 여호와를 사랑하라 오늘날 내게 네게 명하는 이 말씀을 … 네 자녀에게 부지런히 가르치며 집에 앉았을 때에든지 길에 행할 때에든지 누웠을 때에든지 일어날 때에든지 이 말씀을 강론할 것이며(신 6:4~7).

사람들로 하여금 성경의 순수함을 보존케 하기 위하여서는 어린 시절의 아이들에게 신앙고백을 가르치어 저들로 하여금 믿는 내용을 깨닫게 함이 극히 필요하니, 이와 같이 함으로서 참된 성경적 내용이 변질되지 아니하고 보존될 것이며 또한 각 사람에게 혹은 대대로 전파될 것이다. … 우리가 제안하려고 하는 제도는 다음과 같다. 기독교 신앙의 간결하고도 단순한 한 요약을 작성하여 모든 어린이에게 가르치고 일 년의 일정한 날에 목사 앞에 나와 문답을 하고 시험을 받고 또한 각자의 능력을 따라 저들이 충분히 가르침을 받았다고 인정될 때까지 이르는 것이다."[102]

제리 터너Jeri Tanner는 아이들에게 요리문답을 가르쳐야 할 이유 세 가지를 말하고 있다.[103] 첫째, 요리문답은 하나님의 자녀들 가운데 본질적인 신앙의 통일성을 갖게 하도록 한다. 이것은 앞에서 칼빈의 요리문답의 필요성을 말한 부분과 일치한다. 공교회의 통일성은 본질적인 교리의 일치에서 성사되는 것이다. 둘째, 요리문답은 적절한 질문들에게 성구들을 제시함으로 신속하고도 깊이 있는 이해력을 조성한다. 아이들이나 어른들 모두 중요한 질문들에 대해 분명하게 답변이 주어지고 있음을 볼 때 하나님 말씀의 유용성을 깨닫기 시작하는 것이다. 셋째, 요리문답은 학습을 촉진시키고 동기를 부여한다. 왜냐하면 아이들 대부분은 질문에 대답하는 것을 매우 좋아하기 때문이다. 질문들은 교사가 가장 잘 활용할 수 있는 협력자이다. 질문을 통해서 고귀한 마음들을 얻게 되기 때문이다. 우리가 진리를 가르칠 때 질문들이 얼마나 유용한 것인지를 예수께서도 제자들이나

102　www.reformed.org/Calvin/geneva catechism.
103　See Ministry - To Children April 23, 2014.

군중들을 가르치시면서 보여 주신 것이다. 기록된 말씀에 근거한 성경적 가치관과 인생관은 이 세상에서 성도가 어떻게 살아가야 할 실천적 근본이다. 하나님의 언약 백성은 언제나 '살아 있는 생생한 목소리로'(viva voce) 잘 양육되어야 한다. 경건한 가정에서의 교리 교육은 경건한 자녀를 낳는다. 테리 존슨은 이렇게 말한다. '하나님은 경건한 가정들을 사용하시고 자기 백성들을 구원하시고 성결케 하시며 자기 백성들을 잘 섬기는 자들로 만드시며 자기 교회를 세워 가신다.[104] 그러면서 그는 자신의 글에서 역사적인 사례들을 제시하고 있다.[105]

모든 경건한 기독교인 부모들은 시편의 말씀을 기억할 필요가 있다.

> 여호와께서 증거를 야곱에게 세우시며 법도를 이스라엘에게 정하시고 우리 열조에게 명하사 저희 자손에게 알게 하라 하셨으니 이는 저희로 후대 곧 후생 자손에게 이를 알게 하고 그들은 일어나 그 자손에게 일러서 저희로 그 소망을 하나님께 두며 하나님의 행사를 잊지 아니하고 오직 그 계명을 지켜서 그 열조 곧 완고하고 패역하여 그 마음이 정직하지 못하며 그 심령은 하나님께 충성치 아니한 세대와 같지 않게 하려 하심이로다 시 78:5-8.

성공적인 교리 교육은 사람들의 사고와 행동에서 긍정적인 변화를 유발한다. 동시에 믿음의 계승을 이어가며 하나님의 언약 백성으로 살아

---

[104] Terry L. Johnson, *Catechizing our Children*: The Hows and The Whys of Teaching, the Shorter Catechism Today, The Banner of Truth Trust, 2013. 19.

[105] Bonar family in Scotland, Mather family in New England, Archibald Alexander family, Charles Hodge family, Jonathan Edwards family, and Halvar Iverson family(Missionary).

가도록 이끈다. 선포되는 말씀을 듣고 믿음을 가지며 그 믿음의 깊이를 더해감으로써 행동하는 그리스도인의 습관이 배양되는 것이다. 그 목표는 그리스도의 장성한 분량에 이르기까지 자라게 하는 것이다. 그러나 이 목표는 참된 지식이 주입되지 않는 한 불가능하다. 믿음의 대 선배들께서 집대성한 요리문답서를 잘 활용하는 것이 그리스도 예수를 아는 지식 가운데서 잘 자라도록 도울 수 있다. 더욱이 장로교회가 따르고 있는 소요리문답서는 단지 종교회의가 작성하고 영국 의회가 승인하고 인준한 것이라서가 아니라 성경의 가르침을 간결하고도 체계적으로 잘 정리하여 제시하고 있기 때문에 공교회의 회복을 위한 교리적 통일성을 가져오게 하는 큰 지렛대 역할을 할 수 있다.

또한 교리 교육의 유용성은 몰랐던 것을 아는 것으로 그치지 않고 거짓된 가르침과 잘못된 사설들에 맞서 정통 교리를 수호하며 변증하는 데 크게 이바지한다. 왜냐하면 요리문답은 하나님 말씀 안에 있는 교리적인 가르침들을 조직적으로 학습하게 하는 것이기 때문이다. 교리적 입장을 잘 인지하고 있는 자들은 극성 사이비들과 이단들의 활약을 붕괴시킬 힘과 지혜를 가진다. 그러한 자들을 통해서 주님의 교회의 거룩성과 순수함 및 공교회성이 지켜지는 것이다. 이러한 결과는 올바른 교리적 지식을 따라서 열심을 가지고 하나님의 뜻을 이루어가는 주님을 섬기는 데서 형성되는 것이다.

이환봉은 '교리 교육의 필요성'이라는 글에서 성경적 신앙관 확립과 성경적 생활관 확립, 올바른 성경 이해력 확립, 진리 수호와 이단 대응 능력 확립 및 효율적인 복음 전파를 위하여 필요함을 강조하였는데[106] 이 필

---

106 이환봉, 교리 교육의 필요성, http://www.kirs.kr/index.php?document_

요성은 교리 교육의 효과라고 해도 틀리지 않는다. 사실 교리 교육은 교리 자체보다도 더 중요한 것이 기록된 성경 말씀에 대한 올바른 이해력이다. 그래서 개혁자들은 성경을 소유하게 하였고 읽게 하였으며 성경을 차근차근 강론하였던 것이다. 단지 이론적 지식의 확립이 아니라 실천적 능력을 발휘하도록 이끄는 것이다. 진리와 하나님을 향한 뜨거운 사랑의 수고를 아끼지 않게 하는 것이다. 그러나 우리가 잊지 말아야 할 것은 지나친 교리강조는 지성주의의 오류에 빠질 수 있기 때문에 진리를 향한 열정과 하나님을 아는 지식의 생활화를 위한 목회자의 헌신이 뒷받침되어야 한다. 설혹 목회자가 교리 교육에 깊은 관심을 가지고 추진한다고 하더라도 지속적인 것이 되지 않거나 성령의 나타남과 능력의 역사를 갈망하는 기도의 열기가 이어지지 않으면 교리 교육의 효과는 크게 반감되고 말 것이다.

그러므로 교리 교육은 반복적이어야 하며 지속적이어야 한다. 이것이 이단의 침투와 인간의 간사한 궤휼에 밀려 요동치는 풍랑을 방지할 수 있게 한다. 다른 한편으로 주님의 진리 안에 깊이 뿌리를 내리는 온전한 그리스도인의 삶을 통하여 견고한 교회 세움이 달성되는 것이다. 윤영민은 이렇게 주장한다. '목회는 하나님의 방법으로 하나님이 원하는 사역인 성경의 핵심 진리인 교리를 가르치는 일을 해야 하는 것은 당연하다. 왜냐하면 교리는 교회의 근본이 되기 때문이다.'[107] 이처럼 그리스도의 몸 된 교회를 건강하게 세우는 일은 하나님의 위대한 교리들을 담고 있는 성경과 함께 요리문답 교육은 필수적으로 요구된다.

---

srl=1652007.02.09
107   윤영민, '교회를 세우는 교리 교육', 2017년 개혁주의 실천신학 학과 세미나, 84.

현대교회 목회에 있어서 과거 교회 역사 속에서 성경에 충실한 주님의 바른 교회 세우기에 중추적인 역할을 해온 요리문답 교육의 중요성은 더 이상 논란이 없다. 특히 과거의 유산이 현대의 시대적 사명 수행에 어떤 도움을 주는가? 이 부분에 대해서 윤영민은 세 가지를 소개하고 있다.[108] 첫째는 '새 신자가 교회에 등록하고 정착하는데 좋은 방법이다.' 이것은 충분히 공감이 가는 내용이기는 하지만 교회에 처음 나온 사람에 대한 정의가 예수 그리스도를 처음으로 믿고 나온 사람을 말하는 것인지, 아니면 타 교인의 이주로 생긴 본 교회의 새로운 신자인지에 따라 교육 내용이 다를 수 있다. '요리문답'은 본래 믿는 부모의 언약 백성들인 아이들 교육을 위하여 만들어졌기 때문에 신입 교인들을 위한 요리문답서로도 충분히 활용될 수 있다. 그러나 기존 교인의 수평 이동으로 인한 새로운 교인을 위해서는 교회가 속한 신학적 입장을 대변하는 '요리문답' 교육이 더 유용하다고 본다. 이전에 속한 교회에서 가르치는 교리적 입장과 다를 수 있기 때문이다.

둘째로 '성도를 온전한 하나님의 사람으로 만드는 좋은 방법이다.' 윤영민은 개신교회의 헌신된 20~30%의 교인들에게 집중되어 있는 교육을 탈피하고 전체 구성원들에 대한 교육이 절실하다고 하면서 기독교인의 정체성 확립과 온전한 그리스도인으로 자라도록 돕는데 교리 교육이야말로 가장 효율적이라는 것이다. 그것을 천주교의 교리 교육과 개신교의 교리 교육의 현실을 지적하고 있다. 평생 충성된 천주교인이 되게 하는 것과 교회를 떠나는 교인들이 많은 개신교회의 현실을 꼬집은 것이다. 이것은 단지 윤영민의 논지만이 아니다. 다이켄은 그의 책에서 개신교의 탁월성이

---

[108] 윤영민, '교회를 세우는 교리 교육', 90~94. 참고

요리문답 교육에 있었는데 이를 간파한 가톨릭교회 특히 가톨릭교회에 있어서 '가장 위대한 선교사요 교육조직이' 된 예수회의 등장은 종교학교 정책으로 인하여 '예수회가 종교개혁이 더 이상 진행되지 못하게 할 수 있었고 당연시되었던 종교개혁의 승리를 막을 수 있었다'는 그들의 주장을 소개하고 있다.[109] 그들이 세운 종교학교에서 철저하게 요리문답 교육 방식의 교육을 시킨 결과로 개신교회의 전통적인 요리문답 교육은 시들어진 반면에 예수회의 요리문답 교육은 최소한 19세까지 그 힘을 지속할 수 있었음을 지적한 것이다. 따라서 역사가 이점을 분명이 적시하고 있다면 세계 곳곳에서 추락하고 있는 개신교를 다시 회복시킬 방안은 물론 위에 계신 하나님의 주권적인 역사이지만 인간 목사의 책무 중 하나인 요리문답 교육을 신속하게 회복시켜야 한다.

문제는 교회를 목양하는 담임목사들이 교리 교육을 충실하게 받아온 경험이 전혀 없다시피 해서 교리 교육을 교회 성장 방법론으로 간주해 버리고 수적 증가에 별 도움이 안 되면 금방 폐기해버리는 것이 문제이다. 그래서 신학교에서부터 요리문답 교육의 중요성을 강조하며 노회와 총회는 지교회 목회자들이 교단의 신학적 입장을 얼마나 잘 대변하고 교육하고 있는지를 잘 시찰하며 지도해야 한다. 그렇지 않으면 장로교회의 옛 명성 회복도 어렵고 참 진리이신 주님의 임재를 맛보는 일도 불가능할 것이다. 교육의 승패는 교사의 역할 100%에 기인하기 때문이다.

마지막으로 윤영민 역시 이환봉의 주장과 마찬가지로 교리 교육의 유용성은 '이단들의 공격에 신앙과 교회를 지키는 좋은 방법'이라고 했다. 이

---

[109] 도날드 반 다이켄, 잃어버린 기독교의 보물 교리문답 교육, 53

부분에 대해서는 이미 성경 특히 신약의 바울 서신들은 이단들의 출현에 대한 올바른 교리적 교육으로 대처하는 것을 보여 준다. 교리의 부재는 젖만 먹는 어린아이들, 선과 악을 분별할 수 없는 아이들로 만들고 그것은 곧 이단들의 손쉬운 먹잇감이 되게 하는 것이다. 교리 교육의 중요성은 교회 역사와 성경의 증거 및 목회 현장이 대변하는 것이다. 비바람이 불고 풍랑이 일어도 무너지지 않는 반석 위에 집을 짓는 목양이어야 한다. 철저하고 지속적이며 반복적인 교리 교육이 이를 뒷받침할 수 있다.

이 외에도 요리문답 교육은 역사 속에서 기독교 근본적인 교리들이 어떻게 형성되어 왔는지를 잘 이해하도록 도와주는 장점을 가지고 있다. 단지 위대한 신학자들에 의해서 주장된 것을 전통적으로 지켜가는 것에 매력이 있는 것이 아니라 성경의 교리들과 관련하여 예수 그리스도의 참된 교회가 언제나 이해해온 내용들을 잘 습득하게 하는 이점이 있는 것이다.

나가는 말

교회개혁 어떻게 할 것인가? 윤리 도덕적 타락 어떻게 개선할 것인가? 강단의 탈 신학화의 현상을 어떻게 극복할 것인가? 회중의 무지와 무관심의 종교 생활을 어떻게 생생한 생명력이 넘치는 신앙생활로 탈바꿈할 것인가? 거센 세속주의의 물결과 인본주의적 사고의 파도를 어떻게 헤쳐 나갈 수 있겠는가? 수백 개로 나누어진 교파 분열, 같은 교단 내에서도 각각 다른 색깔을 띠고 있는 교회들을 어떻게 공교회의 통일성을 이룩할 수 있는가? 그 답은 요리문답 교육에 있다. 우리의 믿음의 선진들이 남겨준 위대한 웨스트민스터 신앙고백서와 대소요리문답 내용들을 철저하게 교육시키고 생활화하는 전통적인 요리문답 교육 방법의 회복만이 그 모든 문제를 타개해 나갈 수 있는 큰 원동력이 될 것이다. 어떻게 가르칠 것인가? 요리문답 교육은 조금씩 반복적으로 가르쳐야 효과적이다. 그리고 동시에 참된 진리를 가능한 쉽게 가르칠 수 있도록 해야 할 것이다. 소요리문답을 자주 암송하게 하고 되씹게 하는 방법이 효율적이다. 하나님의 언약 자손인 아이들에게 이러한 교리 교육 방법은 부모의 영적 성숙에도 큰 기여를 할 수 있다. 마찬가지로 목사의 교리적 확신과 표준이 견고하게 세워지며 영혼의 의사로서의 임무 수행에 큰 도움을 얻게 될 것이다. 교회 지도자들의 교리적 확신 결핍이 빚어낸 무질서와 혼란을 막을 수 있는 지름길이기도 하다.

목사는 현 시대적 유행의 파도에 맞서서 하나님 방식대로 살아가는 온전한 그리스도인이 되도록 부지런히 끈질기게 가르쳐야 한다. 동시에 현시대가 안고 있는 다양한 문제들을 문답식으로 만들어 성경에서 그 답을 찾아 교육하는 지혜를 발휘해야 한다. 신앙고백서에 입각한 교리적 교훈들과 문답서에 등장하는 생활 실천 편들을 익히게 해야 한다. 더불어서 21세기에 상황들, 예를 들면 동성애 문제나 사이버 공간상에서 벌어지는 비윤리적이고 생명 경시 현상들과 인공지능 기술로 인하여 파생될 수 있는 현안들을 문답으로 만들어서 성경에서 그 해답을 찾아 설명하는 지혜가 절실한 것이다. 어느 특정인이 할 수 있는 것은 아니지만 교단이 하지 않는 일들을 역사신학자들 만이라도 함께 숙의하며 이 시대에 도전적인 문답 교육서를 제시하는 것이 필요하다. 교리적 통일성만이 동일한 목소리를 낼 수 있으며 주님의 공교회를 견고하게 세워갈 수 있다. 16세기 종교개혁자들이 그러했고 17세기 청교도들이 그러했듯이 21세기 신학자들 역시 같은 말을 하고 같은 마음과 같은 뜻으로 합할 수 있는 자들을 통해서 개혁교회가 믿고 따를 수 있는 문답교육서 발간은 여전히 필요하다.

참고문헌

서창원, '공교회성 회복과 한국교회의 개혁', 종교개혁 500주년 기념 공동학술대회, 2017년 10월 28일.

안은찬, 실천신학개론, 한국목회학 연구소, 2013.

윤영민, '교회를 세우는 교리 교육', 2017년 개혁주의 실천신학 학과 세미나.

이만열, "한국교회 성장둔화의 요인", http://cafe.daum.net/vision12/ByT/196.

이환봉, 무엇을 믿고 어떻게 살 것인가: 현대인을 위한 개혁신앙과 윤리, 글마당, 2001. http://www.kirs.
kr/index.php?document_srl=1652007.02.09

교리 교육의 필요성, http://www.kirs.kr/index.php?document_srl=1652007.02.09

현유광, '교리 교육 어떻게 할 것인가?' flvmov.kts.ac.kr/ ⋯ /1227511980_01TWzg2j_BDC5C7D0C6F7
B7B3_B1B3B8AEB1B.

John Calvin, 제네바 교리문답서, www.reformed.org/Calvin/geneva catechism.

Donald Van Dyken, 잃어버린 기독교의 보물, 교리문답 교육, 김희정 옮김, 부흥과 개혁사, 2012

Ian Green, *The Christian's ABC: Catechisms and Catechizing in England c.1530~1740*. Oxford: Clarendon
Press, 1996

Terry L. Johnson, *Catechizing our Children: The Hows and The Whys of Teaching, the Shorter Catechism
Today*, The Banner of Truth Trust, 2013.

Jeri Tanner, Ministry - To Children April 23, 2014.

Theology is Life

2장

믿음으로 사는 삶

어원적 기원과 의미

믿음이란 무엇인가? 신약 성경에서 믿음으로 번역된 헬라어는 '피스티스'이다. 스트롱 성경사전에 의하면 '피스티스'는 신뢰하다^{trust}는 개념을 강하게 담고 있는 신앙을 언급할 때 사용되는 단어라고 한다$^{p.\,1315}$. 즉 믿음은 섬기는 신적 존재에 대한 신뢰와 확신 신용을 뜻하는 종교적 용어이다. 이 종교적 의미가 종교 생활을 지배한다. 물론 일반 세상에서도 종교적인 의미의 믿음이라는 단어가 사람들과의 관계 또는 사물들에 대한 규칙적 활동에 대한 확신을 말할 때도 자주 사용된다. 예를 들면 일종의 계약 관계에서 움직일 때 그렇다. 기차나 비행기가 출발하는 시간에 대한 신뢰, 구입하는 물건에 대한 신뢰, 판매하는 상인에 대한 신뢰, 구입한 상품이 알려진 대로 잘 작동한다는 신뢰, 단추를 누르면 원하는 것을 받는다는 확신 등 사회 구석구석에 깊이 뿌리내리고 있는 단어이다. 믿음이 없으면 섬기는 신을 기쁘게 하는 일도 불가능하거니와 인간 세상에서의 사회생활 역시 의심과 불안과 공포에 절어서 한시도 편안한 나날들이 없을 것이다.

계약 관계가 아닐지라도 믿음은 통상적이다. 낯선 사람에게 길을 물을 때 정확한 정보를 준다고 믿는 것이다. 어려운 상황에서 도움을 호소할 때 만족스러운 것은 못될지라도 숨통 트일만한 도움 정도는 얻을 수 있다는 기대감도 믿음에서부터 출발한다. 또 일정한 돈을 내면 갖고 싶은 것을 소유할 수 있다는 거래에서 꼭 필요한 신용도 믿음으로부터 나오는 것이다. 음식점에서 파는 음식에는 손님들의 건강을 배려하는 것이라는 통상적인 신뢰 관계에서 거래된다. 이발사에게 면도를 맡기는 것도 이발사가 손님의 목을 벨 사람이 아니라는 믿음에서 출발하는 것이다. 이처럼 믿음이 없는 세상은 지옥이다.

앞에서 지적한 어원적 의미의 믿음을 잘 드러내고 있는 성경 말씀은 무엇인가? 사람들이 가장 잘 사용하고 있는 것은 히브리서 11장 1절이다. "믿음은 바라는 것들의 실상이요 보이지 아니하는 것들에 대한 증거라." 이 정의는 한 마디로 소망하는 것에 대한 실체 혹은 확신을 말하는 것이지만 아직 손에 쥐어졌다든지 혹은 확연히 부여잡은 것은 아니다. 그리고 보이지 않는 것들 예를 들면 영적인 존재나 실상들에 대한 분명한 확신과 증거를 뜻한다. 이 믿음은 내 손안에 있는 실체보다 앞서 존재하는 것이다. 실체는 믿음의 결과이다. 그러나 믿음 때문에 존재하는 것이 아니라 이미 존재하고 있기에 믿음을 가진다. 신적 존재에 대한 것도 마찬가지이다. 하나님이 존재하기 때문에 그를 믿는 것이다. 그 믿음이 실존적 존재를 허상에서가 아니라 현실적인 삶의 현장에서도 경험하게 된다.

믿음과 신념의 차이는 무엇인가?

그렇다면 이 믿음의 대상은 누구인가? 내가 믿는다고 말할 때 그 믿음의 근거는 무엇인가? 단지 믿는다고 말하는 이의 확신에서 비롯되는 것인가? 처녀가 아이를 낳는다는 것은 믿음의 발로인가? 아니면 자신의 신념에서 비롯되는 것인가? 믿음과 신념의 차이는 무엇인가? 일반적인 의미로 사용되는 믿음은 '믿는 마음, 그렇다고 여기는 바'라고 말한다. 그러나 앞에서 지적한 종교적인 측면에서 바라보면 그 뜻은 완전히 달라진다. 즉 믿음은 '하나님과 같은 성스러운 존재를 신뢰하고 그 신에게 복종하는 것'이다. 내가 그렇게 생각하기 때문이 아니라 그분이 존재하기 때문이다. 성경에서 정의하는 다양한 표현들, 즉 '바라는 것들의 실상, 보지 못하는 것들의 증거' '말씀을 들음에서 나는 것' '위로부터 내려오는 하나님의 은사요, 선물'이라 는 표현들은 매우 구체적인 사실들에 근거하는 것이다. 물론 오해하지 말자. 믿음은 구체성이 빠져있으면 존재하지 않는다는 말이 아니다. 신적 존재에 대해서 누가 눈으로 본다고 확실하게 말할 수 있는가? 그러므로 믿음의 주체는 나 자신이 아니다. 믿음은 내게서 스스로 창출되는 에너지가 아니다. 성경이 규정하고 있는 '피스티스'는 내 존재 밖으로부터 온다. 그것을 하나님의 선물이라고 정의한다. 즉 신적인 존재가 인간 피조물에게 풍성한 호의로 수여해 주는 선물이다. 왜냐하면 하나님과 피조물의 관계는 결코 동등한 입장에 설 수 없는 사이이기 때문이다. 여기엔 신적 존재에게서 나오는 풍성한 호의 혹은 은혜의 필요성은 절대적이다. 그런 의미에서 믿음은 모든 사람의 것이 아니다 살후 3:2. 선물을 주시는 분의 주권적 의지에 달린 것이기 때문이다. 선물을 받을 자격이 있는 사람은 인간 사회의 기준으로 볼 때 존재한다. 그러나 지고의 선이신 하나님의 수준에서는 인간 누구도 자격이 없다. 오직 하나님의 무한하신 사랑과 긍휼하심에 달린 것이다.

믿음으로 구원을 받는 것도 스스로 자랑할 것이 없는 이유가 여기에 있다. 오직 구원하시는 하나님만이 자랑의 대상이다. 누구나 다 구원을 받는 것이 아닌 것도 믿음이 모든 사람의 것이 아니기 때문이다. 오직 하나님의 뜻을 따라 영생을 주시기로 작정된 자들만이 누린다. 그렇다고 믿음이 없는 자들에게 기회가 주어지지 않는 것은 아니다. 그들 모두에게도 청함을 받는다. 스스로 거절하기 때문에 누리지 못하는 것이다. 수고하고 무거운 짐을 진 자들은 누구라도 주 예수께로 나오라고 요청을 받는 것이다. 나오지 않는 스스로의 의지적 결단 때문일 뿐이다. 죄인을 구원하시는 하나님의 은혜에 감격하며 사는 것이 신앙생활이다.

이에 반해 신념은 '어떤 사상이나 명제·언설言說 등을 적절한 것으로서, 또는 진실한 것으로서 승인하고, 수용하는 심적 태도'라 한다. 이 신념은 주어진 상황에 따라서 달라질 수 있다. 자연스럽게 신앙으로 이어지는 믿음과 달리 신념은 철학이요 집념이 되기 때문이다. 믿음의 출처는 인간 세상을 초월해 계시는 분에게서 나오지만, 신념은 실존하는 자기중심을 의존한다. 믿음은 절대 진리를, 신념은 경험과 지식을 신뢰한다. 신앙으로 승화되는 믿음은 신적 계시에 뿌리를 내리지만, 신념은 자신의 지적 정서에서 출발하는 가변적이다. '믿음은 신과 생명의 교통을 하나 신념은 자신과 교통한다. 믿음은 하나님의 힘을, 신념은 자기의 힘을 의존한다. 믿음은 어리석게 보이나 무한한 힘이 있고 신념은 지혜롭고 강하게 보이나 쉽게 무너진다. 믿음은 생명을, 신념은 종교성이나 철학사상을 낳는다. 믿음은 하나님의 의를, 신념은 자신의 의를 이룬다. 믿음은 하나님을, 신념은 자신의 원리를 따른다. 믿음은 스스로 자랑하지 않으나 신념은 자부심을 느낀다. 믿음은 하나님이, 신념은 내가 할 수 있다고 말한다. 믿음은 영원한 것을, 신념은 금세의 것을 구한다. 믿음은 불변하나 신념은 변하고, 믿음은 역사

하나 신념은 신화와 이론을 만든다. 믿음은 진실이나 신념은 모조요. 믿음은 하나님 중심이나 신념은 자아 중심이요, 믿음은 영혼에, 신념은 이성과 감성에 호소한다. 믿음은 신적 권위를, 신념은 인적 권위에 바탕을 둔다. 믿음은 신본주의나 신념은 인본주의요, 믿음은 창조주를, 신념은 피조물을 갈망한다. 믿음은 하나님과의 관계에서, 신념은 신학이나 교리를 배움으로 생긴다. 믿음은 하나님에게서 오는 확신이나 신념은 경험과 교육에서 얻는다.'[110]

믿음과 긍정적 사고는 어떻게 다른가?

믿음은 앞에서 지적한 것과 같이 계시의 말씀으로부터 출발하여 언제나 그 말씀 안에 안주한다. 그러나 긍정적 사고는 자기 최면이다. 긍정의 힘은 믿을 수 없는 것을 믿도록 강제하는 것이다. 믿음은 신적 존재와의 관계적이고 인격적이지만 긍정의 힘은 문제 앞에서 자기 힘을 붙드는 것이다. 믿음은 미래에 대한 굳건한 소망을 가지지만 긍정적 사고는 일어난 현상에 대한 합리적인 생각을 도출해 낸다. 막연한 기대감에서 벗어날 수 없다. 생각하는 대로 되기도 하지만 정반대의 현상도 나타난다. 그러나 믿음은 인간 중심의 사고가 아니다. 믿음대로 된다는 말은 긍정적 사고에 근거한 것이 아니다. 그것은 철저하게 말씀하시는 하나님께 기인한다. 하나님께서 말씀하신 것이니 그 말씀대로 될 것을 신뢰하는 것이다. 그런 의미에서 믿음은 확신과 뗄 수 없는 관계를 가진다. 믿음은 모든 의혹과 의심을 배격한다. 믿음은 완전한 신뢰를 말한다. 신뢰한다는 자신의 말이 아니라

---

[110] '줄타기가 아닌 반석에 서자', 2014년 3월 21일, 애틀랜타 조선일보 사설.

그 신뢰의 대상이신 전능하신 하나님의 말씀에 서 있다.

바울 사도는 데살로니가 교회 성도들에게 편지하면서 그들을 인하여 항상 하나님께 감사하다고 고백하였다. 아니 그렇게 하는 것이 마땅한 것이라고 지적하였다(살후 1:3). 그 이유가 무엇이었는가? 그것은 그들의 '믿음이 더욱 자라고 그들 모두가 각자 서로에게 베푸는 사랑이 풍성하기 때문이었다'(살후 2:3). 여기서 믿음의 속성을 엿볼 수 있다. 앞에서 지적한 것과 같이 믿음은 하나님의 선물이다. 구속함을 받은 모든 믿는 자들에게 주신 선물이다. 이는 누구도 자랑할 수 없는 것이다. 왜냐하면 행위로 말미암은 것이 아니기 때문이다. 그러나 이 믿음이 참된 것인지 아닌지를 분별하는 길은 행함과 관련되어 있다. 믿음의 대상이요 내용인 하나님에 관한 지식이 삶이어야 하는 이유이다. 왜냐하면 행함이 없는 믿음은 죽은 것이기 때문이다. 그래서 데살로니가 성도들의 믿음을 말하면서 그들이 각자가 서로에게 나타내는 사랑이 풍성한 것임을 지적하였다. 이것은 행함이 있는 믿음의 역사를 증명하는 말이다.

오늘날 교인들에게서 찾아지는 가장 큰 문제점은 사랑의 수고가 결핍되어 있다는 점이다. 믿는다고 말은 하면서도 정작 도움이 필요로 하는 이웃을 만나게 되면 기피 함이 적극적으로 나서서 도움의 손길이 되어주는 것보다 훨씬 많은 것이다. 사랑 실천은 더욱 자신과 가까운 사람들에게나 실천할 덕목일 뿐이다. 단지 주안에 함께 거하는 자라고 해서 자신의 희생을 나타내는 사랑의 수고는 찾아보기가 어렵다. 설사 있다고 하더라도 자신의 선행을 강조하고자 혹은 과시하고자 하는 속 바탕에서 실천되는 것이 더 많음이 사실이다. 우리는 순수하게 상대방의 유익만을 위해 수고의 손놀림을 하는 것이 아니다. 그러나 성경은 사람에게서 무엇인가를 기대하고 하는 선행이 아니라 성도의 섬김을 잊지 아니하시고 기억하시는 하나님께서 각자 수고한 것에 대한 열매를 맺게 하심을 바라는 것이다. 즉 상주시는 자를 바라볼 뿐이다. 물론 이것도 상을 받기 위한 것 그 자체가 목적이 아니다. 이것은 언제나 덤으로 따라오는 것이다. 우리의 섬김은 섬김을 받는 자들이 먼저 큰 혜택을 입는 것이다. 그리고 그렇게 사랑을 실천함으로써 하나님의 이름이 높임을 받게 되는 것이다. 섬김의 참된 목적은 이것이다.

믿음은 어떤 특성이 있는가?

믿음은 자란다. 이러한 측면에서 신념이나 긍정적 사고와는 극렬한 차이를 가지고 있다. 믿음의 속성은 자라난다는 사실이다. 마치 어린아이가 태어나 장성한 자로 자라게 되는 것과 같다. 믿음의 장성한 분량은 어디까지인가? 수치로 나타낼 수 있는 것은 아니지만 그리스도의 장성한 분량에 이르기까지 자라는 것이다. 배우는 자에서 이제는 가르치는 선생이 되어 있는 것이요, 선생 중에서도 그야말로 전문인이 되는 것이다. 말과 생각과 행동 양식이 다 기록된 계시의 말씀에 서 있는 믿음 안에 있는 것이다. 하늘을 향한 믿음의 줄이 단단하게 고정 되어 있는 것이다. 이것은 예수를 주로 받은 자들에게서만 발생하는 일이다. 그 안에 뿌리를 박고 그 안에서 행하되 가르침을 받은 대로 범사에 감사하는 생활을 하는 자들이다. 그러나 문제는 이 믿음의 성장이 멈춰있는 자들이 너무나도 많다는 점이다. 아니 자라감에 전혀 개의치 아니하는 자들이 꽤나 된다. 믿음의 깊이가 나타나지 아니하는 것이다. 언제나 얕은 물가에서만 오고 가는 일이 반복된다. 자라야 한다는 의식도 없다. 현재 하고 있는 것이 신앙생활의 모든 것인

양 행동한다.

히브리서 기자가 지적한 것과 같이 예수를 믿은 세월이 오래 지났음에도 아직도 그리스도의 초보를 뉘게서 배울 나로 남아 있어서 젖이나 좋아하고 장성한 자가 먹는 단단한 음식은 거들떠보지도 않는 자들이 무지 기수다히 5:12-14. 지각을 사용함도 없고, 믿음의 단련을 받는 것은 더 회피함으로 영적 어린아이 수준에 머물러 있는 것이다. 작은 조약돌 하나에도 걸려 넘어진다. 감당치 못할 시험당함을 허락하지 않으신다는 주님의 말씀은 아무 효험이 없는 것으로 만든다. 가시밭에 떨어진 씨나 돌밭에 떨어진 씨처럼 작은 일에, 혹은 세상의 재리의 유혹에 혹은 말씀으로 인한 핍박으로 쉽게 포기하고 마는 자들이 더 많은 것이다. 그러나 믿음은 자란다. 자라야만 한다. 지속적으로 계시의 말씀을 듣고 묵상함으로 그 말씀이 우리를 든든히 세워간다. 세상이 감당치 못하는 믿음의 용사가 되게 한다.

데살로니가 교인들은 사도들의 편지에 의하면 사도들이 밤낮으로 간구하며 수고하는 이유 중의 하나가 그들의 믿음의 부족함을 온전하게 하기 위함이었음을 언급하였다살전 3:10. 그런데 데살로니가 후서를 쓰면서는 전서를 쓴 때와 비교할 때 시간적으로 대략 1년 반 정도가 지나간 것이라고들 한다주후 53년 중반, 전서는 주후 52년. 그 기간에 이들의 믿음은 급성장했다. 그들의 믿음이 더욱 자랐다고 칭찬하며 하나님께 항상 감사하다고 하였던 것이다살후 1:3. 이 믿음은 온갖 박해와 환난 가운데서 견고하게 자란 것이다. 이 부분은 잠시 후에 더 살펴보려고 한다.

어떤 이들은 교회 행사에 적극적으로 참여하는 것이 믿음이 좋아지는 것이요 또 그것이 쓸 만한 믿음을 가진 자라고 착각하기도 한다. 교회의 일들에 기능적으로 익숙한 것이 믿음이 좋다고 누구도 보장할 수 없다. 숙달된 기능인은 믿음이 없이도 가능하다. 믿음이 참된 것인지 아닌지, 자라고 있는 것인지 제자리걸음하고 있는지는 믿음의 주에 대한 지식과 경험이 좌우한다. 주님을 이전 보다 더 사랑하게 되고 그 어느 때보다 더 알고 싶어 하고, 함께 하고 싶어 하는 열망으로 이어지는 삶, 이것이 성장의 한 증거이다. 주님의 진리를 더 배우고 싶어 하고, 순종하려고 애를 쓰는 삶, 이것이 자람의 과정에서 발견되는 표식들이다. 죄를 미워하고 악을 버리며 의를 행하고 모든 착함과 의로움과 진실함으로 행동하는 것이다. 이해타산으로 맺어지는 것이 아니라 묵묵히 그리스도의 사랑을 실천하는 것이다. 육체의 일들은 죽어지고 영의 소욕을 따라 살아가는 일을 자신의 재산으로 간주하는 것이다. 올바른 지식을 좇아 선악을 분별하고 먹든지 마시든지 무엇을 하든지 언제나 하나님의 영광을 추구하는 삶이 신앙생활이다. 이것은 단지 교회의 의식과 행사에 적극적으로 참여하는 것이 보증하는 것이 아니다. 현실적 삶의 현장에서 기록된 말씀을 믿고 그 안에 뿌리를 깊이 내림으로써 그리스도인이 가는 방향과 목적은 세상에 속한 자들과 판이한 것이다.

  자라는 속성을 가지고 있기에 양분이 공급되어야 한다. 믿음은 어디서에서부터 오는 것인가? 하나님이 주시는 선물이라고 하였다. 그 믿음은 들음이라는 수단을 통해서 주입된다롬 10:17. 그 들음은 인간들의 지혜의 말이나 철학 혹은 정치인들의 말들을 통해서 생기는 것이 아니다. 그 들음은 우리 주 예수 그리스도께서 말씀하신 것이다. 다시 말하면 하나님의 말씀을 청종하는 것이 우리의 믿음을 강화하는 것이요 성숙한 사람이 되게 하는 것이다. 문제는 진리의 말씀을 듣고자 하는 열망이 없는 것이다. 하지만 그보다 더 큰 문제는 믿음의 말씀을 들려주는 이를 찾기도 쉽지 않다는 것이다. 말세의 징조에 의하면 교회 안에 출입하는 자들 중에 바른 교훈을 받으려고 하지 않는 자들이 상당수라는 점이다. 귀가 가려워서 사욕을 좇을 스승을 많이 둘 뿐 아니라 그 귀를 진리에서 돌이켜 허탄한 이야기 듣기를 좋아하는 것이다 딤후 4:3-4. 이것은 시간이 갈수록 교회 안에 종교적 형식만 남게 된다는 것을 뜻하기도 하다. 사람들이 생명력을 풍성하게 하는 일에는 관심이 없고 단지 자신들의 종교적 만족을 위한 의식 참여에 관심을 기울일 뿐 삶의 방향이나 목적은 지극히 현세적인 것으로 전락해 버리는 것이다.

교회에서 내세의 소망을 들려주는 일이 얼마나 되는가? 죄 회개와 하나님의 심판 그리고 죄인의 구원과 하나님의 뜻을 발견하고, 행하는 일에 대한 강조는 얼마나 이루어지고 있는가? 거의 찾아보기 어려운 것이 현실이다. 현실의 난관을 극복하는 지혜나 행복을 추구하는 열쇠를 제공해 주기에 급급해 한다. 또 사람들은 땅에서 잘 됨이 곧 하늘에서도 복 받은 자라고 인정을 받는 것인 양 오도하고 있다. 눈에 보이는 세계가 월등해 보이고 보이지 아니하는 세계는 환상에 불과한 것처럼 여긴다. 영벌과 영복, 내세와 하나님 나라에 대한 실상은 듣기가 매우 힘든 시대를 살아가는 것이다.

하나님의 말씀을 듣지 아니하면 믿음은 자라지도 않는다. 그런 자들은 항상 손에 가진 것이 더 위력적이기 때문에 하나라도 더 움켜쥐려고 한다. 한순간이라도 부와 영화를 얻으려고 사력을 다한다. 교회 안에 있는 교인들 대다수도 그러한 것이 보장만 된다면 뭐라도 하고자 준비되어 있다. 의를 위하여 혹은 그리스도의 이름 때문에 능욕 받는 것은 어리석은 자들의 일이다. 참지식인과 월등한 지위에 있는 자들은 사람들에게서 칭찬과 기뽐을 얻고자 애를 쓴다. 그러한 것들이 세상에서 우리를 더욱 우러러 보이게 하는 것이기 때문이다. 고난은 영광과는 전혀 어울리지 않는 것으로 치부한다. 그러나 믿음은 고난을 피하지 않는다. 왜냐하면 믿음은 환난을 통해서 단련되기 때문이다. 그리하여 참된 믿음을 가진 자들은 누구도 예외 없이 환난이 연단을 이루고 그 연단이 소망을 가지게 함을 고백한다. 용광로에 들어갔다 나와야 토기장이가 원하는 최고의 상품이 되는 것이다. 고난이 없는 영광은 가짜이다. 십자가 짐이 없는 부활은 불가능한 것이다. 데살로니가 교인들이 받은 환난과 핍박이 부족했던 믿음을 온전케 하는 것이 되었고 믿음의 성숙을 통해서 여러 교회에 칭찬할만한 대상으로 자랐던 것이다.

데살로니가 교인들은 그 지역의 유대인들로부터 갖은 핍박을 받았다. 그들은 마케도니아에서는 제일 악명 높은 자들이었다고 한다. 데살로니가 교회는 그들의 박해와 핍박 속에 세워진 교회였다. 데살로니가 거주하는 유대교 유대인들은 바울이 데살로니가에 복음을 전파할 때 바울을 종교법이 아닌 로마의 반란법으로 몰아 관가에 고발한 자들이었다. 그들은 관가에 로비하여 철저하게 바울을 초주검이 되도록 매로서 벌을 가하고 투옥하려고 계획하고 아골라 시장터에서 바울을 개인적으로 체포하려고 날뛰던 자들이었다. 그러나 바울의 일행을 간발의 차로 놓치자 숙식을 제공하던 회심한 유대인 야손에게 모든 온갖 보복을 다 하였다. 야손은 일생일대의 엄청난 고난을 받았다. 생계 업종의 협박과 따돌림을 당했다. 이것은 당시 데살로니가 지역에서 회심한 유대인들이 받았던 고난의 한 장면이었다. 유대인들은 분이 가시지 않자 고용한 괴악한 자들과 함께 80킬로 떨어진 베뢰아까지 바울을 추적하여 타지역에 와서까지 커다란 소동을 벌이며 막무가내로 포악성을 드러냈다. 자신들의 거주지도 아닌 남의 거주지인 베뢰아 지역에서 저지른 소란과 난동은 그들의 얼마나 악랄하고 악한지를 여실히 보여 주었다. 따라서 이들은 자신들의 거주인 데살로니가 교회에 대하여 얼마나 핍박하고 박해를 가했는지 능히 짐작이 가는 일이다. 그 부분에 대해서 바울은 '갖은 핍박과 환난'이라고 언급하지 않을 수 없었던 것이다. 그러나 이 환난은 그들의 믿음을 더욱 견고하게 하였고 믿음의 힘이 어떠한지를 강하게 드러낼 수 있었기 때문에 바울은 그들의 믿음의 성장을 칭찬하지 않을 수 없었다.

믿음은 선한 싸움을 피하지 않는다

믿음이 자라지 않으면 파선할 가능성이 농후하다. 배가 파선하는 경우는 항해 중에 암초를 만나 부서지는 경우이다. 적의 공격을 받아 부서지는 것도 있지만 보이지 않는 암초도 한 몫을 톡톡히 담당하는 것이다. 신앙생활의 여정 가운데서 교회 밖으로부터 오는 환난과 핍박도 있지만 거짓된 가르침, 불의의 속임수와 같은 헛된 말에 미혹되는 경우도 참된 믿음에서 이탈하게 하는 사단의 도구이다. 그러므로 진리 가운데 굳게 서지 아니하면 어느새 달려드는 악한 자의 임함에 속수무책이 될 수 있다. 그래서 늘 깨어 선한 싸움을 잘 감당해야 한다. 핍박 가운데서 선한 싸움으로 단련된 믿음은 밀어닥치는 파도에 휩쓸리지 않고 헤치고 나아간다. 선한 싸움을 더욱 능력 있게 감당하게 한다. 선한 싸움은 실상 참된 믿음과 착한 양심을 지키기 위한 싸움이다. 그러한 싸움에서 상대방의 허점을 읽어낼 수 있다. 동시에 우리의 장점이 무엇인지 더욱 부각될 수 있다. 그리하여 상대방의 그 허점을 공략하여 승리를 쟁취하게 되는 것이다. 그러나 싸움 자체가 없다면 자신의 믿음의 강도도 약해지고 날이 무뎌져 모든 능력과 표적과 거짓 기적과 불의의 속임수로 달려드는 사단의 궤계 앞에 힘없이 무너지고 마는 것이다. 그리고 그 싸움에 지면 결국 불신앙과 죄에 떨어진다. 이는 하나님 말씀의 능력을 맛보지 못하고 세상의 위력에 굴복하며 살아가는 것이 된다.

따라서 믿음의 선한 싸움에서의 승리는 우리의 믿음을 더욱 견고히 하는 것과 착한 양심을 지키는 최고의 방어이다. 그러나 믿음으로 산다고 말하는 자 중에 어떤 이들은 이같은 양심을 버렸고 그 믿음에 관하여는 파선하였다. 즉 하나님의 말씀이 조금도 영향을 끼치지 못하고 만 것이다. 성령의 검을 제대로 휘둘려보지도 못하고 넘어진다. 말씀 자체가 능력이 없어서가 아니다. 그 말씀을 신뢰하고 순종하는 것보다 세상이 주는 달콤한 미끼가 더 크게 보이기 때문이다. 결국은 개인적인 배교와 변절로 이어지는 것이다. 바울은 그런 자 중에 후메내오와 알렉산더가 있었다[딤전 1:19-20]고 기록하였다. 후메내오는 디모데후서 2장 17절에도 등장한다. 그는 망령되고 헛된 말들을 하면서 독한 창질과 썩어져 감과 같은 것으로 진리에 대해서는 그릇되게 행하고 부활이 없다고 하며 다른 사람들의 믿음을 무너뜨리는 자로 변절된 것이다. 우리 중에 이러한 자가 없다고 누가 장담할 수 있겠는가? 디딤돌 역할보다는 걸림돌이 되는 자들이 주변에도 널려있는 것이 사실이다. 사도가 버젓이 활동하고 있는 동안에도 벌어진 일이라면 지금이야 그런 무리는 더 많다고 생각해야 한다.

그러므로 우리는 깨어 기도하며 조심해야 한다. 우리는 그리스도 예수로 말미암는 속죄 신앙, 복음 신앙, 오직 성경 신앙을 간직해야 한다. 우리는 우리의 선한 양심이 무디어지거나 더러워지지 않도록 조심해야 한다. 우리는 항상 말씀 묵상과 기도로 깨어있음으로써 이 선한 싸움에서 승리해야 한다. 믿음의 깊이와 강도가 날로 세어지게 하는 길은 기도와 말씀으로 무장하는 것이요 성령의 거룩케 하심에 적극적인 반응을 보이는 것이다. 우리를 부르심은 부정케 하심이 아니요 거룩케 하심이니 진리의 말씀에 순종할 때만이 세상에서 구별된 거룩한 백성으로 살아가는 것이다. 이 일을 하도록 교회의 머리이신 주 예수 그리스도께서 말씀의 종들을 교회에 세우셨다. 그들의 가르침이 진리에 매이도록 기도해야 하며 기록된 말씀 밖으로 벗어나는 일이 없어야 한다. 그렇지 않으면 신화와 끝없는 족보에 착념하는 어리석은 일들이 펼쳐질 것이다. 이는 믿음 안에 있는 하나님의 경륜을 이루기보다는 헛된 변론만 창출할 뿐이다. 청결한 마음과 선한 양심과 거짓이 없는 믿음으로 항상 승리하는 성도가 되어야 한다.

한편 이렇게 단련된 참된 믿음은 우리를 겸손하게 한다. 산전수전을 겪은 자들은 문제들 앞에서 겸손하다. 자랑할 수 없는 것이다. 나의 나 됨이 하나님의 은혜임을 알기 때문이다. 그렇다고 믿음은 뒤로 꽁무니를 빼지 않는다. 그것은 비겁한 일이다. 그러나 참믿음은 담대하다. 당연히 해야 할 일을 하는 것뿐이라고 고백하기 때문이다. 불길로 뛰어들거나 사자의 밥이 되는 것도 두려워하지 않는 것은 주님께서 함께하심을 믿기 때문이다. 주님께서 버리거나 떠나가시는 법이 없음을 알기 때문이다. 그런 의미에서 믿음 신자들에게 삶의 키이다. 곡간에 들어가는 키이다. 하늘의 보물들을 소유하는 키이다. 세상을 이기는 열쇠이다. 사도는 이렇게 고백한다. "세상을 이긴 이김은 이것이니 곧 우리의 믿음이니라"요일 5:4. 그 열쇠를 가진 자가 세상에서 주인으로 살 수 있다. 그 열쇠가 없는 자는 세상의 노예일 뿐이다. 그런데도 그들은 마치 자기들이 주인인양 떠든다. 큰소리친다. 죄의 노예로 살면서 마치 죄를 다스리는 자처럼 착각한다. 그러나 그들이 만들어낸 세상을 보라. 결과는 늘 비참하다. 더 더럽고 더 추하고 더 악질이 된다.

예수께서 하나님의 아들이심을 믿는 자들은 다르다. 악과 맞서 싸운다. 죄를 역겨워한다. 불의를 몰아내고 의의 나라를 세워간다. 차별과 멸시와 조롱과 비난과 질투와 대결하기를 피하지 않는다. 그리고 사랑과 희락과 화평과 오래 참음과 자비와 양선과 충성과 온유와 절제의 열매들을 맺고자 몸부림친다. 예수 그리스도가 하나님의 아들이요 죄인들의 구세주임을 믿기 때문이다. 이들은 하나님 공의 실현에 참 관심이 많다. 왜냐하면 하늘이 시민권자들을 핍박하는 자들에게 환난으로 갚으시는 하나님이기 때문이다. 그리고 핍박받는 자들에게는 영원한 안식과 그리스도 영광의 나라에 들어가게 하는 하나님이기 때문이다. 세상의 노예들은 '주님의 얼굴과 그분의 능력의 영광에서 떠나 영원한 멸망의 형벌을 받게 될 것이다' 살후 1:9.

이러한 믿음을 가진 자들은 언제나 믿음의 일을 한다. 그러한 삶이 하나님께 합당한 자의 모습이다. 그러한 자들의 믿음의 행위역사는 성령의 능력으로만 가능하다. 그리하여 "능력으로" ἐν δυνάμει라는 수식어가 붙어 있는 것이다. 이것은 믿음의 역사의 주체가 인간이 아니라 성도의 심령 안에 내주하고 계신 성령께서 이끄신다는 것을 뜻한다. 성령의 주도적인 일이 성도들을 진리 가운데로 이끄는 것이기 때문에 그리스도의 말씀을 듣게 될 때 성령의 조명하심으로 믿음이 성장하게 되는 것이다. 따라서 믿음의 일은 하나님의 말씀을 순종하는 것이요 동시에 그 말씀의 위력을 보여 주는 것이다. 모든 일을 믿음으로 하지 않는 것은 죄이다. 그러므로 하나님께 합당한 자는 모든 일을 믿음으로 행하는 자가 될 수밖에 없다. 믿음은 누구도 자랑치 못하게 하기에 그 믿음의 역사를 이루시는 성령의 능력 안에서 믿는 도리의 주이시며 온전케 하시는 그리스도만을 바라보며 자랑하게 만든다. 이것이 믿음의 삶이다. 이렇게 믿음은 믿음의 주이신 주님의 뜻에 반하는 모든 것을 포기한다. 믿음의 조상 아브라함이 그랬다. 이집트에서 종살이하던 이스라엘을 인도해 낸 모세도 마찬가지였다. 그는 바로 공주의 아들이라 칭함 받기를 거절하였다. 이집트의 모든 재물을 다 포기하였다. 보다 나은 도성이 있음을 알고 상주시는 이를 바라보며 살았기 때문이다 히 11:9-10, 24-26. 세상이 감당치 못하는 믿음의 거인들이 날로 많아지는 교회들이 되기를 꿈꾼다.

마지막으로 웨스트민스터 신앙고백 14장 구원에 이르는 믿음에 관한 조항을 옮긴다.

> 택함을 받은 자들이 그들의 영혼이 구원받을 수 있게 됨을 믿게 되는 믿음의 은혜는 그들 마음에 있는 그리스도의 영의 역사이다. 그리고 그 역사는 통상적으로 말씀 사역으로 말미암아 이루어진다. 또한 말씀과 성례 거행과 기도로 말미암아 믿음의 은혜가 자라고 강화된다.
>
> 이 신앙으로 말미암아 그리스도인은 말씀 안에 계시된 것이 무엇이든지 참된 것임을 믿게 됨은 그 안에서 하나님이 친히 말씀하시는 하나님의 권위 때문이다. 그리고 그 말씀의 각 구절에 포함되어 있는 내용에 따라 다르게 행동하되 그 계명에는 순종하고 경고의 말씀에 대해서는 두려워 떤다. 그리고 금생과 내생을 위한 하나님의 약속들을 기꺼이 받아들인다. 그러나 구원에 이르는 믿음의 주된 행동은 칭의와 성화 및 영생을 위하여 은혜 언약의 진가로 말미암아 오직 그리스도만을 받아들이고 영접하여 의뢰하는 것이다.

이 믿음은 정도의 차이가 있어서 약하기도 하고 강하기도 하다. 그리고 이 믿음은 자주 또 여러 모양으로 공격당하고 약해질 수도 있으나 결국 승리를 얻게 된다. 그리고 우리 믿음의 조성자시오 완성자이신 그리스도를 통하여 충만한 확신에 이르게 되는 가운데 성장한다.

오 주님, 믿음의 약함과 부족함을 용서하옵소서, 강하고 담대한 믿음을 주옵소서, 선물로 주신 이 귀한 믿음을 잘 단련하여 그리스도 예수의 장성한 분량에 이르기까지 자라게 하옵소서, 믿음의 용사들을 세우소서, 세상이 감당치 못할 추수할 일꾼들을 보내주소서! 주님 말씀의 위력을 주의 종들에게 나타내시고 주님의 권능과 주권적 통치하심을 온 땅이 자각케 하소서, 오 주님 주님의 은총의 표징을 피로 값주고 산 교회에 보여주소서! 주를 사랑하는 자들이 주님으로 만족케 하옵시고 살든지 죽든지 우리 안에서 그리스도 예수의 이름만 높임을 받게 하옵소서! 살리는 영이신 성령 충만함으로 시와 찬미와 신령한 노래가 입안에서 넘쳐나게 하옵소서, 말로만 아니라 행함과 진실함으로 우리의 믿음을 확정케 하옵소서! 아멘!

Theology is Life

3장

십자가에 못 박힌 그리스도[111]

개혁교회를 추구하는 목회자들이 겪는 갈등이 있다. 말씀과 신학에 위배되지 않게 교회를 세워가려고 몸부림치는 것에 비해 생각만큼 교회가 성장하지 않는다는 사실로부터 시작되는 갈등이다. 신학교를 졸업하고 목사 안수를 받아서 어느 정도 전문지식을 습득한 부목의 시간을 가질 때 대다수가 기존 교회 청빙을 원하거나 혹은 개척교회를 설립하는 것 혹은 더 나은 자기 계발을 위한 유학길에 오르기도 한다. 어떤 경우이든 다 소위 성공적인 목회 사역 혹은 보다 나은 미래를 위한 포부이다.

그러나 그러한 포부는 막상 현실에 부딪힐 때 큰 좌절감을 겪게 되는 경우가 허다하다. 교회를 세워가는 동역자들 상당수가 생활고의 압박 그리고 교회가 성장해야 한다는 압박, 또는 관계의 깨어짐, 정체성 흔들림 등으로 인하여 말 못 할 고민을 하면서 하루하루를 버티는 형편들이다. 특히 오직 진리의 말씀만을 붙들고 진리의 기둥과 터인 교회를 바르게 세워보겠다는 개혁주의 목사들의 현실은 더 어렵다. 모진 고난과 압박을 감내

---

111 한국개혁주의설교연구원 제27기 정기 세미나 개강예배 설교(2013년 2월 18일, 양의문교회).

하면서 우리의 힘이 되신 주님만을 앙망한다는 신앙의 힘을 보이려고 애쓴다. 그러나 현실은 생각만큼 좀처럼 나아지는 것이 없다. 더 많이 들리는 소리는 격려와 용기의 말보다는 조롱과 비꼼이다. 물론 그러한 말에 너무 휘둘릴 필요는 없다. 왜냐하면 개혁교회를 하지 않는 다른 개척교회들도 수년간 목회하면서 유행은 모조리 답습해 보지만 별 진척을 보이지 못하는 교회들이 더 많기 때문이다. 개혁교회라서 성장이 없는 것이 아니라 사실은 우리 자신의 정체성에 대한 확고한 믿음이 희박하므로 겪는 어려움이 더 많다.

우리는 종교 사업가가 되고자 하는 것이 아니다. 그렇다고 성공지상주의에 사로잡혀 대형교회를 꿈꾸는 것은 아니지만 건전한 신학과 신앙을 가지고 오직 진리에 충실한 교회를 세우고자 하는 열망에 사로잡혀 있는 자들이다. 그 일을 위해 사력을 다함에도 불구하고 왜 하나님은 그러한 일꾼들의 교회에 복을 주지 않으시는가? 오히려 성경 말씀이 제대로 증거되지도 않고 교회의 세속화에 열을 올리며 사람들이 듣고 싶어 하는 메시지들이 강단을 점령하고 있는 교회 목사들은 굶지도 않고 더 창성하고 노회에서도 대접받고 사람들에게도 인정받으며 아딜 가든지 당당하다. 그에 비해 우리는 초라해 보이고 누가 알아주지도 않는 소외감에 또 다른 고통을 받아야 하는가? 이러저러한 갈등과 고민을 누구에게 털어놓고 말할 상대도 없이 속앓이하는 동역자들이 많이 있다.

  진리를 위해서 함께 수고하는 이러한 동역자들과 이 시간 우리가 받은 사명이 무엇인지를 다시 한번 되씹어보면서 은혜를 나누고자 한다. 우리를 불러주신 부름에 충실한 의연한 일꾼들로 주님 앞에 설 수 있게 되기를 소망한다. 시련과 환난 가운데서 우리를 붙드는 것은 교회의 크기나 가진 재산의 유무에 달린 것이 아니라 우리의 소명과 사명이라고 믿는다. 그 정체성만 분명하다면 주님의 이름을 위하여 능욕 받는 것조차도 기쁨으로 감당하며 감사 찬송하지 않겠는가?

우리가 목사가 된 것은 무엇 때문인가? 세상에서 잘 나가는 사람의 대열에 끼고자 한 것인가? 사람들에게 좋은 섬김을 받고자 함이었는가? 이왕이면 다홍치마라고 세상의 좋은 것들 많이 누릴 기회를 얻고자 함이었는가? 아니다. 목사가 되기로 서원하고 신학을 공부하며 안수를 받는다는 것은 세상 부귀영화를 다 포기하고 오로지 살아도 주를 위하여 살고 죽어도 주를 위하여 죽겠다는 헌신적 응답 때문이다. 주의 일꾼 되라고 부르시는 주님의 강력한 소명과 사명 앞에 내 몸과 마음을 온전히 드린다는 헌신으로부터 시작된 일이다. 단순히 세상에서 좋은 직업 가지고 주님의 교회의 한 회원으로 봉사하며 신앙 생활하는 것으로 만족하는 사람이 아니라 주님께서 피를 흘려 세우신 교회의 일꾼으로서 주님의 부르심에 합당한 길을 가고자 함이다. 사도들이 부름을 받아 활동하던 시대는 지금 우리가 처한 상황과 비교해 보면 훨씬 더 힘겨운 상황이었다. 먹는 것은 고사하고 언제 목숨을 내놓아야 할지 모르는 위태한 상황에서 복음의 일꾼으로서 자신들의 사명을 감당하였다. 사도 바울은 이렇게 고백하고 있다. **"내가 교회 일군 된 것은 하나님이 너희를 위하여 내게 주신 경륜을 따라 하나님의 말씀을 이루려 함이니라"** 골 1:25. 즉 우리가 목사가 된 것은 첫째는 하나님의 부르심 때문이다. 그 목적은 하나님의 말씀을 이루어 드리기 위함이다. 그 대상은 하나님의 택한 백성들이요 그 일은 하나님의 백성들을 위한 일이다. 그것이 목사가 가는 길이요 곧 목사 자신의 존재 의의이다.

왜 하나님이 우리를 목사로 부르셨는가? 고린도전서 1장 21~24절은 그 답을 잘 나타내 준다. "**하나님의 지혜에 있어서는 이 세상이 자기 지혜로 하나님을 알지 못하는 고로 하나님께서 전도의 미련한 것으로 믿는 자들을 구원하시기를 기뻐하셨도다 유대인은 표적을 구하고 헬라인은 지혜를 구하나 우리는 십자가에 못 박힌 그리스도를 전하니 유대인에게는 거리끼는 것이요 이방인에게는 미련한 것이로되 오직 부르심을 입은 자들에게는 유대인이나 헬라인이나 그리스도는 하나님의 능력이요 하나님의 지혜니라!**"

세상은 자기들의 그 잘난 머리로 하나님을 알 수 있는 능력이 없다. 그래서 하나님을 알게 하는 방식을 하나님께서 직접 정하셨는데 그 방식이라는 것이 참으로 황당한 것이다. 지혜와 지식에 있어서 세상의 그 어느 신이나 피조물과 견줄 수 없이 탁월하신 하나님께서 사람들이 꺼리고 미련하게 여기는 방식을 택하신 것 때문이다. 그것도 연약하기 짝이 없는 인간을 통해서 인간의 구원을 성취하시는 방편이다. 다시 말해서 교회에 목사를 세우신 분은 교회의 주인이신 하나님께서 직접 하신 일이다. 그 방식은 사람들이 기대하는 것과 엄청 차이가 나고 사람들이 받아들이기조차도 힘겨운 방식이었다. 그것은 하나님의 아들 예수 그리스도께서 십자가에 못 박혀 죽으신 사건이다. 그 사건을 전파하는 일을 통해서 어떤 사람들은 구원함을 전혀 받지 못하고 어떤 사람들은 그 메시지를 전적으로 수용하여 구원에 이르는 은혜를 체험하게 되는 것이다. 이것이 하나님이 정하신 방식이었다.

사도 바울은 지금 자신이 주님으로부터 받은 사명을 수행하면서 매우 놀랍게도 사람들의 반응에 별로 귀를 기울이지 않고 있다. 그 역시 우리와 다를 바 없는 사람이다. 복음 때문에 갖은 핍박과 고난과 압박에 시달린 경험을 누구보다 많이 한 사람이었다. 그러나 사도 바울은 사람들이 자신이 선포하고 있는 메시지에 어떤 반응을 보이든지 괘념치 않았다. 그는 오로지 주 예수께 받은 사명 곧 은혜의 복음 증거하려는 일을 마치려 함에 자신의 생명을 조금도 귀한 것으로 여기지 아니하였다. 이것이 목사의 정체성이다. 목사를 하나님이 왜 부르셨는가? 목사 입에 풀칠해 주시려고 부르셨는가? 적어도 사회적으로 나는 이런 사람이라고 과시하고자 부름을 받아 순종하는 것인가? 만일 그러한 면이 조금이라도 여러분 마음속에 존재한다면 여러분의 소명과 사명은 반드시 재점검해야 한다.

자신도 유대인으로서 유대인들의 습성이 무엇인지 잘 알고 있는 사도 바울이었다. 그가 전에 그러했던 것처럼 유대인들이 지금까지 학수고대하고 있는 것은 메시아의 출현이다. 십자가에 못 박힌 예수가 아니라 자신들을 로마의 속박에서 해방해 줄 구원자가 필요한 것이다. 정치적 해방만이 아니라 물질적인 보상도 충분히 가져다줄 수 있는 메시아를 대망하고 있다. 더욱이 십자가 죽음은 구약에서 죄인에게 가하는 가장 처절한 저주의 형벌인데 그가 메시아라면 어찌 그렇게 허무하게 죽을 수 있느냐? 고 반문하며 예수를 거절하였다. 그러한 기류를 너무나도 잘 알고 있는 바울이지만 그런 자들의 기대를 저버리는 예수 그리스도의 십자가의 죽음을 전달하고 있다.

또 그는 헬라 사람들이 뭘 기대하는지도 너무나 잘 알았다. 왜냐하면 그는 헬라 지식까지도 다 섭취했으며 로마 시민권을 나면서부터 가진 자였기 때문에 그들이 구하는 것은 언제나 새로운 지혜와 지식임을 익히 알고 있었다. 헬라 사람들에게는 많은 능력을 지니고 있고 사람들의 심령까지도 다 통찰하시는 능력의 주님께서 무기력하게 십자가에 죽는 길을 갔다는 사실 자체가 매우 어리석기 그지없는 것이었다. 그런데도 그는 그들의 기대감을 반영해서 그가 전하려는 메시지를 변형하거나 각색하려고 하지 않았다. 그가 받은 은혜의 복음을 전하는 일에 있어서 사도 바울은 그 어느 편의 사람들의 입맛에 맞추는 메시지를 전달하지 않았다. 그는 오늘 본문에서 분명하게 밝히고 있다. "**우리는 십자가에 못 박힌 그리스도를 전한다!**" 사도 바울 자신만이 아니다. 그와 함께한 다른 동역자들도 마찬가지였다. 왜 그렇게 고백하고 있는가? 그것이 그가 받은 사명이요 다른 동역자들이 받은 사명이었기 때문이다. 그들이 사도가 된 가장 큰 이유가 그것 때문이었다. 사도 바울은 심지어 목사의 임무 가운데 가장 중요한 것 중 하나인 성례를 거행하는 것을 위해서 부름을 받은 것이 아니라 오직 복음을 전하기 위하여 부름을 받았음을 같은 장 17절에서 명확하게 증거하고 있다. 왜냐하면 그는 복음의 일꾼으로 부름을 받았다는 자기 정체성을 전혀 잊지 않았기 때문이다.

우리가 목회하면서 흔들리는 가장 큰 이유가 있다면 자기 정체성이다. 목사인지 기업의 사장인지, 복음 선포자인지 복지 사업가인지, 문화사역자인지, 하나님의 말씀을 증거하여 그 말씀을 이루어가야 할 사람인지 행복 전도사인지, 복음의 일꾼인지 윤리·도덕 선생인지 구분이 안 되는 것 때문에 갈등이 더 많이 있다. 언제 사도 바울이 사람들이 회개하고 주님께로 돌아오지 않는다고 해서 십자가에 못 박힌 그리스도를 전파하는 일을 포기하고 예배당에 사람들로 가득 채우기 위해 몸부림친 적이 있는가? 그가 복음 때문에 숱한 고난과 핍박을 받을 때 나 포기하겠다고 주장한 적이 언제 있었는가? 막고 막아도 그는 그가 부름을 받은 길을 포기하지 않고 앞으로 나아갔다. 하나님이 그런 바울의 앞길을 고난 가운데서 활짝 열어주셨다. 그는 세상에서 결코 화려한 주목을 받은 것이 없다. 그는 열 왕과 어깨를 나란히 하면서 과시하거나 으스대는 일이 없었다. 그는 언제나 그리스도의 이름이 높임을 받는 것이라면 자신을 죽이는 일을 절대로 머뭇거리지 않았다. 그는 십자가에 못 박힌 그리스도를 증거하는 일을 위해서 세상 사람들이 귀하게 여기는 것들을 다 배설물로 간주하였다. 십자가에 못 박힌 그리스도가 전파되는 것이라면 자신의 목숨을 조금도 귀한 것으로 여기지 않았다. 그는 온통 예수로 충만하였고 그 안에 예수 외에는 아무것도 존재하지 않았다.

과연 우리는 그리스도로 충만하고 그리스도의 이름을 높이기 위한 일에 사력을 다하고 있는가? 우리의 갈등과 고민은 목사의 본질 때문인가? 아니면 부수적인 것들 때문인가? 우리는 그리스도를 드러내기 위하여 우리 자신을 얼마나 죽이고 있는가? 아니면 내가 드러나고 내 이름이 높아지는 일을 위하여 그리스도를 희생시키고 있는가?

세상이 알고 싶은 것이 있다면 복음의 전달자들이 아니다. 그렇게 되는 것은 스스로 교주가 되는 것이다. 세상이 알아야 할 것은 설교자 자신들의 학력이나 경력이 아니다. 참된 목사는 자신을 과시하거나 뽐내는 것이 아니라 그를 도구 삼아 전달하시는 하나님의 메시지만을 부각한다. 왜냐하면 세상이 알아야 할 것이 그것뿐이기 때문이다. 사람들이 듣고 싶어 하는 것을 전달하는 전달자가 아니라 그들이 들어야 할 하나님의 메시지를 전달하는 선포자이다. 우리가 선포자로서 또는 전달자로서 주님이 우리에게 맡기신 은혜의 복음을 충실하게 전달하는 것이다. 이것이 목사가 할 일의 전부이다. 이 일을 제쳐두고 상담이나 복지나 음악이나 세상적인 일들을 모조리 다 아는 해박한 사람이 된다고 해도 그는 그를 불러주신 하나님께 결코 상을 받을 수 없다. 왜냐하면 목사는 근본적으로 십자가의 복음을 전달하는 자이며 복음을 전파해야 만 할 자이기 때문이다.

사도들을 보라. 그리고 초대교회 성도들을 보라. 그들이 어디로 가든지 예수는 주라 선언하며 복음을 전하였다.행 8:4. 그들은 행복 전도사들이 아니었다. 그들은 종교 사업가로 변신하고자 애쓴 것이 아니다. 그들은 자선 사업가 혹은 복지 사업가가 되고자 함이 아니었다. 그들은 윤리 선생으로 만족하지 않았다. 그들은 성경에도 없는 일명 찬양사역자가 되고자 한 것도 아니었다. 그들은 처음부터 끝까지 주 예수 그리스도의 십자가 복음을 전하였다. 그에 비해 오늘날 한국교회 강단은 어떠한가? 정작 전해야 할 그리스도의 십자가 복음은 뒷전으로 밀려나고 윤리, 도덕으로 강단을 도배하고 상담과 심리학으로 현혹하며 지극히 세속적이고 인간적인 교양으로 강단을 떡칠하고 있다. 사도들이 살아서 우리 앞에 있다면 그들은 변질되고 부패한 조국 교회 앞에서 사자의 포효와 같은 괴성을 발하며 회개를 촉구할 것이다.

우리의 말씀 선포 사역을 통해서 몇 사람이나 회개하고 주님의 자녀로 돌아왔는가? 어쩌면 그같은 경험을 결코 기대하거나 사모하는 일이 없는지도 모른다. 단지 오늘 목사님 설교 너무 좋았어요, 또는 은혜받았어요! 하는 소리 듣기에 급급해하는지도 모른다. 그러나 정작 설교자가 들어야 할 소리가 있다면 '오늘 말씀을 통해서 내 죄를 회개하고 주님께 헌신하게 되었습니다'라는 것이어야 한다. 그러나 그러한 소리는 전설로 사라진 지 오래이지는 않은가? 하나님이 변질하였는가? 성경이 변질하였는가? 아니다. 인간이 변해 버렸다. 진리를 좇거나 진리를 붙들려고 노력하지 않는다. 진리가 없어도 살맛이 솔솔 나기 때문이다. 그것은 축복이 아니라 저주이다. 지옥의 저주를 불러들이는 악한 무리를 그대로 놔둘 것인가? 예배마다 가슴을 치며 회개하는 사람들이 있기를 소망한다. 한 여 집사님이 예배가 끝나자 나가면서 나를 붙들고 통곡하며 울음을 그치지 않았다. 사람들이 나오기 때문에 붙들고 무엇 때문인지 물어보지 못했다. 내 아내가 전화해서 왜 그랬느냐고 물었더니 그 여 집사님은 이혼을 결심하고 하나님께 통보하고 서류에 도장을 찍으려고 했는데 그날 설교 말씀, 한 마디 한 마디가 다 자기를 향하여 하는 채찍질이어서 눈물을 주체할 수 없었노라고 하며 회개하고 함께 살기로 결심하였다고 말했다. 주님께 감사할 따름이다. 사회에서 망나니 노릇을 하던 40대 남자분도 교회에 처음 발걸음을 띠고 왔을 때 그날 선포된 설교를 듣고 큰 감동하였다. 예배 후에 목사가 간절히 기도할 때 자기 생애에 처음으로 눈물을 흘렸노라고 고백하였다. 결국 그는 교회 다닌 지 2년이 안 되어서 세례까지 받아 새 사람이 되었다.

그러한 회심의 역사가 심리학에서 발견될 수 있을까? 죄를 떠나 하나님의 자녀가 되는 것을 윤리와 도덕 강좌나 행복론에서 얻어질 수 있을까? 전혀 나타나지 않을 것이다. 사람들에게 십자가에 못 박힌 예수 그리스도의 복음을 전하는 것이 거리끼는 것이요 어리석은 것으로 보일지라도 이것 외에는 죄인이 죄에서 떠나 의의 자녀가 될 길이 없다. 어둠의 자식들이 빛의 자녀가 되는 길이 없다. 죄와 허물로 죽은 자가 살아가는 길이 없다. 사망에 매여 죄의 종노릇 하는 자들이 죄에서 해방되어 하나님을 따라 의와 진리의 거룩함으로 지음을 받은 새 사람이 될 길이 없다. 오로지 우리 죄를 대신하여 십자가를 지시고 물과 피를 다 쏟아주신 예수 그리스도의 십자가 은혜만이 우리가 죄 사함을 받으며 하나님의 아들과 딸이 되어서 하늘에 속한 모든 신령한 복을 누리는 자가 되는 것이다.

그렇다면 왜 십자가에 못 박힌 그리스도만을 전해야 하는가? 그것이 사도들이 우리에게 남겨준 유일한 설교 패턴이기 때문이다. 그것만이 죄인을 구원하는 방편이기 때문이다. 다른 방식으로 죄인을 구원하는 것을 보여주지 않았다. 그것만이 죄 사함을 받는 것이고 그것만이 하나님의 모든 진노를 피하고 하나님과 화목게 되는 길이며 그것만이 영생을 선물로 받는 길이기 때문이다. 사도들은 어디를 가든지 항상 예수가 주되심과 그가 죄인의 구원을 위하여 십자가에서 못 박혀 죽으시고 구원하여 주심을 전파하였다. 우리도 마찬가지이다. 어디를 가든지 복음을 들려 줄뿐 아니라 복음을 듣지 못한 자들을 복음으로 청하여 그리스도의 발앞에 복종케 해야 한다. 왜냐하면 그 복음만이 인간의 모든 이론과 사상을 그리스도의 십자가 앞에 무릎을 꿇게 하는 유일한 방편이기 때문이다. 십자가에 못 박힌 그리스도 예수의 복음만이 죄인이 구원을 얻는 유일한 길이요 하늘나라를 기업으로 물려받을 수 있는 유일한 방편이기 때문이다. 죄인을 건지는 영적 싸움에 필요한 강력한 무기가 이 십자가 복음뿐이기 때문이다.

흔히 우리는 사도권 계승자들이라고 주장한다. 이것은 목사 자신의 권위를 내세우기 위한 근거가 아니다. 성도들이 목사에게 복종하고 따라야 할 근거가 되는 것이 아니다. 사도들이 전해 준 참된 복음을 전파하지 않는 한 종교적 전문가의 권위만 내세우는 허울에 불과한 것이다. 사도들이 붙든 십자가에 못 박히신 그리스도를 전파하는 것이 목사의 권위요 능력이요 지혜이다. 사도들은 우리에게 화려한 예배당을 물려준 것이 아니다. 사도들이 우리에게 헌법과 고퇴와 황금 열쇠를 물려주지 않았다. 사도들이 우리에게 화려한 예복을 물려준 것이 아니다. 사도들은 우리에게 십자가에 못 박히신 그리스도와 그의 부활과 승천 및 재림의 복음을 남겨 주었다. 우리가 그 가르침과 교훈을 그대로 우리 뼛속 깊이 답습하지 않으면 우리는 사도권 계승자도 아니요 목사도 아니요 교회 일꾼도 아니다.

단지 종교적 기능인, 종교 공무원에 불과한 것이다.

예수 그리스도께서 저주받은 가장 흉악한 죄인에게 내리는 나무에 달려 십자가 죽음을 당하신 가장 큰 이유가 무엇인가? 죄인이 받을 하나님의 심판이 얼마나 무섭고 저주스러운 것인지를 그의 죽음이 보여주었다. 그리고 피흘림이 없이는 죄 사함이 없음을 보이셨다. 그것 외에는 죄인의 구원이 없는 것이다. 그가 찔림은 우리의 죄악을 인함이요 그 상함은 우리의 허물을 인함이요 그가 채찍에 맞음으로 우리가 나음을 입었고 그가 징계를 받음으로 우리가 평화를 누리게 된 것이다. 이같은 복을 죄의 종노릇하는 자들에게 값없이 베푸셨다. 이것을 우리는 은혜라고 한다. 사도들도 이러한 은혜를 받았다. 초대교회 성도들만이 아니라 오고 가는 무수한 사람들 가운데서 주 예수 그리스도를 믿는 자들만이 가장 평화스럽고 짜릿한 천국에 들어갈 것이다. 거기에는 이 세상과 달리 눈물도 없고 고통도 없고 이별도 없고 죽음도 존재하지 않는 최고로 행복한 자리이다. 지상에서 잠시 잠깐 누리는 일시적인 행복과는 비교가 되지 않는다. 어떤 형편에든지 후회감이나 허무감이 밀려오지 아니하는 낙원의 황홀함만이 주어지는 복된 처소이다.

이 처소에 가려면 다른 이의 이름으로 되는 것이 아니다. 예수께서는 자기 자신이 곧 그 길이요 그 진리요 그 생명이라고 선언하셨다. 자기 외에는 세상 누구도 하늘나라에 들어갈 수 없다. 죄인들에게 주어지는 복된 소식은 십자가에 못 박히신 그리스도뿐이다. 천하 인간에게 구원을 얻을 만한 다른 이름이 주어진 적이 없다. 오직 예수 그리스도뿐이다. 주의 나라는 이 십자가 피로 구속받은 자들만의 나라이다. 주의 나라는 어린 양 예수 그리스도의 피로 값주고 산 자들만의 나라이다. 십자가의 피로 적셔 있는 자가 아니면 죽음의 사자를 피할 수 없다. 오로지 보좌에 앉으신 어린 양의 피로 깨끗함을 입고 승리한 믿음의 사람들만이 가는 곳이다.

그러므로 사도들은 어디를 가든지 예수 그리스도와 그의 십자가 외에는 아무것도 알지 아니하기로 작정했을 뿐 아니라 십자가만을 자랑하고 다녔다. 이것이 개혁교회 목사들이 가야 할 길이다. 이것이 개혁교회 목사들이 따라야 할 모범이다. 이것이 개혁교회 목사들이 목숨을 다하여 붙들어야 할 진리이다. 이것 외에 다른 복음, 다른 예수, 다른 영은 없다. 이 십자가 복음을 전파하는 일을 위한 우리의 수고는 절대 헛되지 않을 것이다. 왜냐하면 우리가 붙들고 있는 이 복음이 헛된 것이 아니기 때문이다. 왜냐하면 우리가 전하는 이 복음이 지옥 자식을 천국 자식으로 만드는 유일한 복음이기 때문이다. 우리의 달려갈 길을 다 마치기까지 이 십자가 복음에서 눈을 떼지 말고 강력하게 증거하는 동역자들이 되기를 소망한다. 이 십자가 복음 때문에 당하는 고난이 있다면 주님의 고난에 동참하는 것이요 현재의 이 고난은 장차 누릴 영광과 족히 비교할 수 없는 것이기 때문에 뒤를 돌아보거나 포기하지 말고 복음에 충실한 일꾼으로 이 사명 다 완수하는 동역자들이 되기를 소망한다. 유대인들에게는 거리끼는 것이요 헬라인들에게는 어리석은 것이지만 우리는 십자가에 못 박힌 그리스도를 전하노라! 아멘!

4장

청교도의 경제관[112]

청교도들은 돈에 대해 어떻게 생각하나? 좋은 것으로? 아니면 나쁜 것으로? 그리스도인은 돈을 취해야 할까, 아니면 그것을 버려야 할까? 릴랜드 라이큰Leland Ryken은 본 글에서 청교도주의에 관한 매우 유용한 내용을 소개한다.

    우리 시대에 가장 영향력 있고 논란이 많은 책 중 하나는 막스 베버Max Weber의 『개신교 윤리와 자본주의 정신』The Protestant Ethic and the Spirit of Capitalism, 1930이다. 중산층 무역의 부상이 주로 프로테스탄트 사이에서 일어났다는 관찰에서 시작하여 베버는 "프로테스탄트 윤리"와 "근대 자본주의 정신" 사이의 연관성을 탐구했다. 그는 세속적 직업으로도 하나님을 섬길 수 있다는 믿음, 규율 있고 금욕적인 삶을 사는 경향, 개인주의 정신, 열심히 일하는 것에 대한 강조, 돈 버는 것에 대한 선한 양심 등 많은 연관성을 발견했다. 물론 베버는 자신이 생각한 것을 따라 매우 선별적인 자료를 선택하였지만, 그의 분석은 프로테스탄트 운동에 대해 중요한 많은 것을 밝혀냈다.

---

112 본 글은 청교도 지성을 운영하는 사이트에 실린 릴랜드 라이큰(Leland Ryken) 목사의 글을 번역하여 소개한 것이다. 아쉬운 것은 저자가 각주를 달지 않아서 독자들이 직접적으로 원문을 찾아볼 수 없게 한 점이다.

그러나 소위 베버 논문은 불행한 결과를 낳았다. 개신교인들은 돈 버는 것을 인생의 최고 목표로 삼고, 부의 축적을 도덕적 의무로 여기고, 사실상 모든 종류의 사업 경쟁에 뛰어드는 것이 정당한 것으로 그려졌기 때문이다. 돈에 대한 청교도의 태도와 관행을 살펴보면 베버의 명제가 결국 진리를 심각하게 왜곡시키는 좋은 아이디어에 불과했다는 생각이 들것이다.

돈은 좋은 걸까, 나쁜 걸까?

마틴 루터는 수도사가 되었을 때 청빈 서약을 했다. 이것은 가난이 본질적으로 사람에게 미덕이라는 가톨릭의 오랜 견해를 반영한 것이다. 그러나 루터 자신을 포함한 종교 개혁자들은 그렇게 생각하지 않았다. 돈과 소유물에 대한 그들의 생각의 출발점은 이것들이 원칙적으로 선하다는 것이었다.

청교도들은 "돈 자체는 좋다"는 칼빈의 말에 동의했다. 사무엘 윌라드Samuel Willard는 존 헐John Hull의 장례식에서 조사를 낭독하면서 상인이 "세상을 초월한" 삶을 살았던 "지상에서 성자"였던 것과 그의 사업에 근면한 것 사이에는 모순이 없음을 발견했다고 했다. "섭리가 그에게 이 세상 재물의 풍요로운 부분을 주었다." 리처드 박스터Richard Baxter에 따르면 "피조물, 세상 또는 재물에 대한 모든 사랑은 죄가 아니다. 하나님이 하시는 일은 다 선하기 때문이다." 사무엘 윌라드는 "부는 경건과 일치하며, 사람이 가진 것이 많을수록 하나님께서 그에게 마음을 주신다면 그것으로 선을 행할 수 있는 이점이 더 커진다"는 이론을 세웠다. 윌리엄 아담스William Adams는 경제적 노력을 그리스도인의 애정을 받을 가치가 있는 것으로 여겼다. 그는 그리스도인이 "세상에서 해야 할 일이 많고 힘차게 돌보아야 할 일이 많다"고 했다. 청교도들은 돈의 장점을 긍정하면서 돈을 비방하는 사람들로부터 돈의 정당한 측면을 방어할 필요가 있음을 발견했다. 윌리엄 퍼킨스William Perkins는 마태복음 6장 19~20절에 대한 설교에서 그리스도께서 금지하지 않은 것을 열거했다. "사람은 자신에게 필요한 것과 자기에게 의존된 것을 마련하는 주된 직업에서 부지런히 일한다. … 재화와 재물의 결실과 소유, 그것들은 잘 사용하라는 하나님의 선한 축복이다. … 모임 그리고 보물을 쌓아두는 것은 단순히 금지된 것이 아니다. 왜냐하면 하나님의 말씀은 어떤 면에서 이것을 허용하기 때문이다고후 12:14."

청교도들은 돈을 버는 것에 대해서 죄책감을 가지지 않았다. 돈을 버는 것은 청지기의 삶이었다. 웨버의 논문은 박스터의 말을 충분히 잘 활용한 것이다. "하나님께서 다른 방법보다 합법적으로 더 많은 것을 얻을 수 있는 길을 보여주시는데 당신의 영혼이나 다른 어떤 것에 해를 끼치지 않는 방식, 당신이 이것을 거절하고 덜 유익한 길을 선택한다면, 당신은 부르심의 목적 중 하나를 간과하는 것이며 하나님의 청지기가 되기를 거부하는 것이다."

넓은 측면에서 박스터의 경제관에 대한 글에서는 효율성과 생산성이 단순히 상식적으로 받아드리는 것이며 하나님의 선물들에 대하여 선한 청지기가 되어야 한다는 강한 인식이 있어야 함을 말하고 있다.

왜 청교도들은 돈이 좋은 것이라고 확신했을까? 주된 이유는 그들이 돈과 부가 하나님의 선물이라고 믿었기 때문이다. 퍼킨스는 이렇게 썼다. "돈과 재산이 하나님의 선물이라면 하나님이 주신 선물이요 축복으로서 선한 양심으로 잘 활용해야 할 것이다." 존 로빈슨은 이렇게 설명했다. "여호와의 축복으로 부를 이루었고 … 그 부가 하나님의 축복으로 주어진 것이기에 일반적인 시민으로서의 삶을 안정적으로 영위하기 위하여 갈망하는 것은 타당한 것이다." 리처드 십스Richard Sibbes는 "세상적인 것들은 그 자체로 선하며 우리가 천국으로 가는 길을 즐겁게 하기 위해 주어진 것"이라고 확언할 수 있다.

청교도들은 번영을 하나님의 선물로 보았기 때문에 번영을 인간의 공로라는 개념과는 확실하게 거리를 두었다. 선물이라면 어떻게 얻을 수 있을까? 인간의 노력이 성공을 보장하지 않을 뿐만 아니라, 하나님께서 일을 번창하게 축복하신다 해도 그 축복을 낳는 것은 인간의 공로가 아니라 하나님의 은혜다. 코튼 매더Cotton Mather는 이렇게 주장했다. "우리의 직업에서 우리는 그물을 펼친다. 그러나 그물에 걸려 오는 모든 것을 우리 그물로 가져오시는 분은 하나님이시다." 존 로빈슨은 "근면, 섭리, 기술로 상품을 얻는다면, 능력과 그 사용, 성공을 모두 제공하는 것은 하나님의 축복"이라고 썼다. 청교도 윤리는 인간의 공로가 아니라 은혜의 윤리다.

사유 재산에 대한 청교도의 옹호는 돈의 합법성에 대한 믿음의 연장선이었다. 윌리엄 에임스William Ames는 사유재산이 "인간적 권리뿐 아니라 자연적이고 신성한 권리"에 기초한다고 했다. 다른 곳에서 에임스는 "우리가 가진 것을 합법적으로 유지하는 데" 공의가 있다고 썼다. 매사추세츠의 첫 상인 왕자 중 한 명인 존 헐은 네덜란드에게 배를 잃었을 때 하나님의 섭리로 위로를 받았다. "만약 주님께서 내 영혼을 더 주님과 가까이하게 하신다면 내 재산을 잃는 것은 아무것도 아니다. 피조물로부터 더 많은 것을 잃는다 해도 그것은 내게 위로가 된다." 그러나 그의 작업반장이 그의 말들을 훔쳤을 때 존 헐은 "하나님의 선한 섭리로 그것들이 내 것이라는 것을 당신이 알기를 바란다"라고 했다.

금전과 재산에 대한 청교도의 지지는 청교도들이 물질적 재화를 영적 가치보다 더 높였다는 의미로 해석되어서는 안 된다. 존 윈쓰롭John Winthrop는 "외적 번영을 진정한 행복"으로 착각하는 사람들을 폄훼했다. 피터 벌클리Peter Bulkeley는 기독교인은 "스스로 많은 일을 할 수 있지만" 그러나 "이것이 하나님과 그의 영광에 반대되는 것이 아니라 복종하는" 한에서만 가능한 것이라고 했다.

가난은 어떤가?

재물이 하나님의 축복이라면 가난은 저주이자 하나님의 은총이 없다는 표시인가? 정말인가? 이 시대에 사람들이 생각하는 가정에 동의하지 않는 청교도들은 그런 생각은 단연코 틀렸다고 한다.

우선 청교도들은 경건이 성공을 보장한다는 데 동의하지 않았다. 토마스 왓슨은 "참된 경건에는 보통 박해가 수반된다. … 성도들은 시련에서 면제되는 헌장을 가지고 있지 않다. … 그들의 경건은 그들을 고통에서 보호하지 못할 것이다"라고 말하기까지 했다.

경건이 성공을 보장하지 않는다면 그 반대도 마찬가지다. 성공은 경건의 표시가 아니다. 이것이 청교도들이 가난 문제를 이해한 방식이다. 존 코튼John Cotton은 기독교인이 "하나님이 그에게 허락하신 대로 선과 악의 성공을 동등하게 경험한다"고 말했다. 사무엘 윌라드는 "재물이 하나님의 사랑의 증거가 아니듯이 가난도 그의 노여움이나 미움으로 인한 것이 아니다"라고 했다.

성공과 경건 사이의 인과 관계가 끊어지면서 청교도들은 가난에 대해 몇 가지 결론을 내렸다. 하나는 빈곤이 반드시 나쁘거나 부끄러운 것이 아니라는 것이다. 윌리엄 에임스는 "가난 그 자체에는 범죄나 부끄러워할 잘못이 없다. 그러나 종종 교정이나 시련이나 감찰, 또는 둘 다로서 하나님께서 경건한 자들에게 보내신다"라고 했다. 리처드 박스터는 다음과 같이 결론을 내렸다. '돈이 없다고 해서 교회에 나오지 말라는 법이 없고, 가난하다고 해서 그리스도께 거슬리는 사람도 아무도 없다. 텅 빈 마음이 그들을 차단할 수 있겠지만 빈 지갑은 그럴 수 없다. 그분의 은혜의 왕국은 부자와 유명인들보다 멸시받는 가난한 자들과 더 함께했다.'

사실, 청교도들은 빈곤이 사람을 영적으로 축복하거나 가르치는 하나님의 방법일 수 있다고 주장했다. 신자에게 하나님의 축복을 약속하는 성경 구절을 다루면서 사무엘 볼튼은 다음과 같이 썼다. '그러나 현세적이고 외적인 좋은 것을 누리는 것 외에는 아무것도 축복의 본질이 없다고 판단해야 하는가? 손실은 즐거움일 뿐만 아니라 축복이 될 수 있지 않는가?' 그리고 토마스 왓슨은 "하나님의 자녀들에게 선을 이루는 일" 목록에 가난을 포함시키면서 다음과 같이 설명했다. '가난은 하나님의 자녀들에게 유익을 준다. 그것은 그들의 정욕을 굶주리게 한다. 그것은 그들의 은총을 더한다. "세상에서는 가난하고 믿음은 부요한 자"약 2:5가 된다. 가난은 기도하게 만든다. 하나님께서 가난으로 자녀의 날개를 꺾으실 때, 그들은 은혜의 보좌로 재빨리 날아간다.'

이와 같이 빈곤을 옹호하면서 청교도들은 빈곤에 대한 가톨릭의 가르침을 그 자체로 공로로 삼는 데 주의를 기울였다. 윌리엄 에임스는 수도승의 청빈 서약을 "광기, 미신적이고 사악한 추정"이라고 비난하면서 그들은 "완전케 됨을 위하여 가난을 파는 자들이며 그것이 하나님 앞에서 만족과 은총을 획득케 하는 공로로 가르치는 자들"이라고 확언했다.

청교도들은 "복음적 빈곤"이라는 문구를 사용하여 하나님이 이 세상에서 평범한 직업 가운데서 보내실 수 있는 그러한 빈곤으로부터 영적 교훈을 배우는 그들의 이상을 설명했다.

청교도들은 가난을 이상적인 것으로 여겨 추구하는 것으로 삼지 않았다. 가톨릭 수도원 이론과는 반대로 청교도들은 가난이 유혹을 피하게 하는 확실한 방안이 아님도 이론화했다. 리처드 박스터는 이렇게 설명한다. "가난 역시 유혹을 가지고 있다. … 가난한 사람들도 그들이 결코 얻지 못한 부와 풍요에 대한 사랑으로 인해 실패할 수 있으며, 그들은 아직 세상에서 결코 번영하지 못한 세상을 지나치게 사랑하기 때문에 멸망할 수 있다."

청교도들은 또한 가난한 사람들을 계속 가난하게 두는 데 만족하는 무관심의 윤리를 거부했다. 그들의 관점에서 빈곤은 완화되지 않은 불행은 아니지만, 확실히 우리가 사람들을 위해 가져야 할 목표는 아니다. 토마스 레버Thomas Lever는 설교에서 "부자는 관대함으로 가난한 자를 대우하고 위로해야 한다"라고 말했다. 휴 라티머Hugh Latimer는 이렇게 설교했다. "하나님은 선물을 주신 적이 없다. 그러나 때때로 하나님의 영광을 위해서 선물들을 보여주신다. 마치 그가 재물을 보내신 것처럼 가난한 자들도 보내어 그들의 부요함으로 도움을 받게 하신다." 휴 라티머는 심지어 "가난한 사람은 부자의 재산에 대한 소유권이 있다. 그래서 부자는 가난한 사람이 자신을 돕고 위로할 수 있도록 부자의 재산 일부를 갖도록 해야 한다"라고 말했다.

청교도들은 가난이라는 주제에 대해 때때로 그것이 경건한 자들의 몫이며 그것이 영적인 축복이 될 수 있다고 가르쳤다. 그러나 그 자체로는 공로가 없으며 가난한 사람들은 그들을 도울 자원을 가진 사람들의 호의를 필요로 한다.

부의 위험성

성공을 하나님의 승인이나 그들 자신의 미덕 표시로 여기는 대신 청교도들은 번영을 유혹으로 여길 가능성에 훨씬 더 비중을 두었다. 제네바 성경 창세기 13장 1절의 여백에는 "아브라함이 애굽에서 얻은 큰 재물이 그 소명을 따르는데 방해가 되었다"라고 기록함으로서 그의 재물이 그에게 쉽게 유혹이 될 수 있음을 암시한다. 존 로빈슨은 "가난과 부 모두 유혹이 있다. … 그리고 두 가지 상태 중에서 … 재물의 유혹이 더 위험하다"고 했다. 토마스 레버는 "부하려 하는 자는 … 마귀의 시험과 올무에 쉽게 걸린다"라고 했다. 리처드 로저스는 자정이 조금 지난 시간에 깨어나 하나님의 축복이 "나에게 너무 달콤하고 … 위험"하다는 사실을 확신했다.

놀랍게도 청교도들은 부와 경건 사이가 반비례한다고 보았다. 꼭 이런 식으로 밝혀질 필요는 없었지만 그들의 견해로는 대개 그렇게 되었다. 리처드 박스터는 "재물은 사람이 구원받는 것을 더 어렵게 만든다는 것을 기억하라."고 경고했다. 사무엘 윌라드는 "가장 눈에 보이는 이점이 많은 자가 … 하나님께 열심을 내는 것은 보기 드문 일"이라고 믿었다. 리처드 십스는 이렇게 말했다. "마음에 세상적인 부를 가득 소유하고 있는 사람은 하나님과 사람들에게 거짓된 자가 되게 한다. 우리의 직업에도 불충실하게 하고 신앙생활도 잘못하게 한다."

'부의 위험'이라는 이 주제를 세밀히 다듬으면서 청교도들은 돈이 왜 위험한지를 잘 분해하여 제공하고 있다. 가장 큰 위험은 돈이 궁극적인 헌신의 대상인 하나님 자리를 꿰차는 경향이다. 세상의 재물은 "하나님과 우리 사이를 가리는 휘장이어서 우리의 시야를 가리어 하나님을 꿰뚫어 보지 못하게" 한다. 토마스 왓슨은 "인간은 자기 행복을 외부에서 끝낼 준비가 되어 있다"라고 했다. 존 로빈슨도 같은 말을 했다. "사람이 정말 부자가 되면 하나님을 부정하는 위험에 빠지게 된다. 그리하여 교만하여져서 하나님을 경멸하면서 하나님이 누구냐라고 말하게 된다." 리처드 로저스는 성공회 교회의 부유한 주교와 성직자들에 대해 언급하면서 "부와 직급이 높아질 때까지는 결코 하나님을 떠난 것처럼 보이지 않았다"라고 말했다.

재물이 위험한 두 번째 이유는 재물이 하나님 대신 자기 자신을 의지하게 만들기 때문이다. 리처드 박스터는 "사람들이 세상에서 잘 나갈 때 그들의 마음은 그들의 부와 함께 고양되고, 그들은 자신이 매우 좋다고 느끼는 동안에는 자신의 아픔을 거의 믿을 수 없는 상태에 있다"라고 말했다.

청교도들은 부의 획득은 또한 사람의 시간과 에너지를 너무 많이 흡수하여 종교와 다른 사람에 대한 도덕적 관심에서 멀어지게 하는 경향이 있다고 말했다. 리처드 마더Richard Mather는 고별 설교에서 다음과 같이 말했다. "세상적인 일을 하다보면 종교의 생명과 능력을 잃기란 쉬운 일임을 경험으로 알 수 있다. 육신이나 껍데기 같은 외형 외에는 아무것도 남지 않게 하고, 세속적인 것이 알맹이를 먹어 치우고, 바로 경건의 영혼과 생명을 소멸시켜버린다."

카튼 마더 역시 뉴잉글랜드에서 같은 방식으로 물질주의를 향한 경향을 경고하였다. "종교는 번영이란 딸을 낳았지만, 그 딸은 그 어미를 잡아먹었다."

청교도들은 또한 돈이 결코 만족시킬 수 없는 식욕을 일으키기 때문에 돈의 위험성을 지적했다. 돈은 결코 약속을 지키지 않는다고 그들은 관찰했다. 헨리 스미스Henry Smith는 "재물은 색을 칠한 포도와 같아서 군침을 돌게 하는 것 같아도 배고픔을 해소하거나 목마름을 해결해 주지 않는다"라고 썼다. 재물은 참으로 사람을 더 탐하게 하고 시기하게 하며 배려의 마음을 숨겨버린다.

돈이 이만큼 위험하다면 그냥 피해야 하지 않을까? 청교도에 따르면 아니다. 윌리엄 에임스는 "재물은 … 도덕적으로 좋거나 나쁜 것이 아니라 사람들이 잘 사용하거나 잘못 사용하는 것과 무관하지 않다"라고 주장했다. 토마스 아담스Thomas Adams는 그의 도시 회중에게 "우리는 여러분에게 돈주머니를 버리지 말고 탐욕을 버리라고 가르친다"라고 말했다.

돈은 얼마면 충분할까? 청교도의 중용

청교도들에게 중요한 문제는 개인의 수입이 얼마나 되는가가 아니라 그 자체를 얼마나 잘 사용하는가다. 청교도의 이상은 절제다. 물론 그러한 이상은 청교도 외에도 많은 사람이 언급한 것이지만, "절제"라는 개념은 당시 청교도와 관련이 있다.

청교도들은 중용 혹은 절제를 극단적 입장에서 황금 수단으로 생각했다. 존 다운네임John Downame은 "가장 큰 번영보다 평균적인 [중간] 재산을 더 선호하였다. … 평균적인 재산은 … 하나님에 대한 망각, 비종교, 모독으로부터 우리를 보호한다."

절제가 목표라면 반대 입장을 잘 물리쳐야 한다. 그중 하나는 종종 탐욕과 뒤섞여 있는 부에 대한 욕망이다. 마태복음 6장 19~20절에 대한 설교에서 윌리엄 퍼킨스는 그리스도께서 금하신 것으로 다음을 나열했다. "잡다한 탐욕의 행위로서 인간이 절제하거나 중용의 길을 가지 않으면 세속적인 부에 대한 집착이 과도하게 나타난다."

절제와 반대되는 또 다른 것은 사치다. 청교도들은 집, 의복, 오락, 식습관이 어떤 형태를 취하든지 간에 호화로운 생활 방식을 경솔하게 여겼다. 리처드 박스터는 "부유한 악습"을 비난할 때 관능, 과식, 스포츠와 오락에 대한 지나친 방종을 포함했다. 그분의 "방탕과 죄 많은 낭비에 대한 지시"에는 "과하게 배를 채우는 것 … 또는 값비싼 고기나 음료", "불필요하게 비용이 많이 드는 방문과 오락", "불필요하고 호화로운 건물"에 대한 언급이 포함되어 있다.

사치에 대한 그러한 경고는 청교도들 사이에서 일반적이었다. "자연과 사람에게 필요한 것 이상의 부"라는 공식으로 사치의 본질을 정의한 윌리엄 퍼킨스는 럭셔리에 대한 부정적인 평가를 계속해서 보여주었다. "사치는 아이의 손에 들려진 칼과 같아서 뺏지 않으면 상해를 입는다"고 했다. 새뮤얼 워드Samuel Ward는 그의 대학 일기에서 "과도한 의복"을 "대학의 죄악" 중 하나로 열거했다.

청교도들이 사치를 반대했기 때문에 금욕주의자라고 결론짓는 것은 잘못된 것이다. 그들은 합법적인 방종을 거부하는 것이 본질적으로 덕이 된다고 생각하지 않았다. 사실, 그들은 사치의 유혹만큼이나 가난의 유혹에 대해서도 명료했다. 리처드 박스터의 유혹 목록은 다음과 같다. "자기의 궁핍과 세상 일에 대한 지나친 염려", 불만, 탐욕, 부자에 대한 시기, 영적 의무 태만, "자녀의 거룩한 교육"을 소홀히 하는 것이다.

돈의 목적

청교도의 태도를 탐구하면 할수록 그들이 그 주제에 대해 말한 모든 것의 핵심은 돈이 사적 소유물이 아니라 사회적 재화라는 그들의 확신이었다는 것이 더욱 분명해진다. 그것의 주요 목적은 그것을 통제하게 된 개인의 개인적인 즐거움이 아니라 사회의 모든 사람의 복지다.

청교도주의의 천재성은 사물이 무엇을 위한 것인지에 대한 명철함이었고, 그 천재성은 돈 문제에서 청교도를 저버리지 않았다. 모든 것은 사람이 돈을 어떻게 사용하느냐에 달려 있다. 리처드 박스터는 다음과 같이 말했다. "그들이 그것을 하나님과 자선 목적으로 사용한다면 더 올바른 길을 가는 사람은 없다."

돈의 목적이나 용도는 무엇인가? 청교도들은 이 주제에 대해 스스로 말할 수 있다. "재물은 우리가 궁핍한 형제들을 구제하고 교회와 국가를 위해 선한 일을 촉진할 수 있게 해 줄 수 있다." 돈은 "하나님의 영광과 타인의 유익을 위해" 존재한다. "우리가 우리의 몇 가지 부름을 더 부지런히 추구할수록 가난과 고통에 빠진 사람들에게 우리의 사랑을 더 많이 베풀 수 있게 된다." "하나님의 자녀들은 세상 사람들이 육신적으로 사용하는 것들을 영적으로 사용한다." 돈을 버는 목적에 대한 이러한 논평 중 어느 것도 소득이 사람들이 단지 그것을 벌었기 때문에 그들 자신을 위해 쓸 권리가 있는 어떤 것이라는 인상을 받지 못한다.

윌리엄 퍼킨스는 돈 사용에 대한 적절한 교훈을 알려준다. '우리는 우리가 가진 재물을 그렇게 사용하고 소유하여 그것들의 사용과 소유가 하나님의 영광과 우리 영혼의 구원에 도움이 되도록 해야 한다. … 우리의 부는 필요한 용도로 사용되어야 한다. 첫째, 우리 자신의 유익한 재산과 상태를 유지하는 것이다. 둘째, 타인의 이익, 특히 우리 가족이나 친족의 이익 … 셋째, 가난한 자의 구호 … 넷째, 하나님의 교회와 참종교의 유지 … 다섯째, 영연방의 유지국가의 보존을 위해 쓰여야 한다.'

돈이 사회적 재화라는 믿음은 이자를 취하는 것에 대한 청교도적 견해의 핵심이다. 16세기에 청교도들은 빌려준 돈에 대해 이자를 받는 관행에 압도적으로 반대했다. 그들은 그것에 대한 구약의 금지 사항과 그러한 행위 배후에 있는 정신, 즉 탐욕과 탐욕 때문에 그것을 반대했다. 사회가 변하면서 덜 농경적이고 더 산업 사회가 되면서 청교도들은 점점 더 이자와 고리대금착취적 이자을 구분했다.

언뜻 보기에 두 가지 태도는 모순되는 것처럼 보이지만 사실은 그렇지 않다. 이자수익을 반대하는 청교도와 이자수익을 추구하는 청교도의 공통점을 보라. 둘 다 돈은 사회적 이익이며 따라서 비축과 착취는 허용되지 않는다는 데 동의했다. 점점 더 상업화되는 사회에서 가장 자비로운 행위는 적당한 이율로 기꺼이 돈을 빌려주려는 것이었다. 리처드 박스터는 "정의도 자선도 위배되지 않는 고리대금이 있다"고 말하면서 그것이 자선이 되는 조건을 설명했다.

우리의 현대적 관점에서 보면 돈을 개인 소유로 보는 것이 훨씬 더 자연스러운데 왜 청교도들은 돈을 사회적 재화로 여겼을까? 청교도적 관점은 사람들이 하나님이 그들에게 맡기신 것의 청지기라는 확고한 믿음에서 비롯되었다. 돈은 궁극적으로 우리 것이 아니라 하나님의 것이다. 영향력 있는 청교도 책인 『A Godly Form of Household Government』에 따르면 돈은 "하나님이 당신에게 빌려주신 것"이다.

성공 윤리에 대한 청교도 비평

현대 서구 문화는 성공 윤리, 즉 물질적 번영이 삶의 궁극적인 가치이며 사람의 가치는 물질적 또는 사회적 기준으로 측정될 수 있다는 믿음에 압도적으로 기반을 두고 있다. 대조적으로, 청교도인 토마스 왓슨은 "행복은 … 세상적인 것을 많이 소유함에 있지 않다. 여기서는 어떤 화학적 기술로도 행복을 추출할 수 없다"라고 주장하였다. 새뮤얼 히에론Samuel Hieron의 다음과 같은 기도는 성공 윤리와는 거리가 멀다. "오, 이 세상 쾌락의 영광과 달콤함에 제 눈이 부시거나 제 마음이 홀리지 않게 하소서 … 그 영속적인 재물과 금보다 낫고 그 수입이 은보다 더 좋은 하늘의 지혜의 열매에 나의 애정을 이끌어 주심으로 나의 주된 관심은 영혼이 당신의 은혜로 부요하게 되고 온전히 갖추어지는 것이옵나이다."

자수성가한 사람에 대한 청교도적 비판

미국 문화는 이상하게도 자신의 노력으로 부자가 되고 유명해진 사람인 "자수성가한 사람"의 이미지에 매혹되어 왔다. 선물로 그런 지위를 넘겨받는다는 생각은 그러한 견해에는 공감대가 없다. 그러나 청교도들은 자수성가한 사람과 같은 것이 있을 수 있다는 사실조차 부인했다. 은혜의 윤리에 기초한 청교도주의는 번영을 오직 하나님의 선물로 보았다. 존 프레스턴John Preston은 재물에 대해 이렇게 썼다. "재물을 주신 분은 하나님이시다. 재물을 나눠주시는 분도 하나님이시다. 보상을 주시는 분도 하나님이시다. … 일을 열심히 하는 것은 우리에게 속한 임무다."

현대 상업 윤리에 대한 청교도 비평

사업의 목적은 가능한 한 많은 이윤을 창출하는 것이며 어떤 유형의 경쟁이나 판매 관행도 합법적인 한 허용된다는 것은 현대 사업의 공리가 되었다. 청교도들은 동의하지 않을 것이다. 우선 그들은 사업을 사회에 대한 봉사로 여겼다. 존 놀스텁John Knewstub은 이렇게 썼다. "우리가 사고파는 일을 할 때 우리가 이웃의 물건을 선하게 대함으로써 이웃에 대한 우리의 사랑을 증거하는 것임을 생각해만 한다." 윌리엄 퍼킨스는 "사람의 소명직업의 목적은 자신을 위해 부를 모으는 것이 아니라 … 사람을 섬기고 모든 사람의 유익을 구하는 가운데 하나님을 섬기는 것이다"라고 말했다.

청교도들도 경쟁이나 이익을 취하는 현대적인 방법에 동의하지 않을 것이다. 보스턴 시민들이 로버트 키인Robert Keayne이 과도한 가격을 청구했다고 불평하자 치안 판사는 그에게 200파운드의 벌금을 부과했고 그는 거의 교회에서 파문당할 뻔했다. 존 코튼은 경제학에 대한 공개 강의에서 몇 가지 비즈니스 원칙을 제시하기 위해 재판을 사용했다. 존 코튼은 다음 전제를 거짓으로 비난했다. 사람이 할 수 있는 한 비싸게 팔고 할 수 있는 한 싸게 살 수 있다는 것, 비싼 값을 지불했지만 상품 값이 떨어지더라도 그가 산 값대로 팔 수 있다는 것 등등. 사람이 자기 기술이나 재능을 이용할 수 있는 것처럼 그 역시 다른 사람의 무지나 필요를 이용하여 거래할 수 있다는 등의 전제가 잘못이라고 비난한 것이다.

영국에서 존 놀스텁은 청교도와 현대 상업 관행 사이에 어떤 간극이 있는지 보여주었다. '사고파는 자는 마치 적의 도시를 파괴하고 약탈하려는 듯이 온다. 그곳에서 모든 사람은 손에 닿는 대로 무엇이든 붙잡고 빼앗고 가져간다. 그리고 가장 많이 가져가는 사람이 최고라고 생각한다. …

그러나 성령은 우리를 또 다른 사랑의 시련으로 인도하실 것이다.'

'단순한 삶'을 산다는 철학에 대한 청교도 비판

현대 물질주의는 풍요와 소유물을 본질적으로 더럽혀진 것으로 보는 사람들의 인식에서 그 자체가 서로 대립하는 것으로 보았다. 청교도들은 풍요로운 삶을 지지하는 쪽에 더 가까웠지만 현대 물질주의에서도 마음 편치 않았을 것이다. 윌리엄 퍼킨스는 "이 지상의 것들은 하나님의 좋은 선물이며, 자연적인 생명을 위해 그것들을 정하신 하나님의 손길과 섭리를 훼손하지 않고는 누구도 단순히 정죄할 수 없다"라고 했다. 청교도들은 또한 다른 사람들보다 더 높은 생활 수준을 가진 사람들을 전면적으로 비난하는 것을 경계했다. 퍼킨스는 이렇게 말한다. "우리는 모든 사람에게 필요한 재화의 충분성을 한 가지 기준으로 판단해서는 안 된다. 왜냐하면 그것은 사람의 다양한 조건과 시간과 장소에 따라 다르기 때문이다. 공적인 사람에게는 사적인 사람보다 더 많은 것이 필요하다. 독신보다 부양할 식솔이 있는 자에게 더 많이 필요하다."

사회주의에 대한 청교도 비판

청교도들이 인정하지 않는 현대 생활의 마지막 세력은 공공연한 형태의 정부 소유이든 미묘한 형태의 복지 국가이든 사회주의다. 윌리엄 에임스는 다음과 같이 썼다. "사람이 가진 소유와 그 소유의 차이는 다 하나님이 제정하신 것이요 승인한 것이다"잠 22:2, 살후 3:12. 존 로빈슨은 다음과 같이 논평했다. "하나님은 … 인간의 상태를 더 평등하게 만들거나 모든 사람에게 자신의 것으로 충분하게 주실 수 있다. 그러나 오히려 어떤 사람은 부하게 하고 어떤 사람은 가난하게 하여 어떤 사람은 필요로 하고 어떤 사람은 도와주게 하셨는데 이는 능력 있는 자의 선과 인자를 시험하여 나머지 사람의 부족한 것을 채우시려 하신다."

나가는 말

필자가 제시한 것처럼 청교도들은 오늘날 경제 현장에 나타나고 있는 여러 다른 형태의 추정이론 중 일부에 대해 동의할 수 있을 것이다. 그러나 그들은 세속주의와 이기주의가 그들이 기독교적 맥락에 둔 원칙과 대치되는 것을 보며 경악을 금치 못한다. 그러나 청교도 역사의 아이러니 중 하나는 그들의 매우 근면함과 검소한 생활은 그들을 상대적으로 부유하게 만드는 경향이 있었다는 점이다. 그들의 미덕은 그에 상응하는 유혹을 불러일으켰다. 한편으로 청교도들은 부와 재산의 축적에 도움이 되는 태도, 즉 돈과 재산은 원칙적으로 좋은 것이라는 견해, 가난은 그 자체로 가치 있는 것임을 믿지 않는 것, 규율 있고 근면한 생활 방식은 가치 있는 덕목이라는 확신한다.

반면에 청교도들은 그들의 생활방식에 뒤따르는 방종의 가능성을 억제하기 위해 훨씬 더 긴 주의사항 목록을 가지고 있다. 가난과 부는 하나님께서 보내신 것이라는 점, 부의 위험성에 대한 통찰, 절제의 이상, 하나님을 재화의 궁극적인 소유자로 보는 청지기직의 교리, 돈을 사회적 선으로 보는 관점 등을 제시함으로써 방종을 방지하고자 힘썼다.

신학은 삶이다
Theology is Life

부록

가정예배 지침서

Theology is Life

가정예배 지침서[113]

가정예배모범

**스코틀랜드교회 에딘버러총회
1647년 8월 24일 제10회기**

개인적 및 사적 예배와 성도간의 상호 교화를 위하여, 그리고 가정예배를 소홀히 하는 것과 같은 일들을 책망하기 위하여 총회는 아래와 같은 지침들을 마련하여 그 준수를 결의하는 바이다.

본 총회는 충분한 논의와 숙고 끝에, 신자들의 경건을 고양하고 불화와 분열을 방지하기 위하여 이와 같은 지침과 규정들을 승인하는 바이다. 이러한 지침들이 잘 지켜지고 시행되는지를 특별히 잘 살피도록 하기 위하여 개교회의 목사와 시무장로들에게 이 책임을 명하는 바이다. 또한 노회들과 지역 대회synod들은 그 위반의 경중을 따라 교인들을 훈계하고 책

---

113 김준범 목사가 번역하였다. 그는 양의문교회에서 담임목사로 봉사하고 있으며, 청교도 개혁신앙에 입각한 예배와 설교와 목회를 잘 배우고 실천하는 목사가 되기를 힘쓰며 기도하고 있다.

망하도록 세움을 받았으므로 이 지침들이 제대로 시행되고 있는지를 조사하고 꼼꼼히 살펴보아서 그러한 자들이 책망과 훈계를 받을 수 있도록 해야 할 것이다. 가정예배라고 하는 성도의 의무와 가정예배의 본질을 예사로 가볍게 여기고 무시하는 사람들이 있는데, 이들에 의해 본 지침이 무익하거나 무효한 것으로 여겨져서는 안될 것이다. 이에 본 총회는 목사들과 시무장로들에게 개 교회에 속한 어떤 가정이나 가정들이 이 필수적인 의무를 흔하게 소홀히 여기고 있는지 부지런히 살피고 돌아볼 것을 요구하며 명하는 바이다. 만일 그러한 가정이 발견된다면 그 가정의 가장은 먼저 그 잘못을 고치도록 사적私的 권면과 경고를 받아야 할 것이요, 그 이후에도 계속해서 그러한 잘못 가운데 계속 머물러있다면 당회에 의하여 엄하고 중하게 책망을 받아야 할 것이다. 이러한 책망을 받은 후에도 여전히 가정예배를 소홀히 여기는 것이 발견된다면, 그러한 위반을 범하고도 자신의 강퍅함을 인하여 뉘우치지 않는다면 그는 성찬을 받기에 합당치 못한 자로 간주되어 뉘우칠 때까지 성찬에 참여하지 못하도록 수찬 정지를 받아야 할 것이다.

개인적 및 사적 예배와 성도간의 상호 교화를 위한, 그리고 성도들의 경건을 증진시키고 불화와 분열을 막고 일치를 유지하기 위한 총회의 규칙.

하나님의 자비로 이 땅에 순결하게 세워진 교회의 공적 예배 외에도 각 개인에게는 개인예배가, 그리고 각 가정에게는 가정예배가 강조되고 드려져야 하는 것은 필수적이며 유익하다. 국가적인 [영적] 개혁과 함께 개인과 가정이 다 함께 경건의 능력과 실천면에서 진보해야 할 것이다.

1항

첫째, 개인예배는 가장 필수적인 것으로, 모든 개인은 기도와 묵상에 자기 자신을 드려야 할 것이다. 개인예배에서 오는 유익은 형용할 수 없을 정도로 많으며, 오직 그것을 성실히 실행하는 자만이 그러한 유익을 맛볼 수 있다. 그 시간에 개인은 특별한 방식으로 하나님과의 교통을 체험하며, 자신에게 주어진 다른 모든 의무들에 대해서도 올바로 준비될 수 있다. 그러므로 목사들은 모든 사람들이 아침저녁마다, 아니면 하루 중 다른 시간에 이것을 시행하도록 반드시 권장해야 한다. 뿐만 아니라 각 가정의 가장the head of the family들은 자기 자신뿐 아니라 모든 가족들이 개인예배를 매일 성실하게 시행하고 있는지 세심하게 돌봐야 할 책임을 가지고 있다.

2항

가정의 경건을 수행하기 위하여 드려지는 예배에는 다음과 같은 일반적인 의무들이 포함된다. 첫째, 기도와 찬양은 하나님의 교회와 국가의 공적 상황과 필요뿐만 아니라 가정과 가족들 개개인의 현재 상태와 관련지어서 드려질 수 있다. 다음은 성경 교육을 포함하는 성경 읽기인데, 이때 본문과 관련된 교육은 신앙의 초보자들도 이해할 수 있도록 평이하고도 분명하게 하여 이들이 공예배에 참석했을 때 유익을 얻을 수 있게 하여야 한다. 이렇게 함으로써 그들이 [개인적으로] 성경을 읽을 때에도 성경을 더 잘 이해할 수 있게 될 것이다. 뿐만 아니라 모든 가족들을 거룩한 신앙으로 교훈할 수 있는 경건한 대화godly conference가 필요하며, 이와 함께 가정에서 권위를 가지고 있는 자가 합당한 이유로 해서 가족들을 권면하거나 책망할 수 있다.

3항

성경 해석의 의무와 직분이 목회적 직분을 맡은 자들의 것이며 그들의 자질이 어떠하든지 아무도 적법하게 하나님과 교회의 부르심과 세움을 받은 한 그의 자리를 빼앗을 수 없는 것처럼, 가족 중에 글을 읽을 수 있는 사람이 있다면 그 가정에서 성경 말씀은 분명하게 읽혀져야 한다. 성경을 읽고 토론의 형식을 통하여 그 말씀을 나눌 때에는 그 읽고 들은 것이 실제적인 유익을 줄 수 있도록 잘 활용해야 할 것이다. 예를 들면, 함께 읽은 말씀이 어떤 특정한 죄를 책망하고 있다면 모든 가족들이 그 말씀으로 인해 같은 죄에 빠지지 않도록 주의하고 경계를 받을 수 있도록 해야 할 것이다. 또한 읽은 본문 말씀에 심판의 말씀이 주어졌다면, 가족 중 누구라도 이러한 심판을 불러온 것과 같은 죄를 범했을 때 그같은 아니 그보다 더 끔찍한 심판에 떨어질 수밖에 없을 것이라고 경고함으로써 유익을 얻을 수 있을 것이다. 마지막으로 본문에서 어떤 의무가 요구된다든지 약속 가운데 위로가 주어졌다면, 그 본문은 그리스도로 말미암아 그 요구된 의무들을 수행할 수 있는 힘을 얻게 해주며 하나님의 위로를 바라보게 해 줄 수 있을 것이다. 이러한 일련의 일에 있어서 모든 책임은 가장에게 지워진다. [성경을 읽으면서] 가족 중 누구든지 인도자에게 의문이나 의심들에 대한 답을 얻기 위하여 질문할 수 있다.

4항

가장은 가족 중 어느 한 사람도 가정예배를 드리는 도중에 자리에서 일어나지 않도록 주의를 기울여야 한다. 또한 가정예배를 인도하는 것은 가장에게 속한 것이므로, 목회자는 게으른 자[가장]는 분발시키고 연약한 자는 훈련시켜서 그들이 자기의 책무를 잘 감당할 수 있게 해야 할 것이다. 필요하다면 노회의 인준을 받아 가장과 가족들을 훈련시키며 가정예배를 인도할 사람을 자유롭게 임명할 수 있겠다. 또한 가장이 예배하기에 부적합한 경우에는 집안에 꾸준히 머물러 있는 가족 중 한 사람이 예배를 인도할 수 있도록 목사나 교회에 의해서 임명될 수 있으며, 이때 목사나 교회는 이 일에 대하여 노회 앞에 책임을 질 것이다. 그리고 만일 하나님의 섭리 가운데 목사가 어떤 가정에 가서 가정예배를 인도하게 되었을 때에는 가족 중 일부를 제외한 채로 나머지 일부만 모아놓고 예배하는 일이 있어서는 안 될 것이다. 단, 그리스도인의 분별력을 가지고 보았을 때에 모든 가족이 모두 모여서는 안되거나 그럴 필요가 없다고 판단되는 경우에 한해서는 일부만 모여 예배드릴 수 있겠다.

5항

누구든지 부르심을 받지 못하여 기독교 신앙을 알지 못하는 자나 믿음의 형식만을 가지고서 방황하는 자는 가정예배를 인도하도록 하지 말아야 할 것이다. 그러한 자들은 오류들을 가지고 있거나 분열을 일으킬 수 있으므로 오히려 들어와서 어리석고 불안정한 영혼들을 타락시키게 될 수 있다.

6항

가정예배 시에는 사적인 문제들은 지켜주어야 하며, 가정에 방문 중이거나 식사에 초대받은 손님들, 또는 기타 합법적인 몇몇 경우들에 의해서 가정예배에 꼭 초대되어야 하는 경우가 아니라면 다른 사람들을 가정예배에 참여시킬 이유는 없다.

7항

환란과 부패의 때에는 실로 이러한 때에는 평상시에 허용될 수 없는 많은 것들이 권장되는 때이다. 여러 가정들이 함께 모여 예배드림으로써 많은 열매와 효과들을 거두는 것이 분명하지만, 평안하고 안정적이며 복음이 순수하게 지켜지는 때에는 여러 가정들이 한꺼번에 모여서 예배드리는 것이 권장되어서는 안된다. 왜냐하면 그것은 식구들 개개인의 영적 훈련에 오히려 방해가 된다고 판단되기 때문이며, 때에 따라서는 [교회의] 공적 사역의 필요성에 대한 부정적인 편견을 갖게 해주기 때문이다. 뿐만 아니라 교회 안의 여러 다른 가정들 사이의 불화를 야기하거나 심지어는 교회의 분열을 초래할 수도 있다. 일단 이러한 일들이 발생하면, 불경건한 자들은 이런 일들을 보고 자기의 마음을 더욱 강퍅하게 만들 것이며, 경건한 자들은 크게 슬퍼하게 될 것이다.

8항

주일에는 모든 식구들이 개인으로서 그리고 가정으로서 하나님을 찾고 구하여 공예배에 자신들이 합당하게 되도록 사람의 심령을 준비시키시는 분도 하나님 한 분뿐이시므로, 그리고 공적 예배와 사역 위에 복 내려 주시기를 간구한 뒤에, 가장은 모든 가족들이 공예배에 참석하여 자신과 모든 가족들이 교회의 일원이 되도록 돌봐야 할 것이다. 공예배와 기도 시간이 끝나면 가장은 그들이 들은 말씀에 관하여 다시 설명해야 할 것이다. 그 후 나머지 시간은 교리 교육을 하거나 하나님의 말씀을 놓고 영적 토론과 나눔의 시간을 가질 수 있겠다. 또는 각자 성경을 읽거나, 묵상, 개인기도 등을 통하여서 하나님과의 교제를 증진시키는데 사용해야 할 것이다. 이렇게 함으로써 성도들은 공예배의 유익과 복락들을 더욱 잘 간직하고 증진시킬 수 있으며, 자신들도 영생에 이르기까지 교화될 수 있는 것이다.

9항

기도할 수 있는 사람들은 누구나 그 하나님의 은사를 잘 사용해야 한다. [믿음이] 어리고 연약한 자들은 우선 정해진 기도의 형태를 가지고 시작할 수 있을 것이다. 그렇지만 그들이 이것[정해진 기도의 형태]만을 가지고 만족해하거나, 모든 하나님의 자녀들에게 주어진 기도의 영을 일깨우는 일을 등한히 하거나, 또는 생활의 분주함을 핑계로 하여 기도하기를 게을리해서는 안될 것이다. 오히려 그들의 개인 경건 시간에 자기 가정을 향하신 하나님의 합당한 뜻이 무엇인지를 우리 마음이 올바로 생각하고 입을 열어 잘 아뢸 수 있게 해달라고 더욱 간절하게 그리고 자주 기도해야 할 것이다. 우리는 아래와 같은 기도의 내용들을 묵상하고 또 이를 따라 기도할 수 있어야 하겠다.

　우리는 그의 존전에 나아가기에 얼마나 가치 없는 사람들인지, 그의 위엄을 예배하기에 얼마나 부족한지를 고백하라. 그러므로 하나님께 기도의 영을 간절히 구해야 할 것이다.

우리는 우리의 죄를 자백해야 한다. 우리 자신의 죄뿐만 아니라 우리 가정의 죄, 곧 비방과 판단과 정죄와 같은 죄를 고백하되, 우리의 영혼이 참된 겸손함에 이르도록 회개해야 할 것이다.

　우리는 우리의 심령을 예수님의 이름으로, 또한 성령을 힘입어 하나님 앞에 내려놓고, 죄를 용서해 주실 것과, 회개하고 바로 믿어 온전하고 의롭고 경건하게 살게 해달라고 은혜를 간구해야 할 것이다. 또한 우리가 기쁨과 즐거움을 가지고 하나님을 섬기며 하나님 앞에서 행할 수 있게 해 달라고 간구해야 할 것이다.

우리는 하나님께서 우리 자신과 모든 하나님의 백성들에게 베푸신 크신 자비를 인하여 감사를 드려야 할 것이다. 무엇보다 그리스도 안에서 베푸신 사랑과 복음의 빛을 인하여 더욱 감사해야 할 것이다.

건강하든지 병들었든지, 성공했든지 실패했든지 하는 여러 상황 속에서 구체적으로 영적 및 현세적 도움을 주시기를 아침저녁으로 간구해야 하겠다.

이 땅의 그리스도의 교회를 위하여, 모든 개혁교회들을 위하여, 특별히 자신이 속한 지역의 교회들을 위하여 기도해야 할 것이다. 그리스도의 이름을 인하여 고통과 박해 가운데 있는 모든 성도들과 교회들을 위하여, 왕과 왕후 그리고 그 자녀들을 위하여, 입법자들과 위정자들을 위하여, 자신이 속해 있는 개교회의 모든 성도들을 위하여, 그리고 여러 이웃들을 위하여 기도할 것이다.

하나님의 아들의 나라가 임하시고 그의 뜻을 이루실 때에 하나님께서 영광 받으시기를 간절히 소원함으로 기도를 맺을 수 있겠다. 또한 우리는 우리의 기도가 [이미] 응답되었음을 확신하고, 하나님의 뜻을 따라 구한 것은 모두 이루어질 것임을 굳게 믿는 가운데 기도를 맺어야 할 것이다.

10항

가정예배의 이러한 활동들은 미루지 말고 신실하게, 그리고 세상적인 일들이나 모든 방해물들에 막히지 말고 시행되어야 한다. 무신론자들이나 불경건한 사람들의 조롱과 경멸이 있다 하여도 하나님께서 이 나라에 베풀어주신 놀라운 은혜와 최근에 우리에게 보여주신 혹독한 교정을 생각할 때에, 사람들의 조롱과 경멸에 굴할 수 없을 것이다. 가정예배를 더욱 잘 지키려면, 교회의 목사와 장로는 자신들의 가정에서 가정예배를 잘 드려야 할 뿐만 아니라 자신들이 섬기며 돌보고 있는 모든 다른 가정들에게 가정예배를 소개하고 더욱 잘 드릴 수 있도록 도와야 할 것이다.

11항

위(2항)에서 언급한 가정에서의 일반적인 의무들 외에도, 참회나 감사 같은 특별한 의무들도 주님께서 섭리 가운데 특별히 요구하시는 경우에는 사적이나 공적으로 가정 안에서 주의 깊게 시행되어야 한다.

12항

하나님의 말씀은 우리에게 서로서로 사랑과 선행을 일으켜야 할 것을 요구하기 때문에, 특별히 이렇게 죄악이 관영한 이 때, 곧 자신의 욕망을 따라 살아가는 불경건한 자들이 [성도들을 보고] 저희와 함께 그런 극한 방탕에 달음질하지 아니하는 것을 오히려 이상하게 여기는 이 때에, 교회의 모든 성도들은 교훈과 권면과 책망을 통해 자기 자신과 다른 사람들을 서로 일깨우고 훈계하는 일에 늘 힘써야 한다. 그리하여 모든 불경건함과 세상적 욕심들을 버리고 이 세상에서 경건하고 단정하며 의롭게 살아감으로써 하나님의 은혜를 드러내도록 서로를 격려해야 할 것이다. 이 일을 위하여 연약한 자를 위로하며 서로서로 그리고 함께 기도해야 할 것이다. 이러한 일들은 어떤 이들이 하나님의 섭리 가운데에서 환난이나 큰 어려움, 또는 십자가를 지고 가면서 위로와 조언을 필요로 할 때라든지 범죄한 뒤에 개인적인 권면에 의해 회개할 때, 혹은 그것이 효과가 없을 때에는 '두세 증인의 입으로 말마다 증참케 하라'고 하신 주님의 명령대로 두 세 사람이 함께 찾아가서 권면할 때에 특별히 필요할 것이다.

13항

심령이 상하고 짓눌려있는 사람에게 모든 사람이 다 적절한 말을 할 수 있는 것은 아니다. 자신이 할 수 있는 일반적인 개인적, 공적 방법들을 다 사용한 후에도 여전히 문제의 해결을 찾지 못했다면, 자신이 속한 교회의 목사에게나 경험있는 교인들에게 알리고 도움을 청해야 할 것이다. 단, 부탁을 받은 그 사람이 심령이 상하여 있는 사람의 상태를 염려하고 조심하여, 혹은 이성 간의 스캔들을 염려하여 경건하고 신중하고 과묵한 [제3의] 성도와 함께 만나기를 원하는 경우, 그 사람이 그 자리에 함께 배석하는 것이 유익하다.

14항

하나님의 섭리에 의하여 여러 가정의 사람들이 직장이나 다른 사유로 인하여 각자의 가정을 떠나 해외에 머물면서 함께 모일 경우가 있다. 그들이 어디로 가든지 주 하나님은 그들과 함께 하시므로 기도와 감사의 의무를 소홀히 하지 않도록 해야 하며, 그 모이는 사람들 가운데에서 그 모임을 인도할 사람으로 가장 적합하다고 판단되는 사람을 주의하여 세워야 할 것이다. 또한 그러한 모임을 가지면서 부도덕하고 더러운 말을 하지 않도록 하며, 오직 덕을 세울 수 있는 선한 말을 하여 듣는 사람들에게 은혜를 끼칠 수 있어야 할 것이다.

이상의 모든 지침과 규범들의 의도와 목적은 크게 둘로 나눌 수 있겠다. 첫째는 교회의 모든 목사들과 사회의 여러 곳에서 다양한 직업을 가지고 있는 성도들 가운데 경건의 능력과 실천이 중요하게 여겨지고 고양될 수 있도록 하며, 모든 불경건과 신앙생활을 조롱하는 것을 억압하기 위함이다. 둘째는 신앙생활이라는 미명 하에 오류와 스캔들과 분열을 일으키는 것을 막으며, 공예배나 교회의 사역을 경멸 혹은 무시하기 쉬운 모임이나 관습들을 허용하지 않기 위함이다. 또한 그리스도인으로서 개개인의 소명에 따르는 의무들을 소홀히 여기거나 진리와 평화에 반대되는, 영이 아니라 육에 속한 악한 일들을 제지하기 위함이다.

크리스천르네상스 도서 목록

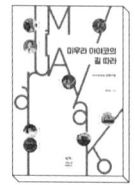

미우라 아야코의 길 따라
아사히카와 문학기행
권요섭(지은이)
168쪽
16,000원

스물한 가지, 기독교강요
21가지 주제로 읽는 해설집
박동근(지은이)
732쪽
38,000원

목회서신
디모데전서 / 디모데후서 / 디도서
송영찬(지은이)
496쪽
27,000원

한 권으로 읽는 튜레틴 신학
이신열, 권경철, 김은수, 김현관, 문병호, 유정모, 이은선(지은이)
344쪽
25,000원

성품
하나님의 형상을 찾아서
임경근(지은이)
296쪽
21,000원

신학은 삶이다(개정판)
서창원(지은이)
272쪽
16,000원

웨스트민스터 신앙고백,
삶을 읽다(상)
웨스트민스터신앙고백
해설서
정요석(지은이)
540쪽
27,000원

기욤 파렐과 종교개혁
16세기 스위스 로망드 지역
종교개혁사
권현익(지은이)
806쪽
50,000원

웨스트민스터 신앙고백,
삶을 읽다(하)
웨스트민스터신앙고백
해설서
정요석(지은이)
548쪽
27,000원

수난당하시는 그리스도
클라스 스킬더 설교집 1
클라스 스킬더(지은이)
손성은 (옮긴이)
647쪽
34,000원

칼빈의 예정론과 섭리론
그의 중간개념(medium
quiddam)을 중심으로
김재용(지은이)
300쪽
20,000원

시편 강해 1
그 아들에게 입맞추라
신　혁(지은이)
264쪽
19,000원

기독교역사 이해를 돕는 <안경말 시리즈>

언더우드와 함께 걷는
정동 - 시리즈 1
양신혜 (지은이)
388쪽
24,000원

<워크북>
언더우드와 함께 걷는
정동 워크북
양신혜 (지은이)
80쪽
8,000원

아담스와 함께 걷는
청라언덕 - 시리즈 2
양신혜 (지은이)
352쪽
24,000원

말씀 이해를 돕는 <XR 성경강해>

민수기 - 시리즈 1
이광호 (지은이)
424쪽
24,000원

예배를 돕는 <찬송가>

시편찬송가
크리스천르네상스 (지은이)
448쪽
25,000원